質的比較分析（QCA）

リサーチ・デザインと実践

Patrick A. Mello
パトリック・A・メロ［著］　東 伸一・横山斉理［訳］

QCA

Qualitative
Comparative
Analysis

An Introduction to Research Design and Application

千倉書房

QUALITATIVE COMPARATIVE ANALYSIS
An Introduction to Research Design and Application
by Patrick A. Mello

Published by arrangement with Georgetown University Press,
Washington, D.C.
Japanese translation rights arranged with
GEORGETOWN UNIVERSITY PRESS
Through Japan UNI Agency, Inc., Tokyo

目　次

序　文

いまこうして本書を手に取った皆さんはどのようなことを感じているでしょうか。「質的比較分析（QCA：Qualitative Comparative Analysis）とは一体なんだろうか」とか「他の研究方法と比べてQCAの何が特別なのか」といった点に素朴な疑問を抱いている読者の皆さんも少なくないと思います。すでにQCAをご存じの場合には、どうやってご自身の研究にQCAを活用できるかをお考えかもしれません。

社会科学領域の研究には、全知全能の神のような研究方法は残念ながらありません。QCAにもそのことがあてはまりますが、一方でQCAには他の手法には備わっていない明確な強みがいくつかあります。その最たるものは、「**因果複雑性（causal complexity）**」を説明することができる点です。因果複雑性とは、個々の事例（case）をさまざまな「条件の組み合わせ（combinations of conditions）」として認識する考え方に根差しています。そのような認識の方法は「結合因果（conjunctural causation）」と呼ばれます。因果複雑性を前提とするということは、ある結果が生じる際にそこに至る経路（path-ways）が複数存在することを認識することを意味します。これは「等結果性（equifinality）」と言います。因果複雑性と等結果性は、いずれも私たちが社会科学の領域で研究対象とする多くの現象と親和性の高い考え方です。それと同時に、結合因果の概念は個々の変数の相互作用を考慮せずに個別の変数が結果に与える正味効果（net effect）を明らかにしようというアプローチの有用性に一石を投じるものであると言えます。一方、等結果性の概念は、ある特定の結果の発生は類似した原因に根差していなければいけないという仮定に対して疑問を投げかけていると言っていいでしょう。

QCAのもう１つの強みは、この手法の分析手続きにあります。QCAの分析手順は、観察対象となる事例間の**体系的な比較**（systematic comparison）をおこなうためのツールとなります。それと同時に、まだ実証による裏付けがないものの論理的には存在しうる条件組み合せも考慮に入れて分析をおこなうこともできます。そのような条件組み合わせは「論理残余（logical remainder）」と呼ばれます。

QCA の手順にしたがうとそうした論理残余を体系的に処理するための道具立てにもなりますし、実際に、ある特徴をもった事例が潜在的に存在することが有力と見られる場合には**反実仮想を用いた推論**（counterfactual reasoning）をおこなうこともできます。

最後に QCA の 3 つ目の強みとして挙げるのが、QCA の**柔軟性**です。QCA の手法は研究ニーズに即して相当フレキシブルに応用することができます。もちろん制約もあります。当然のことですが、QCA を実施するためには比較可能な事例をある程度用意していることが不可欠です。そうした制約もありますが、QCA は12事例ほどの **small-N** の状況だけでなく、数十の事例からなる **medium-N**、さらには数百あるいはそれ以上の事例による **large-N** の設定での比較事例分析にも適用することが可能です。この点において QCA は定量的な研究手法と比べて自由度がはるかに大きく、他の質的研究方法よりも簡単に多数の事例間比較をおこなうことのできる方法であると言えます。それだけでなく、集合論に基づくキャリブレーション（calibration：較正）をおこなう場合、QCA は質的データと量的データのどちらも等しく利用することができます。また、多様な研究目的のそれぞれに見合ったさまざまなアプローチやバリエーションがあることも QCA の特徴です。

本書は社会科学領域の学生や研究者を読者として想定して書かれたものです。私自身は国際関係をおもなフィールドとする政治学者です。本書の中で私が使用している例には私の専門領域を反映したものもありますが、できる限り幅広いレパートリーで QCA の実証的な応用例を紹介できるよう努めています。社会学や法学、公共政策、環境ガバナンス、政治地理学、政治学、国際関係論といった領域の数多くの研究仲間にお願いし、彼ら・彼女らがすでに刊行している研究成果に沿って各自の QCA 研究についての意見や考えを寄せてもらいました。こうした仲間たちの貢献に感謝するとともに、読者の皆さんがご自身の研究ニーズに応じた QCA の応用を試みる際の一助となってくれることを願っています。

謝辞

本書が生まれた背景についてお話します。私はQCAを用いた研究とこの方法の指導・教育に長年にわたってさまざまなコンテクストで携わってきました。本書はその経験から誕生しました。ベルリンのフンボルト大学の博士課程での研究に着手した時期に履修したKlaus Ederによるリサーチ・デザインの講座を通じてCharles Raginの書籍*Fuzzy-Set Social Science*（ファジーセット社会科学）を紹介されたのが、私とQCAの最初の出会いでした。Raginの*The Comparative Method*（質的比較分析）を読む前にファジーセットQCA（fsQCA）について知ってしまったわけです。順序はどうであれ、今思えば、のちに*Democratic Participation in Armed Conflict*（武力紛争における民主的参加）として刊行されることになる私の博士課程の研究課題の形成、そして比較分析の方法論についての私の思考において、Raginによるこれら2冊の影響がいかに大きかったかを実感させられます。その後、私は数多くのQCAワークショップに参加することになりました。その中で交流した研究者は多彩です。フンボルト大学のSigurd Vitolsやベルリン社会科学大学院（BGSS）のClaudius Wagemann、そしてスロベニアの首都リュブリャナで開催されたECPRによる「方法論と研究技法のためのサマースクール」ではBenoît RihouxとCarsten Schneiderと共に学びました。Ingo RohlfingもQCAとケーススタディの統合に関するセッションのためにこのECPRのサマースクールに参加しました。シラキュース大学のIQMR（Institute for Qualitative and Multi-Method Research：質的研究とマルチメソッド・リサーチ研究所）ではついにCharles Raginとのワークショップも実現しました。それと並行してシラキュース大学のIMQRではGary Goertzによる概念形成に関する講義を受けました。オスロ大学の比較社会科学研究のサマースクールではAndrew Benettによるケーススタディ方法論を受講する機会に恵まれました。こうした先生たちに感謝の気持ちを申し上げたいです。先生方との出会いなくしては、本書がこうして出版されることもありませんでした。また、BGSSにはこのような機会を私に与えてくれたことに対して、そしてドイツ研究財団（German

Research Foundation：DFG）には私の博士課程のための奨学金を提供してくれたことに対して謝意を表したいと思います。

2013年、私はCarsten Schneiderからある誘いを受けましたClaudius Wagemannと彼の共著*Set-Theoretic Methods for the Social Sciences*（社会科学のための集合論ベースの方法論）の内容に沿ってECPRのサマースクールで開講されるQCAの講義を一緒に教えないかというオファーでした。それから4年間、私は2週間の講義のうち最初の1週間を担当しました。当初はリュブリャナ大学で、その後はブダペストの中央ヨーロッパ大学（Central European University）で授業をおこないました。参加者の皆さんと白熱した議論をおこなうことができたことも含め、この講座を担当することで大きな学びを得ました。そのような機会を与えてくれたCarstenに感謝します。また、その間、この講座をサポートしてくれたのがPriscilla Álamos-ConchaとIoana-Elena（訳者補足：[Nena]）Oanaの2人です。そして2014年の講座には統計ソフトR用に開発したQCAパッケージを紹介するためにAdrian Dușaが参加してくれました。NenaとPriscillaには講座の運営を助けてもらい本当にありがとうございました。Adrianには2014年の講座への貢献と、その後もずっとRのQCAパッケージについての私のどんな質問にも辛抱強く答えてもらっていることにお礼の気持ちを表します。Nenaは自身のRのSetMethodsパッケージに関する著作を用いて素晴らしいR入門をこのQCAコースの中に組み込んでくれました。Nenaのおかげでもっぱらソフトウェアfs/QCAを使っていた私自身もR環境に移行することができました。また、私が2016年からQCAコースを受け持っているUniversità della Svizzera italiana（USI）主催のサマースクール（スイス・ルガーノ）のQCAコースの担当者として私を誘ってくれたEugène Horberにも感謝の気持ちを伝えたいと思います。

本書の執筆を通じて、Gary GoertzやBenoît Rihoux、Claude Rubinsonといった多くの仲間たちからフィードバックを受けることができる幸運に恵まれました。彼らは皆、私の原稿を隅から隅まで目を通してくれ、各章の原稿に詳細なコメントを残してくれました。原稿をよりよいものにするために彼らの導きが計り知れない力となりました。ここにお礼申し上げます。ほかにもJan DollbaumやEva Thomann, Francesco Veriら数多くの仲間たちから草稿段階の原稿や個々の章についてのコメントや示唆をいただきました。彼ら・彼女らのコメントを通じて本書で用いているさまざまな資料のプレゼンテーションを大幅に改善することができました。ジョージタウン大学出版局の4人の匿名査読者の皆さんには、本書の出版企画の査読にはじまり、2度におよぶ本書原稿全体の査読をおこなっていただきました。記して感謝申し上げます。査読者の皆さんからいただいた建設的かつ批判的なコメントは、本書の草稿の大幅な修正・強化に踏み切るための大きな糧となりました。さらに、本書の完成に向かう段階では皆さんの忍耐力と細部への眼識に後押ししていただき、最後の力をふり絞ることができました。皆さんのプロフェッショナルな精神に敬意を表します。本書の完成までご支援いただいたジョージタウン大学出版局のメンバーとともに、本書の編集を担当してくれたDonald Jacobsに感謝の気持ちを伝えたいと思います。Donaldは本書の制作の初期段階から出版に向けた原稿の完成に至るまで常に私を助け、見守ってくれました。読者の皆さんが本書の中で間違いを見つけたとしたら、それはすべて私の責任です。

私はこれまでQCAだけでなくさまざまなコンテクストのもとでの比較分析の方法について、多くの皆さんととても実り豊かな意見交換をさせていただいています。Jonas Buche, Adrian Duşa, Manuel Fischer, Erik Fritzsche, John Gerring, Gary Goertz, Nina Guerín, Tim Haesebrouck, Christian Hagemann, Felix Hörisch, Tobias Ide, Matthias Koenig, そしてAndreas Kruck, Hilde van Meegdenburg, Katharina Meissner, Johannes Meuer, Nena Oana, Falk Ostermann, Sofia Pagliarin, Charles Ragin, Benoît Rihoux, Ingo Rohlfing, Claude Rubinson, Christian Rupietta, Roel Rutten, Carsten Schneider, Andrea Schneiker, Markus Siewert, Eva Thomann, Barbara Vis、そしてClaudius Wagemannに感謝します。学生アシスタントとして本書の仕上げ段階で研究を大いに手伝ってくれたTeslin AugustineとSarah Filippi-Fieldにもお礼の気持ちを表します。

リュブリャナ、ブダペスト、ルガーノ、エアフルト、ゲッティンゲン、ローザンヌとさまざまな場所で私が担当したQCAのコースに参加してくれた皆さんにも感謝の意をお伝えします。背景もさまざまに異なる受講者の皆さんにQCAを教える中、私自身もこの方法に対する自身のアプローチを再考し、それまで曖昧にしてきたかもしれない多くのポイントを明確にしなければいけないと認識を改める機会に多々遭遇しました。草稿段階にあった本書に対して皆さんからいただいたフィードバックは非常に有益なものでした。また、ミュンヘン政治大学（Hochschule für Politik）とルートヴィヒ・マクシミリアン大学ミュンヘン（LMU）での非公式なQCAネットワークの「共謀者」、Nina GuerínとChristian Hagemannにも謝意を表します。

「序文」の中でも触れましたが、本書の執筆にあたってはQCAを用いた研究に取り組んでいるさまざまな分野の研究者の皆さんがそれぞれのQCA研究についての考察を本書のコラム（訳者注：web付録に収録）として寄せてくれました。皆さんには特別な感謝の気持ちでいっぱいです。皆さんがQCAを用いて進めてきた研究の成果として発表した論文の「舞台裏」を覗いてみたいという私の熱意に共感していただき、本書web付録（訳者補足）のコラムの中で多彩な寄稿者にお揃いいただけたのも、ひとえに皆さんのおかげです。Matthew Andersson, Hilary Boudet, Maria Brockhaus, Pablo Castillo-Ortiz, Monica Di Gregorio, Alexander Gard-Murray, Leanne Giordono, Tim Haesebrouck, Sarah Harkness, Tobias Ide, Kaisa Korhonen-Kurki, Jenniver Sehring、そしてMarij Swinkels、皆さんありがとうございました。

最後に私の家族に感謝の意を表したいと思います。妻のターニャは本書を執筆するという一大プロジェクトの紆余曲折の間、ずっと私に寄り添い、支えてくれました。コロナ禍の影響でホームスクーリングを余儀なくされ、保育園も閉鎖し、私たちは2つの仕事を回さなければならない状況にありましたが、そんな中、私たちの子どもたち、ヘンリーとマーラは私たちを笑顔にしてくれました。本書を家族にささげます。

第1章　社会科学における質的比較分析

現代において研究者が注視する因果関係は、20年前に想定されたそれとは異なる性質をもつ。かつての研究では複数の因果関係が同時に存在するということは無視されてきたが、今日の研究ではその点を注視するものが目立っている。
—Peter Hall

ある社会現象が発生する時、個々の独立した原因によってその現象がもたらされることは極めて稀です。社会科学研究者の観察対象となる社会現象は多くの場合、複数の要因が組み合わさった結果です。例えばポピュリズムが世界中で台頭している事実を皆さんはどのように説明しますか。誰にこの問いを投げかけるかによって、その答えはさまざまでしょう。ただ、グローバル化がもたらす社会経済への影響や茫漠とした不確実性の高まりを理由として挙げることに反論する人は少ないでしょう。これらはアイデンティティ・クライシスや意味の喪失の問題につながる要因です。ポピュリスト政党の躍進はこれらの要因の何れかが存在することで説明できます。

アメリカやトルコ、ボリビア、ベネズエラではポピュリスト指導者の台頭が共通して見られましたが、その結果に至った経路は一様ではありませんでした。各国の社会経済的条件には相当の違いがあります。そうすると、ポピュリスト・リーダーの誕生という同一の着地点へとつながる別々の軌道が存在したことが予想されます。さらに厄介なことがあります。例えば、社会経済的な不満がポピュリスト政権の成功要因であると私たちが経験的に推論することはできますが、その種の不満がないところでもポピュリスト政権の選挙での躍進がみられないとは言えません。

結合因果（conjunctural causation）／条件組み合せ（combination of conditions）、等結果性（multiple pathways：同一の結果に至る複数の経路の存在）そして因果非対称性（causal asymmetry：ある結果の発生と未発生には別々の説明が必要とされる）という3つの概念は、質的比較分析（Qualitative Comparative Analysis：QCA）の特質を象徴する中核的な概念である**因果複雑性（causal complexity）**の根幹をなしています（Ragin, 2008b；Rihoux and Ragin, 2009；Schneider and Wagemann, 2012）。QCAは集合論に依拠し、必要条件と十分条件を用いた分析をおこなう事例ベースの比較研究手法です。QCAの最大の強みは因果複雑性を捉えることができる点です。
この章ではQCAと本書で取り上げているQCAのアプローチを読者の皆さんにご紹介します。まずは、研究方法としてのQCAの概要とQCAが適用されている社会科学の主要な領域についてお話します。それを受けてQCAを用いた研究サイクルについて説明します。本書の構成はそのサイクルを反映しています。これに引き続いてQCAの発展の歴史やさまざまな研究領域におけるQCAを用いた研究のトレンドを覗いてみましょう。最後に本書のアウトラインを踏まえ各章の内容を概観します。

1．質的比較分析とは何か？

QCAの提唱者はCharles Raginです。QCAはRaginの代表作*The Comparative Method*の中で「部分の組み合わせとして構成された全体としての事例を比較する」ための事例指向の研究手法として誕生しました（Ragin, 1987）。QCAにはもっと多くの特徴がありますが、この端的な定義はQCAの方法論としての本質を凝縮しています。QCAは個々の事例を条件の組み合わせ（全体）として捉える比較手法です。事例とその複雑さに重きを置いている点もQCAの質的方法としての起源を物語っています。
この定義の足りないところと言えば、QCAによる事例間比較は、ある結果が生じる（生じない）ことに対しての必要条件と十分条件の特定を可能とする点です。これは構造化された分析手順とソフトウェアに設定されたアルゴリズムによっておこなわれます。本書ではこれらの手続きを段階ごとに解説してゆきます。
この30年の間にQCAはダイナミックに進化を遂げてきました。初期のQCAでは研究者がスプレッドシートに手入力で作業を進めるような形態が目立ちましたが、現在では洗練された方法論を反映した信頼性の高いソフトウェアベースのソリューションが利用可能です。さらに研究者コミュニティから特定の研究ニーズに対応するさまざまなQCAのバリエーションが開発されるとともに、より応用的な研究を実践するための羅針盤となるようなベストプラクティスも定式化されています。
QCAのこうした進化は社会学、政治学、国際関係論、経済学、経営学、公共政策、政治地理学、法学、犯罪学、公衆衛生学、評価学、そして社会科学領域のその他の多くの分野でのこの手法の普及とともに展開してきました[(1)]。QCAを採用した初期の研究はリベラルな民主主義のもとでの福祉国家の形成についてのマクロ比較事例が中心でした（e.g. Hick, Misra, and Ng, 1995）が、現在ではあらゆる集計水準での分析に適用されています。国家レベル以外にも地方議会（Buzogány and Häsing, 2018）、政府の内閣（Vis, 2010）、国政選挙（Fernández-García and Luengo, 2019）、インターネットの規制当局（Ewert, Kaufmann, and Maggetti, 2020）、医学部（Williams et al., 2018）、プロジェクトベンチャー（Bakker et al., 2011）、地域コミュニティ（Kane et al., 2016）、企業（García-Castro, Aguilera, and Ariño, 2013）、市民社会組織（Durán Mogollón, Eisele, and Paschou, 2020）、平和維持活動（Gromes, 2019）、投資意思決定（Berger, Wenzel, and Wohlgemuth, 2018）、そして食品安全検査官（Thomann, Hupe, and Sager, 2018）など、分析単位となる事例の集計水準はさまざまです。

分析の集計水準と同様にQCAによる実証研究の対象となる現象も多岐にわたっています。いくつかの例を挙げると、規範の推進（Schimmelfennig, 2005）、官公庁の配置（Oppermann and Brummer, 2020）、報酬差別（Greckhamer, 2011）、EU法の国内収束（Goanta and Siems, 2019）、幹細胞に関する規制（Engeli and Rothmayr Allison, 2013）、制裁の効果（Boogaerts and Drieskens, 2020）、労働市場政策（Vis, 2011）、独裁政権の持続性（Grauvogel and von Soest, 2014）、派閥と政策転換（Hörisch and Wurster, 2019）、環境平和構築（Ide, 2018）、貿易関係（Gansemans et al., 2017）、紛争後の民主化（Mross, 2019）、体重管理への関与（Melendez-Torres et al., 2018）、国家の衰退（Johais, Bayer, and Lambach, 2020）、民主的な戦争関与（Mello, 2014）、そして連合作戦におけるジュニア・パートナー（Schmitt, 2018）といったテーマが取り扱われています。

各方面の研究方法論のテキストの中でもQCAは比較研究やマルチメソッド研究法によるリサーチ・デザインをおこなううえで独自の強みをもった手法として広く認められています（Beach and Pedersen, 2019；Blatter and Haverland, 2012；Gerring, 2012b, 2017, 2020；Goertz and Mahoney, 2012；Moses and Knutsen, 2019；Rihoux and Grimm, 2006；Rohlfing, 2012；Toshkov, 2016）。従来の統計的手法が「独立変数の平均効果」（Mahoney, 2010）に着目しているのに対し、QCAは関心の対象となる結果が生じるための具体的な条件群の探索をおこないます。そのため、QCAでは集合論の**必要条件と十分条件**（**necessary and sufficient conditions**）を用いて因果関係を表現します。この種の因果関係の見方は社会科学の研究において重要視されるようになっています（Collier et al., 2010）。結果が生じる時にある条件が必ず存在することを必要性といい、逆にある条件が出現すれば必ず結果が生じることを十分性と言います。

QCAは社会科学の研究方法の有力なニューウェーブとしてすでに評価を受けていますが、この手法の分析手続きやソフトウェアの選択肢、あるいは査読付学術誌で求められる基準といった部分も徐々に洗練されてきています。もちろん、こうした面での進展は歓迎すべきことですが、方法論として高度化・精緻化することで逆にQCAを用いた研究への参入障壁が高くなってしまっている側面もあります。具体的な例を挙げてみましょう。Rのソフトウェア環境はQCAによる研究をおこなううえでの新たな標準となっています（Duşa, 2019b；Oana, Schneider, and Thomann, 2021）[2]。Rは無限の可能性をもつ強力なプラットフォームではありますが、コンピューター解析の経験者にとっても必ずしも馴染みやすいものではなく、それが原因でQCAをあきらめてしまうこともあります[3]。Rの前提知識のない人たちにとっては、このハードルはより高くなってしまいます。

ソフトウェアの問題だけでなく、研究課題や収集したデータとQCAの相性についていま１つ自信がもてないという人たちもいます。あるいはQCAに対する批判的な意見を読み、自身の研究にこの手法を適用するべきか否かに頭を悩ませる人たちもいるでしょう（QCAに対する批判は第９章参照）。

本書はそうした障壁や不安を取り払うために、リサーチ・デザインや実践的な応用の仕方、それから既存の研究による生きた事例の活用に重きを置きつつ、読者の皆さんを段階的にQCAの世界にいざなってゆきます。まだRに親しんだことのない皆さんには、本書付属のRオンライン・マニュアルを用意しています（詳しくはweb付録をご覧ください）。初心者の皆さんはQCAを用いた研究の段階を１つずつ進んでゆけば、ご自身の研究課題にスムーズにQCAを適用できるようになります。すでにQCAに慣れ親しんでいる皆さんも本書を通じてQCAについての知識を新たにし、QCAのベストプラクティスに関する最新の議論も含め、この手法の近年の展開や新たな応用分野の動向について学ぶことができます。また、これはすべての読者の皆さんにあてはまることと思いますが、本書の中に数多く登場する既存研究の解説を通じて、QCAのリサーチ・デザインや発見事項の解釈、分析結果の図表のプレゼンテーションの改善のための糸口をつかむことができます。

２．本書の使い方

本書はQCAの実践的な入門書です。本書はQCAの典型的な理念型の研究プロセスに沿って構成されていますので、QCA初心者の皆さんには章立てとおりの順序で読み進めることを強くお勧めします。すでにQCAの使用経験が豊富な皆さんは、特定事項に興味をおもちでしたら目次や索引を見て該当するセクションを読んでみてください。QCA に関連する重要な用語は本書 web 付録の用語集に収録しています。本書が想定する読者は、QCA について学びたい皆さん、QCA の正しい使い方を知りたいと思っている皆さん、QCA による分析結果を最大限活用したいと考えている皆さんすべてです。QCA という手法を聞いたことがあり、その基礎を理解したいと思っている初心者の方から、QCA に慣れ親しんでいる一方でその潜在力についてさらに学びたいと願っている経験者の方まで、本書は等しく対象としています。

本書を読むために特別な前提知識は不要です。QCA に関連する技術的な事項については必要最小限にとどめています。また、読者の皆さんが QCA の手順をシームレスに適用できるよう、本書 web 付録からアクセスできる R マニュアルでは、ソフトウェアのインストールからデータの準備方法、R の主要分析の進め方に至るまでの一連をハンズオン形式で解説しています。読者の皆さんがそれぞれの研究の文脈に合わせてカスタマイズ可能な R スクリプトも提供しています。

本書のユニークな特徴の 1 つは、とくに大切な内容を取り上げている章の web 付録として「研究事例コラム」を設けている点です。QCA による研究成果を出版したことのある研究者たちが自身の QCA 経験を振り返りつつ、研究を進めるうえで直面した意思決定や決断の内容について述懐しています。研究事例コラムは全部で 7 つあります。コラムで紹介する研究事例は、政治学、社会学、法学、公共政策学、環境ガバナンス、政治地理学、そして国際関係論など社会科学の領域全般にわたり、それらは幅広い QCA の研究事例を反映しています。これらの研究事例コラムを通じて 6 つの異なるタイプの QCA のアプローチのそれぞれを実証的に適用する際の手続きの全域を紹介しているつもりです。通常は論文や学術書に登場する研究の舞台裏をつぶさに観察できる機会はなかなかありません。それが事例コラムで可能となっているのは筆者による本書の狙いを研究仲間の皆さんが理解してくれたからにほかなりません。表1.1に、web 付録の研究事例コラムの詳細を記載しています。

3．QCA を用いた研究のリサーチ・サイクル

本書の章ごとの構成は QCA の典型的な理念型の研究プロセスに合わせて設計しています（図1.1参照）。通常、新しい研究プロジェクトは研究課題を定義するところから始まります。それを絞り込んでリサーチ・クエスチョン（RQ：Research Questions）をつくるのがその次の段階です。RQ に対する答えは、大まかな命題として、あるいはフォーマルな仮説として理論の中に見出されます。研

表1.1　web 付録の「事例コラム」の概要

QCA のタイプ	番号	領域	研究トピック	題材の論文
マルチメソッド QCA	2.1	政治地理学	環境協力と平和構築	Ide (2018)
ファジーセット QCA (fsQCA)	2.2	社会学	精神疾患の生物学的属性	Andersson and Harkness (2018)
ファジーセット QCA (fsQCA)	5.1	政治学	リーダーの経済的信念	Swinkels (2020a)
ファジーセット QCA (fsQCA)	5.2	公共政策学	気候変動政策	Giordono, Boudet, and Gard-Murray (2020)
マルチバリュー QCA (mvQCA)	8.1	法学	司法の独立	Castillo-Ortiz (2017)
2 段階 QCA (two-step QCA)	8.2	環境ガバナンス	森林破壊に対する政策	Brockhaus et al. (2017)
クリスプセット QCA (csQCA),MDSO-MSDO	8.3	国際関係論	EU による軍事行動	Haesebrouck (2017)

図1.1　QCA による研究のリサーチ・サイクル

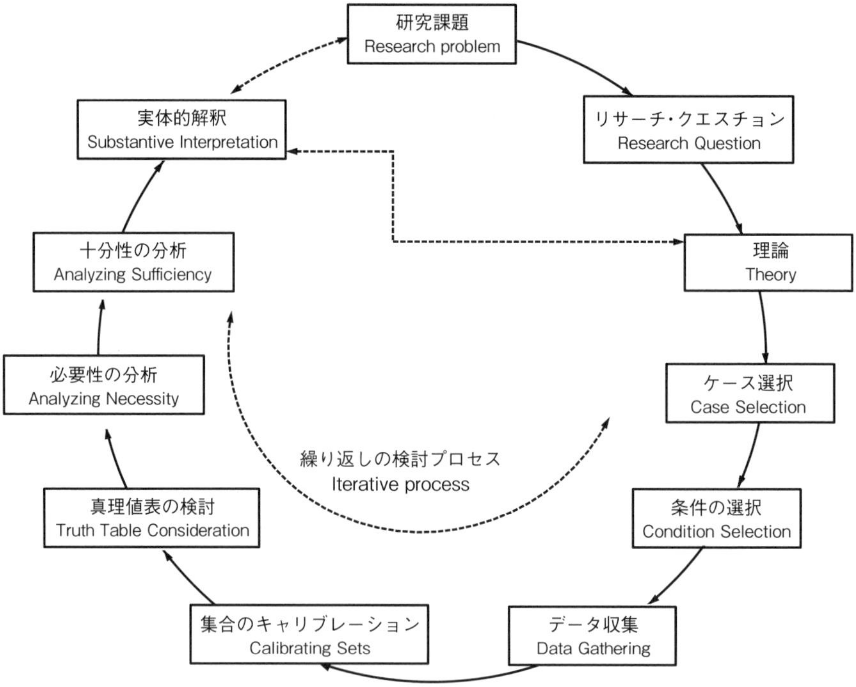

究のために選択されたケースや条件という形態で理論と経験的観察を結びつけることができれば、QCAのリサーチ・サイクルの第1段階は完了です。この段階で生じる問題に関しては、リサーチ・デザインについて取り上げる第2章で解説してゆきます。

QCAの第2段階の起点はデータの収集と集合のキャリブレーションです。QCAを用いた分析の準備段階です。集合論の基礎知識は第3章で概説します。第4章では因果関係と因果複雑性についての考察をおこないますが、これらは研究の初期段階と発見事項の解釈の双方で等しく重要な概念です。第5章ではキャリブレーションの手法と実例を紹介します。

QCAによる分析手順の中で最も重要なプロセスは真理値表（truth table：真偽表、真理表とも呼ばれます）を作り、十分条件の分析をおこなうところです。分析結果を読み取り経験的に見出されたパターンを解釈するために不可欠な要素に適合度を測定する指標があります。これについては第6章で議論を進めます。そしてQCAの要諦というべき集合論のロジックに基づく分析は第7章のテーマです。ここまで到達すると、あとは分析結果から得られた重要な条件組み合せの解釈をおこなう作業が残るのみです。ここで大切なことがあります。集合論的分析は理論と分析結果の間を何度も往復しながら推敲する**相互作用的プロセス**です（Ragin, 2000）。そのため、QCAによる分析で得られた結果を踏まえて理論やケース選択の変更も含めたリサーチ・デザインの調整をおこなう作業を繰り返しながら納得のゆく説明モデルを探索することも珍しくありません。

4．QCA小史

QCAが登場してからすでに30年以上が経過していますが、18世紀まで起源を遡ることのできる統計的手法や歴史事例研究の方法と比べるとQCAはまだまだ後発の研究アプローチとして考えられがちです（Moses and Knutsen, 2019）。とは言え、Raginの手によって1987年にQCAが登場して以来、この研究手法は目覚ましい進化を遂げてきました。QCAの礎は19世紀のイギリスの数学者・論理学者George Booleによる代数学（ブール代数：Boolean Algebra）に根差しています。ブール代数で用いる変数は「**真（存在する）：true（present）**」または「**偽（存在しない）：false（absent）**」の2値のいずれかをとります。この考え方はさまざまなコンテクストで活用されてきましたが最も良く知られているのは電気のスイッチング回路の制御への応用です。これがきっかけとなってブール代数は応用科学で広く用いられるようになりました（Whitesitt, 2010）。質的比較の基礎として重要なのは、ブール代数を援用することで集合論的な操作や真理値表の作成、そしてQCAによる解とその項（solution terms）を導出するための真理値表の最小化が可能となることです。これらは本書で取り上げるQCAの本質的な側面を構成しています。

ブール代数をそのまま援用したQCAは当然のことですが1か0の2値カテゴリしか使用できません。ある条件が存在すれば1、不在の場合は0という区分を用いるものでクリスプセットQCA（crisp-set QCA／csQCA）と呼ばれています。社会現象の多くは複雑であいまいなため、2値によるカテゴリ化（をとるクリスプ集合：訳者補足）では適切に研究対象に向き合うことが難しい場合が珍しくありません。csQCAのこの種の弱点を克服するためにRagin（2000）自身が新たに導入したのが**ファジー集合（fuzzy set）**の概念です。これは、特定のケースのある条件についての帰属度（membership score）を0～1の間に位置する任意のスコアでとらえるものでファジーセットQCA（fuzzy-set QCA／fsQCA）と言います。fsQCAの背景にあるファジー論理は数学者のLofti Zadeh（1965）が考案したものです。Zadehは複雑性とあいまい性の高い問題に対処するために従来の集合論を拡張したものとしてファジー論理を位置づけています。Daniel McNeillとPaul Freiberger（1993）の言葉を借りると、Zadehの研究はコンピューター技術に革命をもたらしました。それと同時に言語学（Lakoff, 1973）やその他多数の領域での応用も含め、社会科学におけるファジー集合の適用がおこなわれるようになりました（Smithson and Verkuilen, 2006）。

研究手法としてのQCAの洗練におけるもう1つの重要なステップは、集合論的関係の十分性と必要性に関する経験的裏づけの強さを評価するための**適合性指標**が導入されたことです（Ragin, 2006b）。それらの指標のうち集合論的「**整合性（consistency）**」は、特定の原因条件の組み合わせを共有するケース間にどの程度、結果の共通性があるかを示すものです。集合論的「**被覆度（coverage）**」は、ある原因条件やその組み合わせがどの程度、特定の結果の発生を説明できるかを表す指標です。これらの尺度はQCAによる分析結果を評価するためのわかりやすい指標です。統計分析における有意性と説明力（強度）と類似した概念として位置づけるとよいでしょう（Ragin, 2008b）。現在ではこれらに加えて、「**PRI（proportional reduction in inconsistency：不整合減少率）**」（Mendel and Ragin, 2011）や「**必要性の関連性（relevance of necessity：RoN）**」（Schneider and Wagemann, 2012）に関する適合性指標も開発されています。第6章ではこれらとその他の指標についての理解を図るとともに、経験的な事例を用いてそれらの説明をおこないます（訳者注：ちなみに「不整合減少率」は一般に「PRI」と呼びますので、本書でも「PRI」を用います）。

QCAによる比較の論理はJohn Stuart Millが1843年に出版した*A System of Logic*（Mill, 2006）の中で提示し広く知られている科学的探求の手法から強い影響を受けています。Millの方法には一致法や差異法のように有名なものに加え、共変法や剰余法といったあまり知られていないものもあります。また、Millは一致法と差異法を統合した一致差異併用法も考案しました。これはMill自身がみずから生み出した科学的探求手法の基本形を発展させたものです（Mill, 2006）。QCAは一面ではこの一致差異併用法を体系的な形で応用した研究法として位置づけることができそうです。

ただし、Millの方法に大きなヒントを得ているとはいえQCAは多くの点でMillの方法を超えているのも事実です。第一にMillは観察対象となる現象を生じさせる単一の原因を特定するために個々の変数に着目していましたが、QCAではそれとは対照的に等結果性と結合因果を明示的に考慮しています。第二にMillの方法ではいわゆる「限定的な多様性（limited diversity）」にあてはまる現象を説明することができません。QCAでは真理値表を用いた手続きにしたがって論理的に可能な全ての条件組み合わせを体系的に特定することができるだけでなく、「論理残余（logical remainder）」に対処することも可能です。論理残余とは論理的に可能なすべての条件組み合わせのうち、あてはまるケースが存在しない（経験事例がない）組み合わせのことを言います。第三に、ファジー集合の登場によって集合への帰属を連続的なスコアとして測定することが可能になりました。また、適合性指標が開発されたことで、集合関係の強さを評価するための手段がもたらされました。ちなみにMillの方法にはこれら特徴はいずれも存在しませんでした[4]。最後に第四として、ブール論理と最小化によってMillの方法には存在しない体系的な比較の手順と因果推論の分析が可能となった点を指摘することができます。

QCAと関連手法のうち最も普及しているのが先ほど紹介したcsQCAとfsQCAですが、それ以外にもQCAの特定の弱点のそれぞれを克服すべく開発された拡張版・改良版のQCAもあります。例えば**マルチバリューQCA**（**：多値QCA ／ multivalue QCA ／ mvQCA**）（Cronqvist, 2019；Cronqvist and Berg-Schlosser, 2009）は3つ以上のカテゴリに対応する名義変数を用いることができます。重要な情報を失わずに説明条件を簡単に2値化できない状況でmvQCAの有用性が発揮されます。例えば「雇用されている」または「失業している」の2値による区分に「パート雇用されている」などカテゴリをさらに追加した方がよさそうな場合があります。

テンポラルQCA（temporal QCA：tQCA）（Caren and Panofsky, 2005；Hino, 2009；Ragin and Strand, 2008）は、時間と順序の概念を織り込むことによってQCAによる比較の弱みでもある静態性の克服を図るアプローチです。このタイプのQCAでは、ある条件が他の条件に先行して発生したものか否かを峻別するために追加的な演算子（オペレーター）を使用します（Pagliarin and Gerrits, 2020参照）。**2段階QCA（two-step QCA）**（Schneider and Wagemann, 2006）は、説明条件の数を過剰に設定してしまった際に顕著になりがちな限定的な多様性に起因する問題に対処するために生み出されたQCAのバリエーションです。2段階QCAは、説明条件をリモート条件（remote explanatory condition）と近接条件（proximate explanatory conditions）とに区分し、真理値表分析を繰り返しおこなう点が特徴的です。

最後に紹介するのが**ファジーセット理念型分析（fuzzy-set ideal type analysis）**（Kvist, 2007）です。このアプローチによるQCAは結果の（未）発生の説明を試みるのではなく、理論に根差した理念型との比較を通じて経験的に観察されるケースの構成の理解を目指すものです。第8章ではここに挙げたアプローチによるQCAやその他のタイプによるものを、応用的な研究事例に沿って解説してゆきます。

この30年余りの間にQCAが遂げた進化が最も顕著に見られた領域の1つはソフトウェア開発です。のちにfs/QCAとして普及したソフトウェアの初期バージョンは1986年にはすでに公開されていました（Drass and Ragin, 1986）。このソフトウェアを補完する役割を果たす幅広いプログラムやソフトウェアパッケージが多様なプラットフォーム向けに次々に開発されました。その結果、fs/QCAと（グラフィック作成に強い）Tosmanaを用いた研究成果も数多く発表されています。ただし現在はQCAの最先端のソフトウェアはR環境を基盤とするものに移行しています。なんといっても、RはOSなどプラットフォームに依存しないため、どのようなコンピューターシステム上でも動かすことができます。また、多くの統計ソフトウェアとは異なりRは無償のオープンソース・ソフトウェアです。ここで最も特徴的なのは、Rではあらかじめ定義された機能をGUI（グラフィック・ユーザー・インターフェース）上でクリックして作動させるのではなく、ソフトウェア本体とコードの双方を分析目的に照らし合わせてカスタマイズできることです。QCAの分析手続きそのものだけでなく、データや分析の結果をR内でビジュアル化したり、必要に応じて追加的な検定を実施したりすることも可能です[(5)]。最後に、R言語（Rコード）は補完ファイルとして簡単に共有することができるため、分析の透明性と再現可能性が高まります。本書のweb付録のRマ

図1.2　QCAに言及した学術論文数の推移

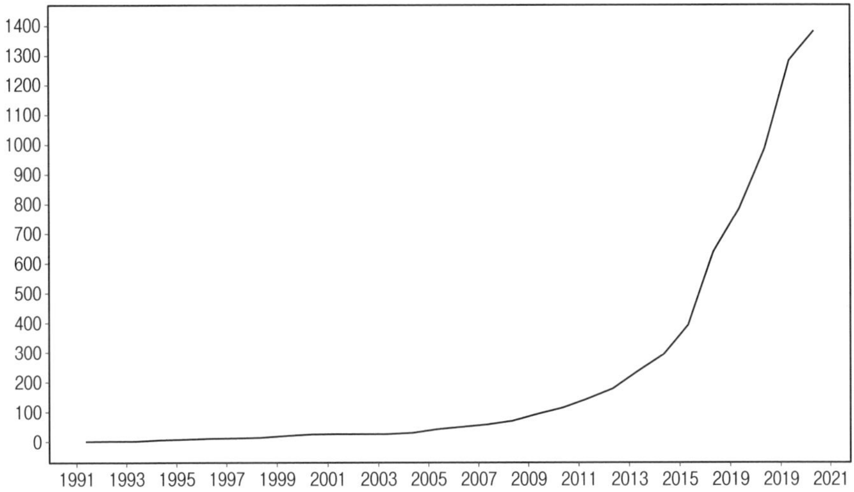

ニュアルは、Rソフトウェアとその機能、QCA関連のパッケージの概要を紹介しています（web付録参照）。

ここではQCAの目覚ましい発展について振り返ってきましたが、それと同時にQCAに対する批判もその登場以来、途絶えることがありません。QCA批判の理由の1つは、QCAが定性と定量双方の要素を併せもつ**ハイブリッド**な性質の研究方法である点に起因するようです。一方では統計的手法のトレーニングを受けた研究者からの批判の声が上がることがあります。彼ら・彼女らは一般的に数百から数千の観測データを扱って分析をおこなっています。他方では、どんなに多くても一握りの事例の徹底的な研究に取り組む研究者たちの間でもQCAに疑問が呈されることが少なくありません。QCAはとくに観測数の多寡による制約を受ける方法ではありませんが、20～50ケースを扱うのが通例です。つまり、典型的な事例研究と統計的手法を用いた研究のまさに中間に位置していると言えます。第9章では、QCAに対する一連の批判の内容を整理し、それらに適切に応答するためのガイドラインを導き出してゆきます。

5．QCAを用いた研究の動向

QCAがダイナミックに発展していることは、この研究方法を用いた学術論文の数にも反映されています。図1.2はWeb of Scienceデータベースに掲載されている学術論文のうちQCAを用いた論文数の1987年から2020年までの推移を示しています(6)。1990年代を通してゆっくりとした増加が見られた後、2000年代後半から急激な伸びが記録されています。QCAを用いた研究の急速な増加は、Ragin（2008b）、Rihoux and Ragin（2009）、Schneider and Wagemann（2012）などQCAによる研究方法を形式化し、その広範な応用をうながす定番の教科書が相次いで出版されたこととも関係がありそうです。

Web of Scienceによる2020年時点でのSSCI（社会科学領域の引用インデックス：Social Sciences Citation Index）によると、何らかの形で「qualitative comparative analysis」に言及した論文数は1,400に上ります。もちろんこれらの中には漠然とこの表現を用いたものやQCAについてほんの少し触れている程度に過ぎない研究も含まれています。ただし、SSCIがカバーしている学術誌は全体のほんの一部に過ぎません。とくに英語以外の言語で書かれた論文のほとんどはSSCIのデータベースの範囲外です。したがってQCAを用いた実証研究や方法論としてのQCAに着目した論文数の総計はこの1,400という数字を大きく上回るものと思われます。Ragin（1987）がQCAを提唱した*The Comparative Method*の被引用数の推移からもQCAの普及拡大を見て取ることができます。2020年12月の時点でのこの書籍の被引用数は10,800件に達しています。

社会科学のどういった研究分野がQCAの普及に貢献しているのでしょうか。また、どのような領域でQCAが最も採用されているのでしょうか。**図1.3**を見るとWeb of ScienceからQCA関連の論文の掲載数の多い上位15領域（SSCIによる分類）がわかります。1987年から2020年の間にQCA関連の論文が発表された10の主要領域があります。その中でも突出しているのがビジネス分野で、QCAと関係する論文が414篇も掲載されています。これに続くマネジメントと政治学でもそれぞれ200篇以上のQCA論文が刊行されています。環境学や社会学でもこの期間におけるQCA関係の研究成果は100以上に上ります。公共政策の分野でもそれに迫る水準に達しています。Web of Scienceの掲載分野全体で見ると、QCAに言及した論文が少なくとも1篇刊行されている領域数は100を上回っています。分野ごとの平均は20篇、中央値は4篇となっています。

参考までにWeb of Scienceのデータは各研究領域の論文の長さや論文の質による区分はおこなっていません。比較的短い論文を大量に掲載する雑誌も中にはあります。そういったケースでは出版される論文の数も大きくなり被引用数も自然と増加します。Web of Scienceのデータにはもう1点注意が必要です。このデータベースでは1つの学術誌が複数の研究分野に分類されていることが珍しくありません。そのため、ある雑誌に掲載されたQCA関連の論文が2つ以上の研

図1.3　1987～2020年における学術領域ごとのQCA関連論文数の推移

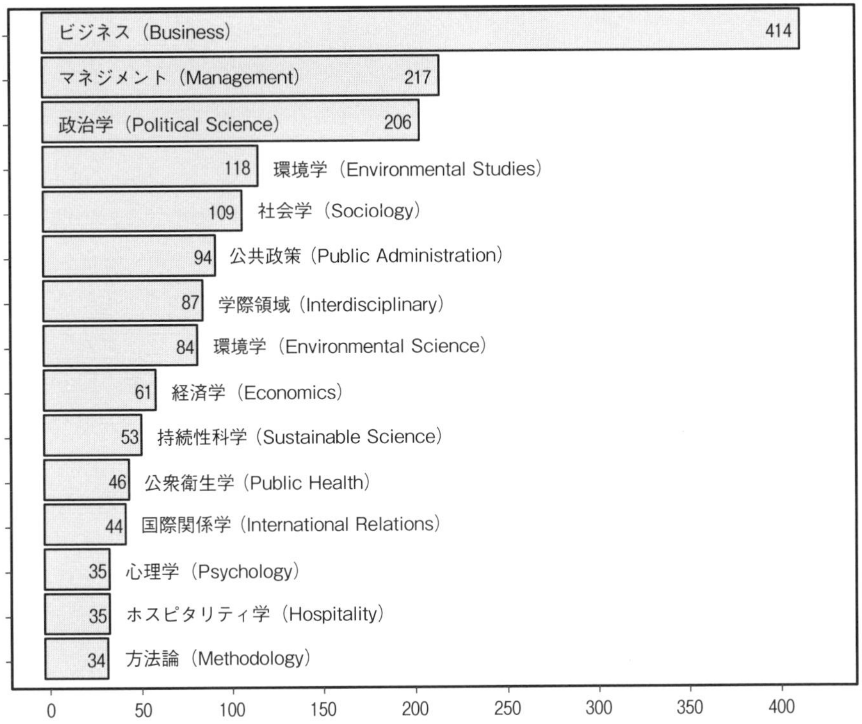

究領域でカウントされることがあります。図1.3に挙げている1,387篇の論文もやはり平均1.6領域に関連づけられています。このような集計上の課題がありますが、研究方法としてのQCAは社会科学の全領域にわたって認識され、非常に多くの分野で定着したアプローチになっていることがわかります。

6．本書の構成

本書は全10章によって構成されています。QCAを用いた研究の標準的なプロセスに沿っていますので、はじめてQCAを学ぶ読者の皆さんには目次の順に読み進めていただくと効果的です。もちろん、ご自身の関心やQCAに関する知識に応じて、目次と索引を使って必要な事項をピンポイントに掘り下げていただくことも可能です。

ここで、読者の皆さんにぜひ注意を払っていただきたい点が２つあります。１

つは方法論にはつきものの専門用語の扱いに関することです。本書は読者の皆さんに親しみやすい形でQCAを網羅的に理解していただくことを目標としています。そのため、ややこしい専門用語や略語の使用は最低限にとどめています。そうは言っても、QCAを正しく理解し正しく使いこなすためにどうしても必要な用語も少なくありません。そうした重要な用語は本書の随所で紹介するとともにweb付録の用語集にも定義しておきます。

読者の皆さんに注意していただきたいもう1つの点は本書の章立てについてです。QCAのような方法論を新たに紹介する時には常にニワトリが先か卵が先かの問題が生じがちです。例えば集合論的分析をおこなおうとすれば、そのための基礎固めをする必要があります。ただ、そうした基礎知識の中には後の方の章を読んでみて初めて有用になる類のものもあります。そのようなことを考慮しつつ、本書の前半の3つの章は一般的な内容を取り上げています。それぞれの章ではリサーチ・デザイン、集合論、そして因果推論と因果複雑性について論じています。これらの概念がなぜ大切かについては、QCAの分析手続きの全容を知って初めて明らかになることもあります。

次の第2章では、リサーチ・クエスチョン（RQ）の設定やQCAのさまざまな活用方法、そして事例と説明条件の選択といった課題を含め、QCAの**リサーチ・デザイン**を読者の皆さんに紹介します。この章の終わりに近年刊行されたQCAを採用した研究についての検討をおこなったうえで、QCAを用いたマルチメソッド研究（multimethod research）を皆さんに推奨しています。第3章は**集合論**に焦点を当てQCAの集合論的アプローチの特筆すべき性質について考えてゆきます。クリスプ集合とファジー集合の違いからスタートし、ブール演算やQCAの形式表記、真理値表、それから必要条件と十分条件の概念の基礎理解を図ります。この章の最後に経験的データから集合関係を特定するための手続きを概観します。第4章では一歩引いて、社会科学の哲学における4種の**因果推論**の理論を検討します。この章の後半では、それらを踏まえ**因果複雑性**の概念を提示するとともにQCAによる**因果分析**の展望をおこないます。

第5章からの3つの章はQCAによる分析の核心に展開してゆきます。第5章ではQCAの集合論的分析に先駆けてクリスプ集合とファジー集合の**キャリブレーション**（**較正**）についての議論をおこないます。定量的研究方法における測定の概念とQCAにおけるキャリブレーションの決定的な違いを理解することがここでの鍵となります。ローデータとして収集したさまざまな質的あるいは量的データのキャリブレーションはどのようにしたらよいのでしょうか。まずはローデータをキャリブレーションのスコアに数学的に変換することが不可欠ですのでそのための処方箋を示したいと思います。第6章はQCAによる分析結果の検証と解釈に不可欠な**適合性指標**について触れています。経験的データを用いて集合論的な整合性と被覆度の算出方法とともにそれらの解釈の仕方について説明します。第7章はQCAの集合論的分析を取り上げます。ここでは**必要条件**の分析に始まり、**真理値表**の作成を経てブール演算の**最小化**による**解**（solution terms）の導出までのプロセスを解説します。ここでも実際の研究事例を用いて、研究者の意思決定がどのようにQCAの解に影響するのかを考えてゆきます。また、**反実仮想分析**と**論理残余**の扱いについても論じます。

本書では最も一般的に用いられるQCAの手法であるcsQCAとfsQCAに焦点を合わせていますが、第8章ではQCAのさまざまなタイプの**バリエーション**を紹介したいと思います。具体的にはmvQCAとtQCA、2段階QCA、さらにはファジーセット理念型分析を概観します。各タイプのQCAのそれぞれの強みと要件について研究の実例にもとづいて議論しています。第9章は研究方法としてのQCAの強みとその一方での制約についての論点の焦点化をおこなっています。QCA初心者の皆さんにとってはこの手法の長所と短所を端的に把握しておくことは大切です。また、QCAに対して投げかけられてきた批判や批評に対する答えがQCAの展開の歴史の中でどのように見出されてきたかについても、ここでの議論を通じて容易にイメージすることができます。最終章となる第10章では本書の要点をまとめるとともに、本書の一連の議論からQCAを用いた研究のグッド・プラクティスを導き出しています。また読者の皆さんがQCAによる研究を独自の方向に展開してゆくためのヒントも提示しているつもりです。本書のweb付録は、データの読み込みと操作、説明条件のキャリブレーション、必要条件の検証、真理値表の作成、解の導出、結果のビジュアル化といったRの主要機能をまとめたオンラインRマニュアルの内容を補足する性格のものです。

(1)　QCAを応用した研究の全般的な潮流については、Rihoux et al.（2013）参照してください。文化人類学と社会学の枠組みからのQCAの紹介はKröger（2021）をご覧ください。比較福祉国家研究（Emmenegger, Kvist, and Skaaning, 2013）や公共政策学（Hudson and Kühner, 2013；Rihoux et al., 2011）、行政学（Thomann and Ege, 2020）、社会学（Buche and Siewert, 2015）、ビジネス研究（Wagemann, Buche, and Siewert, 2016）、公衆衛生学（Palinkas, Mendson, and Hamilton, 2019）、アントレプレナーシップ（Kraus, Ribeiro-Soriano, and Schüssler, 2018）、空間計画（Verweij and Trell, 2019）、民主化（Møller and Skaaning, 2019）、QCAと統計分析の組み合わせ（Meur and Rupietta, 2017）など、特定の研究領域に特化する形でおこなったQCAを用いた研究のレビューも見られます。

(2) ちなみにECPR Summer School in Methods and Techniques、ICPSR Summer Program in Quantitative Methods of Social Research、FORS Swiss Summer School in Social Science Methodsにおける QCA 関連のサマースクールのコースでも、現在、Rとパッケージ「QCA」(Duşa, 2019b) そして「SetMethods」(Oana and Schneider, 2018) を分析用のソフトウェアとして使用しています。Rのソフトウェア環境はすべてのオペレーティングシステム (OS) で自由に利用することができます。詳しくは www.r-project.org/ を参照してください。QCA を用いる際にRの他に使用することができるソフトウェアの主なものには「fs/QCA」(Ragin and Davey, 2017) と「Tosmana」(Cronqvist, 2019) などがあります。ここで紹介した以外のRパッケージを含む、利用可能なすべてのソフトウェアの包括的なリストは、QCA コミュニティ (COMPASS) のウェブサイト (https://compasss.org/community/) 上で管理されています。

(3) Rの「サバイバル・ガイド」については、Gaubatz (2015) を参照してください。

(4) 公平を期すために補足すると、Mill による共変法 (Method of Concomitant Variations) は量的差異を許容しています (Mill, 2006)。現代の定量的研究アプローチのコンテクストにおけるミルの手法に関する議論は、Sekhon (2008) を参照してください。

(5) 例えば、Ide (2018) や Schneider and Makszin (2014) の研究では QCA に先駆けて統計的分析を実施しています。Mello (2020) は集合論のロジックによる必要性の分析を関連性に関する統計的検定で補っています。

(6) データベースは、www.webofknowledge.com でアクセスすることができます。

第2章 リサーチ・デザイン

リサーチ・デザインがなぜ大切かというと、私たちが見出す答えが可能な限り妥当なものであり、そこに至る道のりを可能な限り効率的にするものだからです。
— Dimiter Toshkov

リサーチ・デザインをめぐる問題は、あらゆる科学的探求の根幹であるといって過言でありません。社会科学の問題に対する適切な解決策を見出すためにまず必要なことは、探求の範囲と関連する概念を定義し、理論的な着地点を想定することです。これらに加え、導き出したいと考えている研究の答えとつながる研究方法を特定することが求められます(1)。こうした一般的な事項はQCAを用いた研究にも漏れなくあてはまりますが、QCAによる研究を設計する際にはこれら以外にも考慮すべきことがあります。

実際には次に挙げる事項について考える必要があります。まず、集合論的アプローチによる分析を前提とした**リサーチ・クエスチョン**（RQ）とはどのような性質のものなのでしょうか。また、QCAを最大限活用するためにはどのような形で**理論**構築を目指すのが望ましいのでしょうか。**事例**の選択や説明**条件**の抽出はどうやっておこなったらよいのでしょうか。QCAを他の研究方法と組み合わせることはできるのでしょうか。そして、どうやったらQCAを組み込んだ**マルチメソッド**（multimethod）研究を上手く推進することができるのでしょうか。この章ではこうした事項に関連する主要な論点について順をおって解説してゆきます。

リサーチ・デザインの重要性は誰もが認めるところですが、実際の研究のプロセスにおけるテクニカルな分析やその改善の問題と比べ、あまり注目されないことが多いようです。とは言っても、綿密な研究をおこなうために必要な事項のうちの多くはリサーチ・デザインの初期段階に含まれています。QCAを用いた研究の文脈でいえば、QCAは**静的な**比較をおこなう手法のため、その点で厄介な制約を受けます。基本的には時間や順序、あるいはプロセスといった概念はQCAでは公式には存在しません(2)。だからと言って、分析に用いる説明条件や結果の概念設計にこれらを取り入れてはいけないということではありません。同じようなことかもしれませんが、小・中規模ケースによる研究は時に結論を誇張しているという批判にさらされることがあります（Lieberson, 1991）。しかし、範囲条件（scope condition）の定義と事例選択が適切におこなわれていれば、研究結果から導出される推論を強化するうえでも、その限界を明示するうえでも同様に役立つと言えます。最後に、QCA によって得られる解を読み解く作業は繊細さを要します。とくに集合論のロジックで定式化されていない理論を用いる場合には QCA の結果の解釈自体が大きなハードルになりえます。そのような問題は、分析過程に**先駆けて**理論から導かれる観測可能な示唆や潜在的に可能な条件組み合わせを明確にしておくことで回避することができます。

社会科学分野のリサーチ・デザインについて議論する時ほぼ間違いなくその出発点となるのが Gary King, Robert Keohane, and Sydney Verba（訳者注：この３人のイニシャルをとって「KKV」と呼称されています）（1994）による *Designing Social Inquiry*（『社会科学のリサーチ・デザイン―定性的研究における因果推論』）です。この書籍の中で KKV が主張したのは質的研究における科学的な因果推論は定量的研究のそれに準拠することで可能となるという、ある種大胆で野心的な発想でした。KKV による問題提起は大きな影響力を持つと同時にその極端とも言える視点に対する批判も相次ぎました。KKV に対する反論の論点は次のようなものでした。因果推論の話はさておき、質的研究は「分厚い記述と解釈」（Caporaso, 1995）に重きを置くアプローチであり、KKV が展開する定性的研究に関する主張は「主流派の定量的研究方法の基準に大きく偏った不適切な見方である」という意見です（Brady and Collier, 2004）(3)。仮にこの意見が的確だったとしても KKV の問題提起を通して「定性的研究と定量的研究の間の埋めがたい溝」に関する議論が活性化し、研究方法や方法論に関する新たな思考が生まれるプロセスが動き出した点で評価に値すると言えるでしょう。

そのような潮流の中で刊行された *Rethinking the Social Inquiry*（『社会科学の方法論争―多様な分析道具と共通の基準』）の初版・第２版とそれらに収録された一連の論考（Brady and Collier, 2004, 2010）、そして Charles Ragin（2008b）による *Redesigning Social Inquiry* は、まさに画期的なものでした。Brady と Collier は社会科学の主流派研究方法としての統計的アプローチに対して徹底的な批判を展開する一方で、定性的研究者と定量的研究者が共に拠り所とする基盤を見出し、両者の架橋を図りました。Ragin（2008b）は「伝統的な定量的研究のテンプレート」に対する批判的な態度を一貫してとりながらも、自身の著作を KKV の *Designing Social Inquiry* に対する批判のための１冊ではなく社会科学領域における定量的研究と定性的研究の「中間をゆく方法」として理解してほしいと強調しています。

1．リサーチ・クエスチョン

新たな科学的探求の第一歩を踏み出す時、最初に現れるタスクの1つは研究トピックに関するアイデアを**具体的に進めることのできる**研究課題に転換する作業です。この過程はリサーチ・クエスチョン（Research Questions：RQ）を設定する作業と一致する場合が多くなっています。研究の意義についてはさまざまな見解がありますが、研究課題を策定する際には（1）それが実社会との関連性をもっていること、そして（2）それぞれの研究領域の学術研究に対する科学的貢献を果たせることという2つの要件を満たす努力をすべき点は研究者の誰しもが同意するポイントです（King, Keohane, and Verba 1994；Schmitter 2008；Toshkov, 2016）。

研究のトピックが上手く定義できても、その後のRQの設定がスムーズに進むとは限りません。RQを推敲する時に陥りがちな落とし穴の1つは、問いが極端に狭過ぎたり、過度に具体的過ぎたりする形で設定されてしまっていることで、新たな発見や代替的な説明を見出すための余地がほとんど残されない状況が生じがちなことです。例えば、皆さんが貧困と健康問題に関連する研究のレビューをおこない、それに基づいて両者には何らかの因果関係があるのではないかという問いを抱くかもしれません。単純な例ではありますが、このようなRQの利点は分析の明確な指針が得られることです。したがってこのRQに含まれない別の要因を探る必要もありません。ただし、研究を進める中で貧困が健康問題に関連する複数の要因の1つに過ぎないことが明らかになった場合には、上のRQはかえって窮屈なものになってしまいます。もう少し広くRQを設定しておけば、より適切な研究結果を得られたかもしれません。

これと同じような話になりますが、皆さんのRQが特定の単独事例あるいは複数事例にのみ言及している場面を想定してみましょう。皆さんのRQの焦点は明確に絞り込まれています。そのこと自体にはまったく問題はありませんが、RQに含まれていない事例でしか発生しない関連現象を説明することができなくなってしまうというリスクがあります。この種の懸念は社会科学のすべての分野の研究にあてはまることです。こうした一般的な問題はさておき、この章は、（1）実社会との関連性と（2）学術領域への科学的貢献という2つの条件を満たした研究テーマを見出していることを前提として進めてゆきます。したがって、第2章を通しての私たちのタスクは研究テーマを比較研究の実現可能な研究課題へと変換してゆくことです(4)。

そもそもQCAによって答えを見出すことのできるRQとはどのようなものでしょうか。そしてQCAに用いるRQにはテンプレートのようなものがあるのでしょうか。QCAのRQは**レベル**（level）と**フォーカス**（focus）という2つの軸に沿って導き出すことができます。2×2のマトリクス上に捉えることができるので実際には4つのタイプのうちの何れかのRQが導出されるということです。

2つの軸のうち、レベルでは**ケースに特化した**RQと**一般的な**RQを区分します。ケース特化型RQはその名のとおり特定の単独事例または複数事例のコンテクストでのRQです。一般的なRQは特定の事例（群）に触れることなく理論的な概念間の関係について、より抽象度の高い形で問うタイプのRQとして理解することができます。

もう1つの軸であるフォーカスとは、**説明条件指向**の研究と**結果指向**の研究を峻別する軸です(5)。説明条件指向のアプローチでは特定の原因条件またはその組み合わせ（QCAの用語で言うところの**構成**［configuration］）の理解に重きが置かれています。結果指向のアプローチは、ある特定の単独事例あるいはより多数の事例の間に生起する1つの結果の原因となる条件（群）の発見を重視するものです。非常に自然なことですが、実際にQCAを用いた研究をおこなう際にはこれらの目的が1つの研究課題の中で重複することもあります。QCAでは不可解でユニークな事例について説明することと、事例間に見られる共通のパターンを特定することに私たちが同時に興味を抱くことも決して珍しくありません。そのようなこともありますが、レベル軸とフォーカス軸による研究タイポロジーは、私たちの研究課題のおもな分析目的を明確化しそれらに沿ってリサーチ・デザインを調整するうえで役立ちます。

RQをタイプ分けするためのもう1つの方法は、RQがどのような背景から生じたものかを手掛かりにするものです。この方法にしたがうと、RQは実際に生起する現象の不可解さ（事例に特化したレベル）によるRQと理論的考察（一般的なレベル）によるRQに大別されます。前者のタイプのRQが導出される場面では通常、難解なパズルのような問題を投げかけてくる事例をつぶさに観察することが出発点となります。

例えば、イギリスのDavid Cameron首相（当時）はなぜEU離脱の意思決定を国民投票にかけたのでしょうか。コロナ2019のパンデミックの被害がイタリアで深刻化したのはどのような理由によるのでしょうか。チリで市民による抗議運動が起こったのはなぜでしょう。これらすべての事例には何らかの不可解な側面があります。これらの事例についての問いを立てる時、発生した結果（outcome）をもとにRQを設定することもできます。逆に、結果を生じさせたと考えられる

図2.1　リサーチ・クエスチョン（RQ）のタイポロジー

		フォーカス（Focus）	
		説明条件指向（Condition- centered）	結果指向（Outcome-centered）
レベル（Level）	ケース特化（Case- specific）	（1） 政権交代は、イラク戦争の連合軍からのスペインの撤退にどのように影響したのか。	（2） なぜ、Zapatero首相は、イラク戦争の連合軍からのスペインの撤退を宣言したのか。
	一般化（General）	（3） 政権交代が起こると戦時の連合体制にどのような影響をおよぼすか。	（4） 民主主義国による連合群に亀裂を生じさせる原因は何か。

条件の観点からRQを導出することも可能です。その場合、Cameron元首相のリーダーシップの性質やイタリアの医療制度、あるいはチリにおける社会的不平等といった説明条件に沿ってRQが設けられます。

もう1つのRQ導出のアプローチは事例指向のそれとは対照的に理論概念あるいは複数の概念間の関係に焦点を当てたものです。ここでは、理論との関連の中で、特定の結果の発生を説明したり、ある条件（組み合わせ）が特定の結果をもたらすか否かを明らかにしたりすることが目的となります。先ほどの例を用いると、イタリアやチリといった個々の国のレベルで問いを立てるのではなく、国を超えた一般的なレベルでどのような原因条件（の組み合わせ）がコロナ2019のパンデミックの影響をより大きくしたのか、あるいは市民による抗議運動が発生したのかを説明することに関心が向けられています。同じように国家元首のパーソナリティの特徴を比較し、特定の結果の発生との関連を考察することもできます。

図2.1は**フォーカス**を横軸に**レベル**を縦軸にとったマトリクスでRQの4類型を整理しています。この図では、2004年にスペイン首相José Luis Rodríguez Zapateroがイラク戦争の有志連合軍からの撤退の意思決定を事例として用いています。最初のRQ（1）はこの固有の事例に根差したものですが、政権交代という条件が撤退の意思決定という結果に及ぼしたかもしれない影響に焦点を当てています。2つ目のRQ（2）は、それとは対照的に連合軍からの撤退という結果に着目し、この特定ケースにおける結果の発生メカニズムの説明を求めようとするものです。3つ目のRQ（3）は（1）、（2）とは対照的に一般的なレベルで政権交代が連合軍への関与に与える影響を探索しようとするものです。最後に

4つ目のRQ（4）は、民主主義国による有志連合に亀裂が生じる一般的な原因条件（の組み合わせ）についての問いを設定しています。

他の例で実際にこれら4つのタイプのRQをつくるとどのようなイメージになるのでしょうか。ビジネス・マネジメントと国際関係、政治学、そして社会学の分野で発表されているQCA論文からそれぞれのタイプのRQのサンプルを見てみましょう。

1. どのような条件のもとで労働市場政策に対する支出が増加するのだろうか(Vis, 2011)。
2. どのような政策が電気自動車への移行をうながすのだろうか（Held and Gerrits, 2019）。
3. 人道的危機に対する国連の選択的な対応を説明する要因は何か（Binder, 2015）。
4. 労働条件の特定の組み合わせを構成する職務属性はどのように相互作用して離職の意思決定に影響を与えるのだろうか（Nelson, 2017）。
5. 文民統制の戦略が成功裏に実行されるための必要条件あるいは十分条件となる資源（の組み合わせ）が存在するのだろうかと（Kuehn et al., 2017）。

最初のRQはBarbara Visによる福祉国家の改革についての研究から引用したもので、「どの条件群のもとで特定の結果が発生するのか」を問うタイプのRQです。このRQは結果の発生を説明する複数の条件が存在しうること、そして特定の条件組み合わせが他よりも重要な可能性があることを示唆しています。2つ目のRQはTobias HeldとLasse Gerritsによるe-モビリティに関する論文の中で設定されたRQでこれも同様に結果（電気自動車の採用）を「促進」する政策(群）について広く問うています。ここでも複数の政策が同時に有効になりうることが含意されています。

3つ目は、人道的危機が発生した時の国連の対応（または非対応）に関するMartin Binderの研究です。この研究のRQは観察によって得られたうまく説明のつかない結果（「国連による選択的対応」）に対しての説明を求める性質のものです。この種の問いは「なぜXはこれらのケースの間では発生したのに対し、あれらのケースでは発生しなかったのか（"Why did X occur in these cases, while it did not occur in those cases ?"）」という一般的なフレーズに置きかえて表現することができます。

4つ目に挙げているRQはJennifer Nelsonがおこなった学校教員の労働環境

をテーマとする論文から引用しています。この研究は教員が退職するか否かの意思決定に影響を与えると予想される「特定の労働条件の組み合わせ」の相互作用について具体的な問いを立てています。最後にDavid Kuehnらの論文では必要条件と十分条件の概念を用いて、ある結果の発生についての間接的なRQを設定したものです。

ここに挙げた例はすべて、QCAのコンテクストでのRQの立て方として適切な方法にしたがっていると言えます。なぜかというと、これらのRQはみなQCAの基底をなしている前提と共鳴しているからです。4と5の例は特定の条件組み合わせに触れることなく説明条件と因果複雑性を強調していますが、これらも含めここで紹介した5つのRQは例外なく**一般的な結果指向型**のRQの一種です。ここでの例示からもわかるようにQCAでは一般的な結果指向型のRQが最も頻繁に用いられていますが、だからといってそれ以外のタイプのRQを除外するということではまったくありません。実際に他のタイプのRQを使ったQCA研究事例は数多く見られます。

突出した異端事例や何ともよくわからないようなユニークな事例に遭遇した場合、事例に特化した問いを立てることが適切な出発点となることがあります。それらを複数の事例についてのより一般的なRQで補完することもできます。単独事例の過程追跡（process tracing）とQCAによる分析パートを組み合わせることで因果メカニズムを明らかにしようと試みる研究では、この種のアプローチは妥当な戦略であると言えます[6]。

最後に考えておく必要があるのが、そもそもRQの設定は研究において不可欠であるのかというテーマです。というのも、多くの論文や研究書ではRQが明示的に述べられて**いません**。こればかりは個々の研究者のスタイルの問題や特定の学術領域の伝統によるところが大きいかもしれません。ただし、リサーチ・デザインの観点から、私個人としては研究課題をRQに落とし込むことを推奨したいと思っています。研究成果を論文として発表する段階でRQを明記するかどうかは別として、RQを立てておくことで分析のプロセスを構造化しやすくなることが確実だからです。

2．QCAの用途

QCAは多様な目的に適用することのできる研究方法です。QCAの活用の仕方は学術領域や各領域の研究の伝統によっても異なります。そのような用途の拡がりはありますが、大雑把な区分をおこなうとQCAの用途は図2.2のとおり4つ

図2.2　QCA の 4 種類の用途

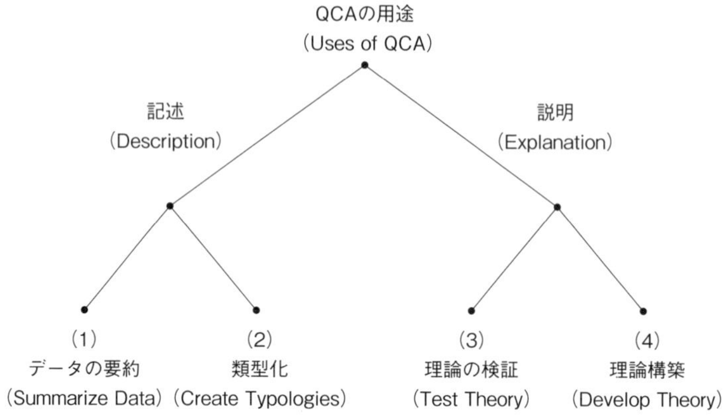

の目的分野に整理されます[7]。主な違いは、記述を目的とするか、説明を目的とするかです。記述を目的とする研究では図中の（1）に示す「**データの要約と類型化**」のために QCA が適用されます。この種の QCA の活用をおこなうことで、ある特定の性格を共有するケースを特定したり、同一の結果に到達する複数の経路の存在を見出だしたりするうえで大きな助けとなります。例えば数個の事例を 3 つ程度の少数の説明条件で比較しようとする場合には目視でも何とか対応することができますが、事例と説明条件の数が少しでも増えるとそのような原始的なやり方では手に負えなくなってしまいます。このような状況で、真理値表の手続きにしたがった論理的に存在しうる条件組み合わせの体系的な比較を用いることで、あまり構造化されていない分析方法に対して優位性を発揮します。この種の QCA の使用は理論的な予想を完全には特定せずにデータの探索をおこなうものです。より**帰納的な**アプローチとも相性のよい使い方です（Ragin and Rihoux 2004a）。

QCA を記述目的で使用するもう 1 つのアプローチは**図2.2**の（2）「**類型化**」をおこなうためのものです。このタイプの QCA の使い方は質的研究において確立された伝統と相通じる性質をもち（Collier, Laporte, and Seawright, 2008；Elman, 2005；George and Bennett, 2005）、**ファジーセット理念型分析**（Kvist, 1999, 2007）として定式化されています。第 8 章でこのタイプの QCA とその応用例について考えてゆきます。

説明をおこなうために QCA を用いる場合、**図2.2**の（3）として挙げている「**理論の検証**」が典型的な用途となります。実際、QCA を使った研究の大多数は広い意味ではこの種のカテゴリに入ります[8]。このタイプの QCA による研究の共通点は説明条件と結果の関係について理論的な予想を立てる点にあります。その点についてはこの後考えてゆきますが、QCA による理論検証にはさまざまな方法があります。

説明を目的としたQCA のもう1つのパターンとして図2.2の（4）にあたる「**理論構築**」を目指すものを最後に紹介します。このタイプのQCA では既存の理論の検証ではなく、新たな理論を提示することに力点が置かれます。とは言え、白紙の状態から新理論の提案を試みるだけでなく、既存の理論の系譜と統合する形で新しい理論を探索しようとするスタイルも取られます。このように考えると理論検証型と理論構築型のQCA には**オーバーラップする**側面があると言えます。実際の研究の場では両者の立場が組み合わさっていることが多く、既存研究に見られる確立した論考を新たな理論的要素で補完することによって観察された事例をよりよく説明することができている場合も珍しくありません。また、これと同様に記述型として捉えられる研究の中にも分析・解釈結果から理論的な推論についての議論を展開するものがあります。

3．仮説の検証

理論検証を目的としてQCA を適用する場合の最も体系的な方法は**仮説を構築**し、対象となる理論による期待が経験的根拠と一致するものであるかを実証することです（Amenta and Poulsen, 1994；Berg-Schlosser et al. 2009）。このタイプのQCA は広い意味での理論検証の概念に依拠しているので、そこで用いる仮説は「明示された関係に基づいて提示された、研究の問いに対する暫定的な答え」（Frankfort-Nachmias and Nachmias, 2008）として認識されます。この種のQCA の流れは、研究者が実験仮説と帰無仮説を立て新たに収集したデータによる仮説検証を進める統計的仮説検定におけるより定式化された方法とは異なる性質に特徴づけられます（Field, Miles, and Field, 2012）[9]。統計的手法による仮説検証は明らかにQCA のコンテクストには適していません。というのは、QCA では「理論と分析結果（エビデンス）の対話」（Ragin, 2014b）が求められ、「丁寧にデータを作りこんでゆく」（Schneider and Wagemann, 2012）ことが重視されるからです。こうしたことから、集合論に依拠した仮説検証に対して批判的な態度をとる研究者も見受けられます（Schneider, Vis, and Koivu, 2019；Schneider and Wagemann, 2012）。

現段階ではQCA を用いた仮説検証の是非については何らのコンセンサスも得られていません。その懸念点について本章でも後述しますが、明確な形で理論的期待を定式化することでQCAは因果推論の**ツールとして強力な力を得る**と確信しています。もちろんQCAでは統計的因果推論で一般に用いられる演繹的な仮説検証を模倣すべきではありません。ただし、分析に用いる個々の条件や潜在的な条件組み合わせの**方向性**（directionality）をはっきりと説明することができれば、QCAを用いた研究の解釈可能性が高まります。というのは、経験的な結果と理論的に期待されるそれと一致するか否か、また一致する場合にはどのように一致を見ているかどうか、さらにはまだ観察されていない事例についての評価をおこなうことができるからです。こうした強みを活用するためにも、QCAを用いて有意義な理論検証を試みる際にはいくつかの要件を満たす必要があります。

そうした前提条件の１つは、仮説が**集合論的な用語**で組み立てられていることです。言い換えると、必要条件と十分条件の概念を用いて仮説を立てるということです。この要件に従わずに仮説構築した場合には、理論と方法のミスマッチが生じてしまいます。例えば、確率論ベースの有力な仮説をそのままQCAで検証しようとするとその種の問題が発生します。社会科学領域では必要条件と十分条件に対する（暗黙的な）理解に根差した研究が顕著ですが、それでも確率論の枠組みにしたがった仮説構築をおこなっている研究も相当な数にのぼります。ですからそれらの仮説をQCAで検証しようとする際には集合論の概念にしたがったものに**翻訳**する必要があります（Goertz, 2003a, 2003b）[(10)]。例えば１つの例を挙げると、「民主的平和」に関する国際関係論の領域の研究から引用した**確率論的な仮説１**（「ある国が民主的であるほど、その国の対外関係はより平和的である」）をQCAで検証することは困難です。

仮説１「ある国が民主的であるほど、その対外関係はより平和的である」

この仮説をQCAで確認したり反証したりしようとする場合にはどのような表現によって仮説を立てたらよいでしょうか。優れて民主的な国家—民主的統合を成し遂げた国家—は民主化水準の低い国と比べるとより平和的であると思っている人は多いでしょう。しかし、そうした予想に対してどの位の例外を許容すればそれが正しいと判断できるかはわかりません。仮に平和な民主主義国家が多数存在するとしましょう。その時に民主的統合がなされているにもかかわらず戦時体制に置かれた国がどれだけ存在すれば、上の仮説を棄却できるのでしょうか。さらに、もう１つの疑問があります。**仮説１**に示される関係は、ある国の「民主主義度」が若干高まった場合でも成立しうるのでしょうか。例えば、独裁政権のもとにある国で選挙制度や憲法の国民投票など民主主義的要素が一部導入されるケースを想定すると、この種の疑問が湧き上がってきます。独裁政権自体の性格が改められなければ、民主主義的な制度変更が部分的に採用されたとしてもその国の平和への大きな貢献となるかどうかには疑問が残ります。

ここでの議論を要約すると、確率論に基づいた仮説を集合論的コンテクストに翻訳するためには、仮説の背景となる理論的な期待値について**十分に明らかにする**必要があるということです。確率論ベースで構築された仮説は、そのままではQCAによる仮説検証には役立ちません。ここで次の仮説（**仮説2**）に議論を移しましょう。

仮説2「民主的な政治体制は平和な対外関係の十分条件である」

仮説2の経験的な真偽は定かではありませんが、この仮説の検証は非常に単純です。条件（「民主的な政治体制」の存在が結果（「平和な対外関係」）の発生の十分条件となることがこの仮説によって提起されています。ですから、この条件が観察されれば結果も同様に観察されているかどうかを検証すればよいことになります。仮説を構築・検証する際に考慮する必要のあるもう1つのポイントは**因果複雑性**です。原因条件の組み合わせ（結合因果）と等結果性、さらには因果非対称性の前提が関係してきます。結合因果と等結果性がQCAの特筆すべき方法論的強みであることは多くの研究者が強調していますが、これらが理論的レベルで反映された研究は極めて稀です。結合因果の想定を織り込んだ仮説とはどのようなものでしょうか。1つの例として、ここで挙げている**仮説2**の表現を結合因果の前提を置いたものに書き換えることができます。2つの条件が組み合わさって結果が生じるための十分条件となるというふうにつくり変えたのが以下の**仮説3**です。

仮説3「民主的な政治体制と非暴力的紛争管理の社会規範の組み合わせは平和な対外関係の十分条件である」

最後に、QCAによる仮説検証ではINUS条件に関する予想を仮説構築に反映させることができます。INUS条件と考えられる条件と結合することが予想される説明条件を事前に特定する必要がないので、INUS条件を使った仮説構築は言ってみれば**ヘッジの効いた**仮説づくりの方法です。ただ、INUS条件にはそれぞれの条件についての方向性をもった期待が必然的に伴うので、それらの存在と不在のどちらが結果の発生につながるのかを判断する必要があります。**仮説4**は

Barbara Vis による福祉国家の改革に関する研究（Vis, 2010）から引用したものです[11]。

仮説 4「右派の党派主義は改革が不人気に終わるための INUS 条件である」

ここでは、データとエビデンスの間の往復という QCA の特徴と仮説構築を両立することができるのかという疑問が残ります。まず QCA による分析をおこない、結果として得られた複雑な因果経路を「仮説」として論文の理論セクションで定式化するのはまったく無意味な作業になるでしょう。したがって、**ある程度**方向性をもった予想（例えば INUS 条件について）を立て、関連テーマの先行研究をもとにそれらの妥当性を示すのが適切と言えます。こうして設けた仮説の中で期待される関係を集合論的分析で検証するという流れになります。これにより理論命題の確証が得られる場合もあれば、既存の理論の再定式化や修正をうながす新たな条件組み合わせの発見につながることもあります。Ragin（2000）の言葉を借りると、そうした理論の修正は「世界についての理解を深めようとする試みの一部であって…理論検証のための明示的な取り組みの一部でないなら…まったくもって妥当なことです」。

4．ケース（事例）選択

質的研究のリサーチ・デザインに不可欠な要素の１つがケース（事例）の選択です。読者の皆さんは「ケース選択？」と聞くといくつか頭に浮かぶことがあるかもしれません。「研究でどんなケースを使えばよいのでしょうか」、「ある結果が生じているケースとそうでないケースはどうやったら上手く識別できるでしょうか」、「QCA ではどの程度の数のケースが必要でしょうか」、あるいは、「ケースは特定の母集団から抽出するのでしょうか、それともすべてのケースを対象にするのでしょうか」[12]といった疑問をお持ちの方も多いのではないでしょうか。ここでは、これらの疑問に答えてゆきます[13]。

ケースとは何か

単純に言うとケースとは、QCA のデータセットの１つ１つの行にあたります。もう少し具体的に捉えると、ケースとは**分析単位**（unit of analysis）あるいは「ある時点またはある期間にわたって観察される、空間的に規定された現象（または単位)」(Gerring, 2007a) として定義されます。したがって、国や政府、機関、企業、村落、法律あるいは個人といった、私たちが興味・関心を抱く対象はことごとくケースとなりえるということです。また研究の目的に応じては、**時間**を考慮して分析単位としてのケースをいくつかのサブユニットに分けて分析することもできます。例えば、同じ国を異なる時点間で観察したり、同一の組織をその発展段階ごとに分析したりすることが可能です。ケース選択はそれに続くすべての事項に影響を与えるので、ケースあるいは観察単位の定義はQCAによる研究のリサーチ・デザインの最初におこなわれるタスクの1つだと考えておくと間違いありません。

ケースの定義を再定義し、**これは何のケースなのか** (Ragin and Becker, 1992) という本質的な問いかけを**繰り返す**ことは、分析の過程や結果の解釈の上で何らかの問題が生じた場面において研究を改善するための強力なツールにもなります。1つ例を挙げておきましょう。EU加盟27か国の比較分析として着手した研究があったとします。その途上で、やはり個々の政権レベルを分析単位とした方が望ましいことが判明します。なぜかというと政権交代が起こるたびに政策が変わるからです。このように、各国で一定期間に複数の政権交代がおこなわれることを織り込んだ形にリサーチ・デザインを修正することもできます。これによってこの研究では観察対象とするケースの件数が増えますので、新たなデータ収集とキャリブレーション、そしてデータの再分析をおこなう必要が生じます。こうした手続きの利点は分析の精度が高まるとともに要した観察単位—政権の党派や首相のリーダーシップ特性など—に関連する新たな条件を加えることができる点にあります。

母集団と範囲条件、サンプル

QCAを用いた研究のためのケース選択の方法は大きく5つに分類することができます。そのうち最初の選択肢は(1)「**所与の母集団**からすべてのケースを選択する」方法です。ダウ工業平均の上場企業の30社すべて、EUの加盟27か国、あるいはBoris Johnson首相の全閣僚22名といった選択がこれにあたります。このアプローチをとる場合、一旦母集団が決まればケース選択自体は単純で何らの問題も生じません。所与の母集団を用いることで個々の研究者のケース選択に関する判断が入る余地が生じないため、この方法は**妥当であるように見える**点にメリットがあると言えます。ただし、「所与の」母集団といっても時間とともにその成員が変わることもあるので、分析対象とする期間を特定しなければならない点に注意が必要です。ダウ・ジョーンズの銘柄も1982年と2017年とでは異なっていますし、EU 加盟国の数もこの20年で大幅に変化しています。この方法のもう１つの欠点は QCA による分析において**関連性のないケース**が含まれてしまう可能性がある点です。これについては次節で説明しましょう。

ケース選択の２つ目のアプローチは最初のものと類似していますが、（2）「**範囲条件**（scope conditions）の設定によって選択するケースを限定する」方法です。範囲条件は、理論に沿って一定の範囲に収まる全ケースを観察対象とするために設定します。社会科学の理論の多くは普遍的でなく適用範囲が限られているからです(14)。中範囲の理論（middle-range theory）の考え方と相性がよいと言えます（Merton, 1958）。ダウ・ジョーンズ工業銘柄に過去20年間リストアップされてきた企業のみを観察対象としたい、あるいは人口500万人以上の EU 加盟国に分析対象を絞りたいと考える場合には理論的な理由がありそうです。ブリグジットの国民投票の際に「離脱」キャンペーンを支持した閣僚だけを観察対象としたいといった場合も同様です。

もう１つ別の例を挙げてみます。政治体制に関する Polity IV のデータ（Marshall, Gurr, and Jaggers, 2019）を使った研究では独裁と民主主義を組み合わせた（−10～＋10の値をとる）尺度に閾値（threshold）を設け、その数値が閾値を上回る国のみをケースとして選択しています。この事例選択の手順は、欠陥のある民主主義やハイブリッド体制ではなく、統合された民主主義の状況でのみ理論が妥当性をもつという前提にしたがったものであると言えそうです。ここで仮に閾値を「７」に設定したとするとこの水準が範囲条件となり、７以上のスコアを記録した国だけがケースとして選ばれることになります。最後に１つ付け加えておきますが、範囲条件を用いて所与の母集団を絞り込むのと同じように、範囲条件の考え方は他のアプローチによるケース選択の方法とも組み合わせて使うことができます（Ragin, 2000）

３つ目のアプローチは（３）「結果の発生に対しての個々の事例の価値に基づいてケースを**合目的的に選ぶ**（purposefully select）」方法です。定量的な研究の系譜ではこの種のケース選択はご法度とされています。「従属変数で選択しない」という基本原則に反するからです。これとは対照的に質的研究では合目的的なケース選択は関心のある事例に焦点を絞るための重要なツールとなります(15)。このことを例に沿って考えてゆきましょう。例えば家族に優しい労働条件の導入に他よりも上手くいっている企業がなぜ上手くいっているのかの理由に関心を寄せているとします。その時、観察対象となる事例企業のそれぞれにインタビュー調査を実施する計画を立てていたら、いくら母集団の中に条件を満たす企業が数百あったとしても実際に分析することができるのは、せいぜい20社程度です。

そこで、ケース選択の４つ目の方法としての（４）「**無作為抽出**」について、上記の例を用いてランダムに20社の企業を選ぶコンテクストで考えてゆきましょう。20社を無作為抽出すると、どのようなことが起こるでしょうか。家族に優しい労働環境を導入した企業がまったく含まれていない場合やごく一部の企業だけが成功事例であるに過ぎない場合が生じてしまうかもしれません。また、結果と想定される因果メカニズムの双方が観察される典型的なケースが無作為抽出による事例群の中に１つも含まれないことも懸念されます。このような理由から無作為抽出によるサンプリングは小～中規模サンプルによる質的研究においては「必ずしも賢明な方法ではない」と言えるでしょう（King, Keohane, and Verba, 1994）。

こうした問題点を考慮すると、合目的的なケース選択をおこない成功事例と失敗事例をそれぞれ10社ずつ抽出する方法をとることが妥当なようです。そうすることで成功と失敗につながる原因条件の組み合わせを比較することが可能になり、両者の差異を生み出す要因（difference maker）を特定することができます。Ragin（2000）が指摘するように「ポジティブな結果が生じたケースとそうでないケースの双方で母集団を構成し両者の比較をおこなうことができる」のです。ここで紹介した例で言えば、まず関心の対象となる現象が生じたケース（群）を選択し、それと同数、その現象が生じていないケース（群）を選んでQCAによる分析の母集団を構成するということになります。

最後に折衷的なケース選択のアプローチとして（５）「**層化抽出**」による方法に触れておきましょう。この方法ではまず母集団を意味のある部分集合に分割します。そして、次の段階でそれぞれの部分集合に帰属するケースを無作為に抽出します。この方法によって効果的に母集団の規模を縮減することができ、かつケースの代表性も担保することが可能です[16]。この手法はlarge-Nデータの文脈でも有効です。この方法を使用する際に不可欠なことは、母集団を複数の部分集合に分割するための基準となる情報を事前に把握しておくことです。

QCAによる研究では**所与の母集団**、**範囲条件**、あるいは**合目的的な選択**によって観察対象とするケースを抽出しています。こうしたアプローチは質的研究一般にあてはまることでもあります。ここで私が**無作為抽出**や**層化抽出**といった定量的研究のサンプリング手法でQCAではあまり用いられないアプローチに言及しているのには理由があります。それは、研究の文脈によってはサンプリングの優位性が逆にケース選択の足かせとなることがあるからです。そうした状況は、社会学や医学あるいはビジネス分野の研究で個人や患者、企業といった分析単位についてlarge-Nデータが用いられる場合に該当しています。**表2.1**にここで概

表2.1　ケース選択の5つのアプローチ

アプローチ	特徴	強み・利点	制約・限界
所与の母集団（Given population）	あらかじめ定義された、所与のケースによって構成された母集団	表面的妥当性が高い	関連のないケースが含まれる可能性がある
範囲条件（Scope condition）	理論によって仮定される妥当な範囲に限定	中範囲の理論化との親和性が高い	ケース選択によるバイアスが生じる可能性があるため、ケース選択を丁寧に正当化することが必要
合目的的な選択（Purposeful selection）	結果が生じるケース（および／または）結果が生じないケースを選択	ケースの関連性に沿ったケース選択が可能	ケース選択によるバイアスが生じる可能性があるため、ケース選択丁寧に正当化することが必要
無作為抽出（Random sample）	ケースの母集団からの無作為抽出	代表性のあるサンプル抽出ができ、一般化が可能	重要なケースが除外される可能性がある。Large-N が必要
層化抽出（Stratified sample）	母集団の下位集合となる特定部分における無作為抽出	適切に代表性のあるケースの抽出が可能	Large-N および母集団を下位集合に分割するための情報を事前に有していることが必要

説したケース選択のための5つのアプローチについて要約しておくことにしましょう。

ポジティブなケース、ネガティブなケースと無関係なケース

私たちがリサーチ・デザインをおこなう状況を想像してみましょう。おそらく私たちはほとんどの状況でポジティブ＝**肯定的なケース**（positive cases）を想定していると思います。ポジティブなケースとは新たな経験的現象や既存理論と矛盾ないし合致する事象で、特定の研究領域における興味・関心を掻き立てるような対象のことを言います。リサーチ・デザインの初期段階ではそうしたポジティブな結果を概念化し隣接する概念と峻別することに注力することが求められます。このプロセスでは理論とケースの間を**行ったり来たり**した結果、私たちが概念化したポジティブな結果が重要なケースにあてはまらないという結論に達することが多くなっています（Ragin, 2000）。このようなことからも、リサーチ・デザインをおこなううえでポジティブなケースだけでなく、ネガティブあるいは結果と無関係と思われるケースについても考慮しておくことが望まれます。

一見すると**ネガティブなケース**はある結果を示さないケースとして単純なものに映るかもしれません。しかし、さまざまな概念において結果が存在**しない**という事実が実際に何を意味するのかを特定することは非常に困難です。Theda

Skocpol（1979）の社会革命を題材とした研究を例にとると、「非社会革命（nonsocial revolution）」（Goertz and Mahoney, 2006）という表面的には社会革命の不在を感じさせる概念の実体は理解が困難です。これと似たような概念ですが、「戦争への関与（war involvement）」の否定にあたる概念はどのようなものでしょうか。ここでの戦争への関与には政治的／人道的関与のような非軍事的関与も含まれるのでしょうか。あるいは関与しないという観点から一切の戦争関与が排除された概念なのでしょうか。これらの例からも容易に想像できるように、ある概念の否定には多様な意味が内包されることがあります。

例えば「非民主主義（nondemocracy）」という概念は君主制や権威主義国家、独裁政権などを包摂している可能性があります。また、「コロナ2019への政策的対応の成功」と否定関係にある概念には不適切な対策や対応の遅延、さらには対策の不在といった異なる意味内容が含まれているでしょう。これらを踏まえ、QCA による研究のコンテクストで「結果が生じない」ことをどのように捉えるかについての要諦を整理しておきましょう。大切なことは「結果が生じない（nonoutcome）」とは何かを明確にすること、つまりあるケースが特定の集合（「結果の発生」）の内にあるのか（帰属するのか）あるいは外にあるのか（帰属しないのか）を峻別するための基準を特定しておくことです（この点については第5章も参照）。

ケース選択においてもう1つ考慮に入れるべきカテゴリは**無関係（irrelevant）**なケースです。Ragin（2014）が指摘しているように、所与の母集団を構成するケースの中にはそうした無関係なケースが含まれていることが珍しくありません。「無関係な」ケースとは、ある結果の発生にも関係せず、説明条件に対しても意味のある値をもたないケースのことをいいます。ここで、人道的な緊急事態のもとで海外援助がどのような条件によって提供されるかを研究する場面を想定しましょう。ここでの所与の母集団は国連の193加盟国です。この母集団にはそもそも海外援助をおこなうための経済的・財政的基盤をもたない国々も含まれています。したがって、そのようなケースを含む母集団を用いることでネガティブなケースが増加し、無関係なネガティブ・ケースの間に共通する条件（群）によって誤った因果推論が導かれてしまう危険があります。また、無関係なケースは Gary Goertz（2006）の言葉を借りると「ありえないケース（impossible cases）」の集合と**部分的に**重なり合います。

ここでの一連の考察を通じてケース選択に関する1つの教訓が得られたのではないでしょうか。つまり、ケース選択にあたっては私たちの事例知識をもとに結果が**生じうる可能性のある**ケースのみを抽出することが望ましいということです。

図2.3　ポジティブなケース、ネガティブなケースと無関係なケース

ポジティブなケース(Positive Cases)		ネガティブなケース(Negative Cases)	
	無関係 (irrelevant)		無関係 (irrelevant)

結果が生じることがありえないと考えられるケースは「情報価値のない、無関係なオブザベーション」として取り扱うべきであることを意味しています（Goertz and Mahoney, 2006）。

図2.3は、ポジティブ・ケースとネガティブ・ケース、そして無関係ケースの関係を示したものです。社会科学の研究者が関心を抱く現象では、この図に描いているようにネガティブなケースの集合の大きさがポジティブ・ケースのそれを上回っている場合が頻繁にみられます。重要なのはそれだけでなく、ポジティブなケースとネガティブなケースの双方に除外すべき無関係なケースが含まれている可能性があるという点です。その種のケースは結果の生じえないものかもしれません。それと同じように、ある特定の結果を示すケースがあったとしましょう。私たちのもつ事例知識を踏まえるとそれらが結果を示さないことが考えられ**ない**という場合もあります。１つの例から考えてみましょう。ある時点における EU による政策の施行を控えた国がいくつかあったとしましょう。その理由を研究する際、その法律を施行しなかった事実から判断して皆さんが「ポジティブなケース」として扱う国が出てくるでしょう。しかし、そのケースについて精査すると、当時その国は憲政の危機に陥っていて政策を施行することのできる政権が機能していないことが判明するようなこともあります。したがって、この国をポジティブなケースとして区分することには問題がありそうです。

結果の発生あるいは未発生を引き起こさないケースとは別に、無関係なケースの集合の中には実質的に重要でなくケース選択から除外されるべきケースが含まれることもあります。１つの例から考えてみましょう。確固たる民主主義国家において、さまざまな政治的要因が議会審議に与える影響（政党数やそのイデオロギー的立場など）を研究する場面を想定することにします。ここで、民主主義国家の基準となる特定の閾値を満たしていることでケース選択の条件に合致しているにもかかわらず、調査のタイミングで憲政危機が起こって議会が解散状態となっている国が存在する可能性があります。この場合、実態から判断してこの国は無関係なケースと見なすことができます。結局のところ、特定のケースが実質的に重要性に欠けるものと見なすか否かの判断は研究目的に依存すると言ってよいでしょう。

必要なケース数は？

QCAによる研究をおこなう際にどの位の数のケースが**必要**かという質問がよく投げかけられますが、ケース数の黄金律はありません。最低限必要なケース数だけでなく、ケース数の上限もありません。ただし、QCAは中規模データ（Medium-N）の状況と相性のよい研究方法です。実際、多くの学術領域で発表されている学術論文の大多数では15〜30ケースを用いています。この点については本章末の調査結果にも反映されています(17)。

私たちはつい必要なケース数ばかりを意識してしまいがちですが、ケースの絶対数よりも重要な指標が２つあります。１つは（1）「**ケース数と分析に用いる条件数の比率**（the ratio between cases and conditions）」です。もう１つは（2）「**真理値表の各行におけるケースの経験的分布**（the empirical distribution of cases across truth table rows）」です。（1）のケース―条件数比率がなぜ大切かというと、説明条件の数によって真理値表の大きさが規定されるからです。条件が１つ増えるたびに、選択したケースのそれぞれがあてはまる論理的に可能な条件組み合わせの数が増加します。したがって説明条件を増やしてゆくと最終的に真理値表の各行にたった１つのケースしかあてはまらなかったり、あてはまるケースが存在しなかったりする行が生じます。そこで問題となるのが第６章で詳述する**整合性**（consistency）への影響です。原因条件を増やすことで整合性は高まります。ただしQCAによる分析から得られる解が意味のあるものであるか否かという点が問題となります。QCAの解に含まれる項としてのそれぞれの条件組み合わせに該当するケース数が著しく少ない場合、ランダムなデータでも結果に対する十分な構成の条件を生成することがあるからです（Marx and Duşa, 2011）(18)。こうしたことからもわかるように、真理値表の大きさは分析に用いる説明条件が追加されるごとに指数関数的に増大します。そのため、同時にケース数を増やさなければいけません。ただし、ここで言いたいのはケース数が論理的に可能な条件組み合わせの数に合っていなければいけないということではありません。重要なことは研究で用いるケース数を検討する際には真理値表の大きさを念頭に置くということです。

そこで１つの目安を示したいと思います。１つの条件組み合わせにつき**少なくとも**４つのケースがあてはまるケース―条件比率を用いるのが理想的です。５つ以上の条件を設定している場合には、真理値表が指数関数的に拡大することを考慮し、それよりも高い基準を設けることを推奨します。具体的に言うと、説明条

表2.2　ケース数、説明条件数と真理値表の行数

説明条件数	真理値表の行数	推奨される最小ケース数	説明条件ひとつあたりのケース数
2	4	8	4
3	8	12	4
4	16	16	4
5	32	25	5
6	64	36	6
7	128	42	6
8	256	56	7

件が４条件の場合は**最低**16ケースが、５条件の場合は**最低**25ケースがそれぞれ必要になります（表2.2参照）。この推奨基準は、クリスプセットのデータを用いたシミュレーションの結果を通じてAxel Marx and Adrian Duşa（2011）が提示したケース数のベンチマークとおおむね一致しています（Marx, 2006も参照）。

２つ目の指標である真理値表の行全体にわたって観察されるケースの分布は、リサーチ・デザインの**経験的範囲**を明らかにするものです。ケースの絶対数に議論が集中しがちなため見落とされがちなポイントです。実際にはこの指標のほうがより重要なものと言えます。というのは、論理的に可能な条件組み合わせの中でどのような形でケース分布が観察されるかの程度によって研究が大きく異なるものになるからです。例えば、16のケースと３つの条件からなる研究デザインで、論理的に可能な条件組み合わせ８行すべてにケースが均等に配置され、１行あたり２つのケースが配置されている状況を考えてみましょう。これは論理残余のない**完全な**真理値表です（したがって、第７章で説明するように最終的にここから導き出される解の項もこれらの条件組み合わせと一致します）。

もう１つのシナリオとして同じ16ケース・３条件の設定ですが、すべてのケースが３つの行（条件組み合わせ）に集中し残る５つの行が論理残余となる状況を想定してみましょう。これは、ケースはたくさんあっても、ケース間のばらつきが少ない状態―限定的な多様性（limited diversity）―を表わしています。限定的な多様性を解消するためにケースを追加するかどうか、さらには真理値表上の各行に均等にケースが分散するように説明条件の選択と概念化に修正を加えるかどうかという問題が発生します(19)。

では、真理値表の空白行の数が問題となるのはなぜでしょうか。限定的な多様性と論理残余の存在を無視して手持ちのケースだけで分析を進めるのはどうしてダメなのでしょうか。たしかにQCAのアルゴリズムの技術的なルーティンは、

仮にケース数より多い条件が設定されたような極端な状況でも機能します。ただし、推論に関わる上述の問題以外にも研究の**経験的範囲**に目を配ることでリサーチ・デザインの問題点の早期発見が可能になります。わずか数行（限られた条件組み合わせ）にケースが集中し多くの論理残余が生じる場合には説明モデルとケース選択の間に**齟齬**があることが示唆されます。結局のところ、論理的には想定されうる条件組み合わせにあてはまるケースが現実に存在しないということです。

この例が示すように、経験的に観察される多様性と論理的に可能な多様性との間に生じるミスマッチはケース選択の基準に起因していると言えそうです。仮により多くのケースを分析対象に含むことができれば、真理値表で論理残余となる行は少なくなるかもしれません。両者のミスマッチはそれだけでなく、説明条件の概念化に起因するものもあります。異なる指標にもとづいた説明条件の設定をおこなえばケースがより均等に分布することもあります。もっと単純なところでは、理論的には真っ当な条件の中にリサーチ・デザインの現実にあてはまらないものが出てくることもあります。したがって、説明条件を再検討したり、必要に応じて置き換えたりすることは正当化することができるでしょう。

表2.2は条件の数と真理値表の行数との関係、そしてそれらに応じて推奨されるケース数をまとめたものです。推奨される最小ケース数は、ケース―条件比率の目安に沿っています。１条件あたり４ケースが最小値です。説明条件の数が５以上になるとこの数値は上昇します。これらの推奨比率はQCAでの分析に加える説明条件の数に対してどの位の数のケースが必要となるかについての**一般的な目安**となることを意図しています。この点はQCAに入門した皆さんから最もよく聞かれる質問でもあります。

ケース―条件の推奨比率はあくまでも一般的な目安です。ですから目安の閾値を機械的にあてはめるべきではありません。また、そうした目安は個々の研究者の判断にとって代わるものでもありません。研究を進めるコンテクストによっては、少数ケースでやりくりしないといけないこともあります。所与の母集団が小さかったり、データが欠損していたりすることがその原因であるかもしれません。いずれが原因であっても、少数の説明条件に焦点を当て真理値表のサイズを制限する方向で研究を進める意思決定が可能です。こうした観点から、条件とケースのミスマッチを防ぐためにはケース数を**増やす**か、あるいは条件の数を**減らす**か、２通りの調整が常に可能であることがわかります。

5．説明条件の選択

QCA を使った効果的な研究を設計するうえで、説明条件を選択するプロセスは非常に重要な位置を占めています。条件を選ぶ際、私たちは相反する欲求をバランスよくコントロールすることを求められます。一方では対象となる現象を完全に説明するためにできる限り多くの条件を分析に含めたいと思うことがあります。他方、条件を追加するごとに分析が複雑になり、結果の解釈も難しくなります。説明条件が多くなれば、それだけ可能な条件組み合わせの数（真理値表の大きさ）が増大し、**限定的な多様性**の範囲が広がります。それぞれの組み合わせに対応するケースが少なくなるからです。

「物事はできる限りシンプルにすべきだ。しかし、シンプル過ぎてはいけない」とは、Albert Einstein が遺した名言であると言われています（Sessions, 1950）。この格言のとおり、QCA の研究者としては説明条件の数を少数にとどめつつも関連する条件間のさまざまな組み合わせを十分な複雑性をもって探求したいものです。

こうした相反する欲求のバランスを調整するだけでなく、QCA を用いた研究では説明条件の選択の**正当性を厳密に説明する**ことを常に心がけておく必要があります。論文の査読者や読者から特定の条件を分析に加え**なかった**ことの理由、さらにはその条件を織り込んでいたら結果がどのように変わったかを当たり前のように問われるケースがよくあります。そのような時にきちんと問いかけに答えるためにも、条件選択の正当性を説明できるかが非常に大切になります。そのためにQCA による研究では、（1）重要な条件のすべてまたはできる限り多くを分析に含めること、（2）分析のために選択した説明条件とそこには加えなかった条件の双方について選択（非選択）の理由を完全に正当化できること、の２点に最大限の努力を払う必要があります。

QCA による分析で特定の要因を説明条件として考慮しない場合の理由は多岐にわたります。アクセス可能な情報が得られないケースがある時には入手可能なデータの欠如が原因となります。説明条件として検討している要因のケース間のバラつきが小さい（条件についてすべてのケースで類似または完全に一致した数値が観察される）場合、あるいは理論的枠組みの範囲によって条件として設定する要因とそうでないものが規定される場合があるからです。

説明条件の数を減らすための工夫として**範囲条件**（scope condition）を用いて分析をある一定の領域・水準に限定する方法があります。これは前述したケース選択の場面での範囲条件の使い方と類似しています。例えば、理論的枠組みを民主主義憲法に限定することで政治文化や社会規範といった要素を除外することもできます。もう1つ例を挙げると、企業家たちの多様な人柄に分析の範囲を絞ることも可能です。そうすることで、それぞれの企業が身を置く社会経済的環境など外部要因が分析範囲から除外されます。いずれの場合も範囲条件による制約を明示する必要があります。

また、類似・関連する要因が複数あって、そのうちの1つを説明条件に含めれば研究目的に照らし合わせて十分な場合にも条件の数を減らすことができます。例えば、緑の党への選挙人投票に基づいた「緑の党支持」という条件をすでに含んでいる場合には、環境保護政策に関する国民の選好を反映した類似条件を設定する必要はないでしょう。情報量を失いたくない場合にはいくつかの関連する要因を集約してインデックス条件あるいは「マクロ条件（macro-condition）」（Ragin and Fiss, 2017）にすることも可能です。この方法は、「民主主義」や「社会平等」といった高次の集計レベルの概念のさまざまな側面を考慮に入れるうえで有効になります。この手続きを実際におこなう際にはキャリブレーションが必要となりますが、この点については第5章で議論してゆきます。最終的にどのような条件をいくつQCAによる分析に含めるかに関係なく、**なぜ**それらの条件を選択したのか、また場合によってはなぜ他の条件については選択から外したのかについての議論が求められます[20]。

この文脈で重要な点はQCAには**コントロール変数が存在しない**ということです。統計的手法では疑似相関を確認するための検定をおこなうことが通常ですが（Frankfort-Nachmias and Nachmias, 2008）、QCAにはそれがありません。この点はQCAと統計的手法のもう1つの違いでもあります。統計的手法では独立変数と従属変数の間で観察された関係が第3の変数（コントロール変数）によって生じているか否かを確認するためにそうした検定を実施します。これとは対照的にQCAの説明条件はすべて**同等**の扱いをされ、分析を通じて同様に処理されます[21]。つまり、QCAによる研究ではすべての説明条件が1つの分析の一部となるため、一部の条件を「コントロール条件」として位置づけることは何らの意味もなさないことになります。

これらを踏まえ、原因条件の選択はどのように始めたらよいでしょう。QCAによる研究で用いる条件数の選択やその削減のための方法にはさまざまなものがあります（Amenta and Poulsen, 1994；Berg-Schlosser and De Meur, 2009；Kahwati and Kane, 2020；Schneider and Wagemann, 2006）。原因条件を選ぶうえでの厳格なルールはありませんが、研究のコンテクストを常に念頭におきつつ、いくつかの目安にしたがうとよいでしょう。

まず、前述のとおり**原因条件の数は最小限にとどめましょう**。QCAの強みは条件数が小〜中程度（例えば3〜5条件）の時に最も発揮されやすくなります。この範囲だったら説明条件、そしてそれらと結果との予想される関係について適切に理論化すること、さらには条件同士の潜在的な相互作用についての議論も可能です。また、説明条件を少数にとどめることは重要な側面を焦点化しQCAによる解に示される個々の経路を際立たせるためにも有効です。だからといって、条件を増やすと分析や解釈が上手くいかないわけではありません。実際に5条件以上を用いた研究での成功例もあります。ただ、条件数が多くなるとそれによる固有の問題が生じるのでリサーチ・デザインをおこなう中でその点を念頭に置いておくことが大切です[22]。

次の目安として挙げるのは、**因果複雑性に対応するような形で説明条件を概念化することが望ましい**という点です。因果複雑性の特定はQCAの特別な強みの1つです。その強みにしたがって条件を概念化することで、QCAを最大限に活用することができます。つまり、相互作用する要因と因果メカニズムを経験的に分析可能な個別の条件として概念化することが大切ということです。それに加えて、説明条件の設定にあたっては、結合因果と等結果性（複数の因果経路）を前提とすることが適切です。

最後のポイントは、**分析に含む説明条件は端的にわかりやすく概念化することが望ましいが、狭義になり過ぎてはいけない**という点です。わかりやすく単純なものだったらその条件に対する個々のケースの帰属（membership）が何を意味するのかを解釈することができます。また、条件の範囲が適度に設定されていればケース間で広くあてはめることができます。QCAによる分析に含められる条件数には限りがあるので、特殊なケースの特徴のみをカバーするような条件を設定することは望ましくありません。例えば、30ケースのうちたった3件にしか存在しない特殊な選挙制度の特徴を説明条件に設定するような条件設定は適切とは言えません。

経験的に言えば、QCAの説明条件の選択には5つのアプローチがあります。表2.3のとおりです。**単一モデル**（single-model）アプローチでは結果の発生と未発生のそれぞれの分析において一貫して単一の説明条件群を使用します。それらの条件そのものは同一の集計水準、あるいは同一の理論や理論的枠組みの一部に位置づけられます。QCAによる研究では最も一般的に用いられているアプローチです。研究事例としては、Andreas Boogaerts（2018）、Amanda Pullum（2016）、Barbara Vis（2011）の論文などがあります。

表2.3　説明条件選択のアプローチ

アプローチ	特徴	研究例
単一モデル・アプローチ（Single-model approach）	分析の過程を通して単一の説明条件群を使用	Boogaerts（2018）, Pullum（2016）, Vis（2011）
統合アプローチ（Integrated model）	複数の理論から導出・統合した単一の説明条件群を（単一モデル・アプローチと同様）分析過程を通して使用	Haesebrouck（2017）, Mello（2012）
モデル探索型アプローチ（Exploratory models）	異なる説明条件群によるモデルを複数使用する探索型のアプローチ	Avdagic（2010）, Ahn and Lee（2012）, Pinfari（2011）
競合モデル・アプローチ（Competing models）	対立する複数の理論からそれぞれ説明条件群のモデルを導出し、順をおって検証するアプローチ	Hörisch（2013）, Lilliefeldt（2012）, Maat（2011）
2段階アプローチ（two-step approach）	リモート条件と近接条件を設定し、2段階による分析をおこなうアプローチ	Brockhaus et al.（2017）; Kirchherr, Ahrenshop, and Charles（2019）

Boogaerts（2018）の研究は「アラブの春」における EU による制裁措置の使用に対する説明を試みたものです。この研究が対象としたのは13ケースと比較的少数だったため、通常用いる２つの条件に加えて抗議行動の暴力的鎮圧や物資面と安全保障面における利益に関連する複数の指標を縮約した２つの**マクロ条件**を設定し、計４条件が用いられました（Boogaerts, 2018）。単一モデル・アプローチの優位性はそのシンプルさにあります。どのような条件がいくつ使用されたかを読者が把握しやすく、分析結果もわかりやすく文章で説明することができます。

統合（**integrated**）アプローチは、複数の理論から明示的に導出した説明条件を統合して分析に使用する条件群を設定するという点のみ単一モデル・アプローチと異なっていますが、同じ条件群を一貫して使用するという面で両者は共通しています。国際関係論の研究では、国際制度のレベルの理論から導かれた説明条件もあれば国内政治のレベルに根差した条件も同時に存在することがあります（例えば、Haesebrouck, 2017b や Mello, 2020）。こうしたことの延長線上で Tim Haesebrouck（2017b）は NATO（北大西洋条約機構）加盟国間の負担分担の統合モデルを提示する際に国際的な要因と国内の制約要因の双方を採り入れました。統合アプローチは QCA による分析と相性のよい方法です。というのは、このアプローチを用いれば特定の条件間の相互作用についての具体的な予想を必要とすることが多く、それらの可視化も可能だからです[23]。このアプローチを採る際には、単一の理論フレームから説明条件を抽出する場合と比べると分析に用いる条件の候補が必然的に多くなります。そのため、ケース選択の正統性に対する説得力ある説明をおこない得るか否かが大きな課題となります。

これら以外の３つのアプローチはいずれも分析過程に複数の段階を含むものです。**モデル探索型**（exploratory models）アプローチはその名のとおり、異なる説明条件群による複数のモデルを用いる方法で、結果の説明に対するそれらの推論の価値を検証するものです。一般的にこのアプローチは、あるトピックについて広範な先行研究があるものの決定的な文献が存在しない状況で用いられます（Ahn and Lee, 2012；Avdagic, 2010；Pinfari, 2011）。例えば、Sabina Avdagic（2010）がおこなった政府と雇用主、そして労働組合間の社会協定に関する研究は「それぞれ少数の説明条件を含む複数のモデルの探索」に臨んだものです。Avdagicは政治経済学の文献から11条件を抽出しましたが、分析を進める中で５条件への絞り込みがおこなわれました。このアプローチの強みは、先行研究に言及されている潜在的な説明条件の（ほぼ）すべてを網羅する包括性にあります。ただ、その代償は小さくありません。分析のステップがモデルの数に乗じて増えるので結果の解釈やその文書化がより難しいものになります。

競合モデル（competing models）アプローチもモデル探索型アプローチと同様の形式の方法ですが、１つ異なっているのはこのアプローチでは対立関係にある複数の理論・学派から説明条件のモデルを導出し、両者を順を追って分析する点です（Hörisch, 2013；Lilliefeldt, 2012；Maat, 2011）。このアプローチを用いた代表的な研究事例をいくつか挙げておきましょう。Felix Hörisch（2013）は派閥政治の理論と資本主義の多様性に関する理論、Emelie Lilliefeldt（2012）は社会民主主義の理論とプロテスタンティズムについての理論、といったように互いに競合する理論から説明条件を導出しています。Eelco Van der Maat（2011）はこれとは異なり国際関係論の枠組みの中でリアリズム、ネオリベラリズム、そして国別アプローチを含む競合関係にあるモデルを対立させる手法を採用しています。Maat（2011）はその研究の中で、それぞれのモデルを用いた分析を順番におこなうとともに、ネオリベラリズムと国別アプローチを組み合わせたモデルによる分析も実施しています。彼の分析の結果からはリアリスト・モデルが最も説明力の高い、つまり整合性と被覆度の値が最も大きくなる枠組みであることが示されています。競合モデル・アプローチはその包括性に加えて、複数の理論の経験的な説明力を比較できる点に強みをもっています。ただ、このアプローチでもモデル探索型アプローチと同様に手順が複雑になるだけでなく、それぞれの理論を偏りなく適切に反映したモデルを開発することが大きな課題となります。

最後にCarsten Schneider and Claudius Wagemann（2006）が開発した**２段階**（two-step）アプローチは、リモート条件（remote conditions）と近接条件（proximate conditions）を峻別したうえで２段階の分析をおこない、ある結果に

至る条件組み合わせが生まれるコンテクストを特定するための手法です。Maria Brockhaus ら（2017）は環境保護政策の導入についての研究に際して、制度的環境をリモート条件として、政策の場を近接条件として設定して分析を進めています[24]。Julian Kirchherr, Mats-Philip Ahrenshop, and Katrina Charles（2019）の大規模ダム開発プロジェクトに関する研究では、単一のプロジェクトに対しておおむね安定的な構造要因をリモート条件として、プロジェクト・サイクルや政治的ステイクホルダーといった変動しやすい要因を近接条件として設定しプロジェクトの検証をおこなっています。２段階アプローチは、社会科学領域においてよく見られる説明のロジック形成の方法と親和性が高いと言えます。一般に文脈要因は結果に対してポジティブな影響を与える（あるいは必要条件となる）と考えられますが、それらの条件だけでは十分な説明をおこなえるとは限りません。したがって、説明すべき現象により近い位置にある要因とそれらを組み合わせる必要があります。この方法は段階的な分析のステップを踏むため、ここまで紹介した他のいくつかのアプローチ同様、分析手続きが煩雑になるという短所があります（２段階アプローチの具体例は第８章参照）。

QCA の説明条件を選択するための最適なアプローチとは何でしょうか。はっきり言えるのは、丁度よい数の説明条件を導き出すための確実な方法はないということです。ただ、説明条件のモデルを単独にするか、それとも複数のモデルを用いるかは重要なポイントです。単一モデル・アプローチと統合アプローチの２つは分析に一貫して単独のモデルを用いますが、その他３つのアプローチでは複数のモデルを用いた段階的な分析をおこないます。複数のモデルを使用すれば当然、分析に含める条件の数も増えます。これは対立する理論を検証したり、網羅的な文献レビューを踏まえてより広範な数の理論命題を探索したりするのに役立つことがあります。多数の説明条件と複数のモデルを用いると QCA による分析は途端に扱いが難しくなります。誌面に制約のある出版物、とくに学術雑誌では、これによる問題が生じがちです。というのは、スペース上の問題で個々の条件を詳述したり結果を十分に吟味したりすることが難しいからです。

結局のところ、単独モデルを使うか複数モデルを用いるかは、それぞれの研究の目的とその理論的な礎に沿って決定するのが望ましいです。ある条件を加えるかどうかを迷うような場面では、まずはいくつかの最重要な条件からスタートして納得のゆくモデルが見つかるまで徐々に複雑性を高めてゆく（条件を追加してゆく）方法をおすすめします。理論と証拠としてのデータの間を往復しつつ、繰り返し少しずつ研究を積み重ねることで、ケース間に見られるパターンや条件間の関係を特定しやすくなります。追加的な条件やケース、分析ステップを設けることで、さらにその洗練度が高まることもあります。

6．マルチメソッドによるリサーチ・デザイン

マルチメソッド（multimethod）によるリサーチ・デザインは、社会科学の多くの領域において実証研究の**標準**になりつつあります。この10年ほどの間に発表された論文や共同研究の課題を見れば、**nested analysis, mixed method**、あるいは**multimethod**などと呼ばれる研究への取り組み方が市民権を獲得しつつあります。まさに「マルチメソッド・ブーム」と言える状況です（Beach,2020；Goertz, 2017；Lieberman, 2005, 2015；Seawright, 2016）[25]。QCAもその例外ではありません。集合論の文脈でマルチメソッド研究をおこなうためのさまざまな枠組みがすでに提案されています（Beach and Rohlfing, 2018；Kahwati and Kane, 2020；Meegdenburg and Mello, forthcoming；Pattyn et al., 2020；Rihoux, Álamos-Concha, and Lobe, 2021；Rohlfing and Schneider, 2018；Schneider and Rohlfing, 2013)。こうした傾向は、おそらく社会科学の方法論に生来的につきまとう限界に対する漠然とした認識によってもたらされた結果であると同時に、因果推論の多元性の容認にもとづいて複数の因果推論アプローチが採用されていることを反映していると言えそうです（Anjum and Mumford, 2018；Illari and Russo, 2014)。

そうは言ってもマルチメソッドによる研究はどんな点で優れているのでしょうか。QCAに組み込んでゆくためにはどうしたらよいのでしょうか。これらの疑問に答える前に、そもそもQCA自体が事例に対する**質的**な研究と**量的**研究の分析手順に等しく根差したマルチメソッドの研究方法であることを再度確認しておきましょう（Rihoux et al., 2009)。研究目的や研究で用いるケース数によってどこまで深堀するかの程度にバラつきがありますが、QCA本来の性格から言えば、研究対象とするケースについて豊かな知識をもっていることが求められます。Benoît Rihoux and Bojana Lobe（2009）が強調するように「QCAの分析手順のほぼ全工程で個々のケースとの対話がおこなわれます」。それらに加えて、集合論的研究の多くは質的データと量的データをどちらも使用しています。これはマルチメソッド研究のアプローチの特徴です（Kahwati and Kane, 2020)。そのため、説明すべき結果がインタビューや公文書、メディア報道などを通じて収集された質的情報に基づいている場合もありますし、逆に説明条件が社会経済指標や官公の統計やその他の数値情報など量的な二次データに基づいて設定される場合もあります。こうした観点から、QCAは研究のコンテクストに関係なく**常に**他の方法と組み合わせなければいけないと要求するのは見当違いに映るかもしれませ

ん[26]。

ミックスメソッドを採用することで、1つの方法による因果推論の強みを他の方法のそれと組み合わせることもでき、適切なマルチメソッドのリサーチ・デザインができていれば混合使用する複数の方法の弱点を克服することも可能です（Beach and Pedersen, 2013；Blatter and Haverland, 2012；Gerring, 2012b；Goertz, 2017；Seawright, 2016）[27]。第4章でも考察しますが、因果の多元性を重視した場合、それぞれの方法がそれぞれ異なるタイプの因果説明に適しているということになります。

簡単な例から考えてみましょう。詳細な事例研究は単独事例内での因果過程がどのように作用したかを深く捉えるために有効性を発揮しますが、特定の事例以外にも発見事項をより多数のケースで一般化できるかといえば必ずしもそうとは言えません。一方、QCA を用いるとケース間のパターンは見えてきますが、それだけでは因果メカニズムの解明には十分ではありません。あるケースで時間の経過とともに展開する実際のプロセスにおいて、私たちが選択した理論に対して観察可能な示唆が得られるかどうかを検証する必要があるのはそのためです。

マルチメソッド研究が何をもたらすかについては、さまざまな見解があります。ここでは具体的に検討しませんが、Large-N による統計解析とケーススタディを組み合わせた方法（Lieberman, 2005, 2015；Seawright, 2016）や統計解析と QCA の混合手法（Meuer and Rupietta, 2017）があります[28]。集合論的方法のコンテクストでは、**事例間**分析の手法としての QCA と**事例内**分析、とりわけ因果メカニズム解明のための手法としての過程追跡法の混合使用に焦点を当てた研究が主流を占めています（Beach, 2018；Beach, Pedersen, and Siewert, 2019；Beach and Rohlfing, 2018；Meegdenburg and Mello forthcoming；Pattyn et al., 2020；Rihoux, Álamos-Concha, and Lobe, 2021；Rohlfing and Schneider, 2018；Schneider and Rohlfing, 2013, 2019）。このタイプのマルチメソッド研究で推奨される枠組みについての細かい議論はこのセクションの範囲を超えてしまいますが、大まかに言うと QCA と過程追跡法の組み合わせを重視したアプローチには4つのタイプがあります。

QCA と過程追跡法を用いたマルチメソッドによる研究に着手する際にまず考慮するべきことは、過程追跡による単独事例内分析を QCA の**前後**のどちらでおこなうかです。QCA に先駆けて事例内分析を実施すれば、まず潜在的な説明条件を**探索**することができ、特徴的なケースについての理解が深まります。この目的のために、関心の対象となる結果が生じているケースを選択することが一般的です。ただし、選択したケースがより大きな母集団となんらかの関連性をもっているとは限りません。この種の探索的な事例分析は、結果と関連する条件を特定したり仮説を構築したりするうえで有用です（Rohlfing, 2012）。最も理想的な状況では過程追跡を通じて、ある特定の結果の発生の因果メカニズムの説明が導かれることもあります（Beach and Pedersen, 2019）。

QCA に先行してケーススタディをおこなう際のより公式的なアプローチは、より多くの事例間の関係をもとに**典型事例**（typical case）を選択するものです。この方法を採用する場合、当然、あるケースが典型事例あるいは母集団を代表するケースとしてふさわしいのかを何らかの方法で事前に分析しておくことが必要です（Gerring, 2007a）。QCA のコンテクストでは、対象となるトピックの研究が十分に進んでいれば、特定の研究領域における先行研究を踏まえて典型事例を抽出することもできるでしょう。このような場面での過程追跡は、単独事例内での原因条件（の組み合わせ）と結果の関係を発見すること、あるいは原因条件（の組み合わせ）の存在に関する仮説の検証を意図するものです（Beach and Rohlfing, 2018）。これら 2 通りのケーススタディの使い方はいずれも、結果が決定的でない場合には事例間比較を実施する QCA パートに進む前にいくつか追加的な事例を用いて分析を繰り返す必要が生じます。

QCA による分析の後に徹底した事例分析を実施する場合は、理論の検証あるいは理論の修正、さらには理論的枠組みの拡張を試みることがその目的となります（Schneider and Rohlfing, 2013）。このタイプでの事例分析では、QCA による分析から得られた**典型事例**、つまり解の項と結果の両方に帰属する事例を選択することができます。より厳密には**パスウェイ事例**（pathway case）が選ばれるべきです（Gerring, 2007a）。パスウェイ事例とは QCA を通じて得られた解の項のうちのいずれかに固有に含まれるケースのことを言います。あるいはパスウェイ事例の代わりに**逸脱事例**（deviant case）を選択するという方法もあります。逸脱事例とは QCA の解に帰属するケースでありながら期待された結果を示さないものを指します[29]。分析の結果次第でこれらのケース分析を通じて因果メカニズムの確証的な証拠が得られることがあるだけでなく、看過されていた要因や予想していなかった効果の存在など、従来の理論による説明の弱点が明らかになることもあります。これにより理論の修正がなされ、QCA による新たな比較事例分析へと導かれます。QCA と過程追跡法の混合アプローチの基本的な 4 つの形式それぞれの概要を**表2.4**にまとめておきます。web 付録のコラム（2.1と2.2）では、それぞれ環境平和維持（Ide, 2018）と精神疾患の生物学的帰属（Andersson and Harkness, 2018）の文脈でのマルチメソッド QCA による研究例を紹介しています。

表2.4　QCAと過程追跡法の混合研究法の基本アプローチ

研究のフェーズ	過程追跡のタイプ	目的	期待される結果
QCAに先駆けて過程追跡を実施	探索的過程追跡	結果と関連する説明条件の発見	QCAによるフォローアップ(事例間分析)
	典型事例の過程追跡	単独事例の事例内での原因条件(組み合わせ)と結果の関係の特定	
QCAによる分析の後に過程追跡を実施	パスウェイ事例の過程追跡	因果メカニズムの解明	理論の確認・裏付け
	逸脱事例の過程追跡	理論の改善余地を特定	理論の修正

7．QCAの実証研究への適用についてのレビュー

ここまではQCAを用いた研究の一般原則や各種の推奨事項について議論してきましたが、第2章を締めくくるにあたっては、QCAによる研究**実践**の現在地のイメージを読者の皆さんと共有するために、120件の実証研究を対象とした独自のレビューから得られた記述的なデータを紹介したいと思います。さまざまなタイプのQCAについては第8章で詳しく検討してゆきますが、このレビューによってそれぞれのアプローチが実際の研究でどのくらい適用されているかがわかります。さらに重要な点は、社会科学の多様なフィールドでの応用研究で用いられたケース数と説明条件の数に着目していることです。このレビューを見れば、実際の研究例と本章で紹介したケース数と条件数の推奨基準とを比較対照することもできます。

このレビューではWeb of Scienceデータベースを用いて6つの学術領域（ビジネス、政治学、社会学、行政学、公衆衛生学、国際関係論）におけるQCAを用いた実証研究を抽出しています。このサンプルの範囲は網羅的とは言えませんが、対象とした領域は社会科学の研究と学界を広くカバーしています。さらにQCAによる研究の増加が最も顕著な研究分野を含むサンプルでもあります（論文の動向は第1章を参照）。当たり前のことかもしれませんが、論文発表の動向は分野ごとに異なっています。QCAの普及状況にも同様にバラつきがあります。本書の冒頭でも触れましたように、Web of Scienceに掲載されている論文が数百にも上る分野もありますが、QCAがまだ確立した地位を獲得していなくて論文数がかなり少ない領域も見られます。論文の長さにも相当の差があります。8～10ページの簡単なものもあれば、30ページを超える総合的なものも見られます。当然、論文の長さは方法論についての記述の詳細さにも反映されています。

現時点でのQCA適用の実際を捉えることが目的のため、このレビューの範囲

は各領域の最新のジャーナル論文20篇ずつに限定しています（2020年５月20日時点）。したがって合計120篇のサンプルによる実証研究ということになります[30]。ここではとくに**現在の**QCAによる研究論文を通してこの手法の基準を測ることに焦点を合わせていますので、QCAが1987年に誕生してから今日に至るまでのQCA活用の進化の歴史については触れません。サンプルとした論文はすべてSSCI（Social Science Citation Index）に掲載されている査読付ジャーナルで出版されたものに限定しています。また、このレビューの対象とした研究は方法論でなく実証に焦点を合わせ、QCAを主な研究方法として正式に採用した論文です。各論文の領域区分については雑誌分類を指標としました。ただし、１つの学術誌が複数のカテゴリにまたがって帰属する場合もあるので、そういったケースでは各ジャーナルの最もランキングの高い領域を採用しています。

レビューの結果に進む前に注意事項を補足しておきます。サンプルサイズは中程度ですので、選択した研究の代表性についてはとくに言及しません。また、SSCIには多くの権威ある学術誌が掲載されていません。とくに英語以外の言語によるジャーナルにはそれに該当する例が多数あります。こうしたことから、ここで使用するデータには系統的バイアスがあることを意味しています[31]。**表2.5**は上記６領域にまたがるレビュー結果を要約したものです。表の左側の３つのデータ列にはQCAの主要タイプ（クリスプセット：csQCA、ファジーセット：fsQCA、マルチバリュー：mvQCA）ごとの論文数が示されています。右端の３列は、それぞれ各分野の論文のケース数と説明条件数の中央値、そしてケース数―条件数比率です。

さて、このレビューの結果はどうだったでしょうか。まず、全領域にわたって最も採用されているQCAのカテゴリはfsQCAで圧倒的な地位を占めていることがわかります。ビジネス分野ではfsQCAが**唯一の**選択肢と言えるほどの存在感を示していますが、他の分野でもこのタイプのQCAが主流です。これは驚くべき発見です。Rihoux and Ragin（2013）が1984～2011年までのQCAによる論文313篇を用いて同様のレビューをおこなった際には、csQCAが最も人気のあるQCAの手法であることが判明し、２番人気のfsQCAとの間にはかなりの開きがありました。ところが今回のレビューでは、両タイプのQCAの人気順位が**逆転**しているのです。

もちろん、より長い時間範囲（例えば2011～20年）でデータを分析すれば異なる結果が出るかもしれません。そしてcsQCAのシェアが大きくなると思います。さらにサンプルとして収集した全120篇の論文のうち、mvQCAを使用した研究はたった４件にしか過ぎませんでした（Cronqvist and Berg-Schlosser, 2009）。

表2.5　QCA による研究についての文献調査

学術領域	N	QCA の種類			中央値		
		csQCA	fsQCA	mvQCA	ケース数	条件数	ケース数 / 条件数
ビジネス (Business)	20	1	19	0	182	6	30.3
社会学 (Sociology)	20	5	15	0	30	5	4.2
国際関係論 (International relations)	20	4	13	3	26	5	5.3
公衆衛生学 (Public health)	20	5	14	1	25	6	4.7
政治学 (Political science)	20	5	14	1	22	6	5.3
公共政策学 (Public administration)	20	5	15	0	20	5	4.1
合計 / 中央値	120	25	90	5	26	6	5

Rihoux ら（2013）が自ら実施した調査をもとに「相当周縁的な方法」として過去にすでに示していたことが現在でもあてはまっているということです[(32)]。ちなみに**表2.5**には２段階 QCA（Schneider and Wagemann, 2006）は含めていませんが、それには理由があります。どのタイプの QCA にも用いることのできる手法であるからです。全部で120篇の論文のうち、２段階 QCA を採用した研究は６篇ありました。分野別の内訳では政治学と社会学で２篇ずつ、そしてビジネスと行政学で１篇ずつです。

２つ目の発見事項はケースと説明条件の数に関する点です。ここで興味深いのはビジネス領域を除くすべての分野で、分析に用いられたケース数と条件数の中央値が似通っていることです。ケース数の中央値は20～30の範囲に収まっており、１研究あたりの説明条件の数は６つ程度です。また、ケース数と条件数の比率は行政学の4.1倍から政治学と国際関係論の5.3倍までの広がりがありますが、ビジネス領域の研究では同数値が30.3倍と極端に高くなっています。これらの数値は**表2.2**に示す１条件あたりのケース数の推奨水準を**上回って**います。ただし、これらはサンプルとして収集した論文全体の**中央値**なので、個別の研究レベルでの数値とは乖離している可能性があります。

最後に、ビジネス領域と他の学術領域との間には明らかな隔たりが存在します。前者では社会科学の他の領域と比べると相当多数のケースを用いた large-N による fs QCA の利用が１つの特徴になっていると言えるかもしれません。

(1) 社会科学のリサーチ・デザインの一般的側面に関するテキストには、Blatter and Haverland (2012), Brady and Collier (2010), George and Bennett (2005), Gerring (2012b), Goertz and Mahoney (2012), Gschwend and Schimmelfennig (2007), King, Keohane, and Verba (1994), Ragin and Becker (1992), Rohlfing (2012), Toshkov (2016) などがあります。QCA の研究デザインについては、Thomann and Maggetti (2020) を参照してください。

(2) 第8章では、正式に順序の概念を分析手順に反映したQCA のバリエーションとしてテンポラル QCA に向けての提案のうち主要なものについて議論しています。

(3) この一連の論争は「社会科学の方法論争」と呼ばれています（訳者補足）が、これについては非常に多くの論考が発表されています。それらの中でも、次に挙げる諸研究は本章の内容の理解をさらに深めるために有用です。Tarrow (1995), George and Bennett (2005), Rihoux and Grimm (2006), Ragin (2008b), Collier, Brady, and Seawright (2010a), Mahoney (2010), Goertz and Mahoney (2012), Cooper et al. (2012)。また、この論争の一部は現在も続いています。その経緯は アメリカ政治学会の *Qualitative and Multi-Method Research* の各号に掲載されている論文から確認することができます。

(4) King, Keohane, and Verba (1994), Schmitter (2008), Gerring (2012b) を参照してください。Toshkov (2016) による研究のタイプや RQ に関する議論も参考になります。

(5) この分類の方法は、Ganghof (2005) によって確立された X-centered research（変数指向の研究）と Y-centered research（事例指向の研究）の区分を参考にして設けたものです。

(6) マルチメソッド研究法を題材とする自著の中で、Goertz (2017) は因果メカニズムを探る手法として QCA を活用することについて、すでに発表されている研究をもとに議論しています。

(7) 私が用いる QCA の分類は他と比べると相当一般的なレベルでおこなっているものです。他の研究では5ないし6種類の分類を設けています (Berg-Schlosser et al., 2009；Ragin and Rihoux, 2004a；Schneider and Wagemann, 2010)。これらの区分の基準は、ある研究の主要目的が記述にあるのか、それとも説明にあるのかによります。それとは別に「データの要約」や「データの一貫性の確認」などとして提示されている QCA のカテゴリは、実際の研究を進める場面ではほとんど見分けがつきません。

(8) 一握りの例外を除いて、本章でレビューをおこなった QCA による120篇の論文は何らかの形で理論検証を試みる研究でした。このレビューの結果は章末に紹介しています。

(9) 統計的仮説検定の歴史については Haig (2018) を参照してください。

(10) 統計的アプローチによる仮説と QCA の仮説の厳密な概念上の相違点については Thiem, Baumgartner and Bol (2016) を参照してください。

(11) INUS 条件を使った仮説の例は Ide (2015), Mello (2020), Oppermann and Brummer (2022), Wurst and Hagemann (2018) にも見られます。INUS 条件を踏まえた仮説の概念については第2章の本文を参照してください。

(12) 母集団 (population) とケースの全体 (universe of cases) という言葉は同義で用いています (Seawright and Collier, 2010)。

(13) ケース選択と事例研究の方法論に関しては現在までに膨大な研究が蓄積されています。Blatter and Haverland (2012), Eckstein (1975), George and Bennett (2005), Gerring (2004, 2007a), Goertz and Mahoney (2006), Levy (2008a), Ragin and Becker (1992),

Rohlfing（2012）, Seawright and Gerring（2008）を参照してください。

(14) 範囲条件の具体的な議論については Goertz and Mahoney（2006）と Goertz（2017）を参照してください。ケースの母集団構成についての一般的な事項については Ragin（2000, 2006a）に詳細があります。

(15) ケース選択におけるバイアスの原因については Geddes（2007）や Van Evera（1997）で議論が展開されています。

(16) サンプリングに関するより一般的な考察は、Frankfort-Nachmias and Nachmias（2008）や Toshkov（2016）を参照してください。

(17) これらの明白な例外にあたるのが、ビジネスとマネジメント分野です。これらの分野では相当大きな数のケースを利用する傾向が見られます（QCA 研究の動向についての調査結果を踏まえた議論は本章末を参照してください）。

(18) 整合性や他の適合性の尺度については、第 6 章で議論します。ここではケースと条件の関係の一般的なロジックを把握することにとどめています。

(19) これらの質問に対する一般的な正解はありません。リサーチ・デザインに変更を加えて実証範囲を拡大することができる場合もあれば、それ以前の決定事項によって制約を受けてしまう場合もあります。

(20) QCA による分析から除外した変数については、Radaelli and Wagemann（2019）を参照してください。

(21) その唯一の例外は 2 段階 QCA です。2 段階 QCA は理論的に峻別したリモート条件と近接条件に依拠した手法（Schneider and Wagemann, 2006）で、詳細は第 8 章で解説します。

(22) ここで注記すると、説明条件数の多さは技術的な問題ではありません。R の QCA パッケージでは最大18条件まで設定可能です（Duşa, 2019b, 202）。ただし、実際の分析となると18条件では262,144行からなる真理値表が生成されますのでほぼ対応不可能といえます。どう頑張っても非常に表面的な分析しかできません。

(23) Goertz（2017）は、Mello（2012）の統合モデルについて議論しています。

(24) Brockhaus たちの QCA による研究の背後にあるより大きな研究課題についての洞察については、web 付録を参照してください（Brockhaus et al., 2017）。

(25) これらの用語は同義的に使われることもありますが、ルーツの異なる方法と別々のソースからのデータをどのように融合すべきかについて、それぞれの立場での理解があることを反映しています。本書では、QCA とケーススタディの組み合わせを指して「**マルチメソッド研究（multimethod research）**」という表現を用います。

(26) このような観点から、George and Bennett（2005）は、QCA と過程追跡（Process tracing）を組み合わせることが必要であると論じています。

(27) 一方、複数の研究方法を組み合わせるだけで、単一の方法論を使用することに対する優位性が生じることはないという見解も示されています（Ahmed and Sil, 2009；Coppedge, 2009；Kuehn and Rohlfing, 2009）。

(28) あまり一般的ではありませんが、QCA を large-N の統計解析と組み合わせて使用した研究事例もあります（例えば、Ahn and Lee, 2012；Ide, 2018；Karlas, 2012）。本章の関連では Tobias Ide による環境平和維持に関する研究を振り返るコラムも web 付録から参照してください（Ide, 2018）。

(29) Schneider and Rohlfing（2013）は、これに加えて QCA による解には帰属しないものの結果が生じているケースのことを「被覆度の逸脱事例（deviant cases for coverage）」と呼んでいます。これらは異なる説明を必要とするものです。

(30) このレビューのための研究補助を務めてくれた Teslin Augstine に謝意を表します。

(31) Web of Science とその代替的データベースの掲載範囲については、Gerring, Karcher, and Apheld（2020）を参照してください。

(32) mvQCA の例として Pablo Castillo-Ortiz による司法審議会に関する研究事例コラム（web 付録）を参照して見てください。また、第 8 章での議論もご覧ください。

第3章　集合論

質的研究はしばしば明示的あるいは暗黙的に集合論や論理学に依拠しており、
これらの数学的ツール自体を理解しておく必要がある。
— Gary Goertz and James Mahoney

QCA は集合論的方法です。そもそも**集合**とは何でしょうか。**集合論的**アプローチは他のアプローチとどのように違っているのでしょうか。最も基本的なレベルでは、集合とはある一定の性質を共有する要素の集まりとして定義することができます。集合はモノの分類とも言えます（Quine, 1969）。集合は「容器のような実態」（Lakoff and Núñez, 2000）であり、「包含と除外との間に引かれた境界線」（Mahoney, 2010）」とも表現することができます。

このような理解に立つと、集合と社会科学の概念との親和性が非常に高いことは明らかです。実際、社会科学の理論の多くは集合論にその基礎を置いています。必要条件と十分条件という言葉を明示的に用いている場合もあれば、それらを名言することはないものの集合論の論理を用いている場合もあります（Goertz and Mahoney, 2012；Ragin, 1987；Schneider and Wagemann, 2012）[1]。

本章では重要用語や本章に続く各章の土台となる概念も含め、QCA の集合論的基礎について紹介してゆきます。まず、統計的アプローチとは対照的な集合論的アプローチの特徴的な要素の説明からスタートし、クリスプ集合（クリスプセット）とファジー集合（ファジーセット）、集合演算、形式表記法（訳者注：本書の中ではこれ以降は「表記法」と呼ぶことにします）、そして真理値表のはたらきなどに触れてゆきます。章の終わりに十分条件と必要条件、それと集合関係の評価について議論します。

集合は社会的世界のいたる所に存在します。社会的集合とは、特定の性格に特徴づけられるモノの集まりを記述するために用いる概念です。例えば、民主主義国家や先進国について研究をすることがあります。そうした時に「民主主義」や「発展」という概念は人間の頭の中で構築されたものであり、客観的に与えられたものではありません。それらは社会科学の概念として「本質的に議論の対象となる」（Gallie, 1956）もので、それらの意味するところも時間の経過とともに変容してきた可能性があります。

今日の私たちにとっての「民主主義」は100年前の「民主主義」とはまったく別の意味をもつことは誰もが知っています。当時は普通選挙権が民主主義に不可欠な要素として見られてはいませんでした。同じように、ある国家の「発展」は経済規模という狭い範囲で長く理解されてきましたが、国連による人間開発指数は教育や生活水準、平均寿命などを包摂する、より広い「発展」の概念に依拠しています（United Nations, 2018）。

集合論的アプローチを他の研究方法・手法と区別する決め手とは何でしょう。集合論的アプローチと統計的アプローチを並べて比べてみると、両者の間には6つの重要な違いがあることがわかります（Goertz and Mahoney, 2012；Ragin, 2014b）[(2)]。まず、統計的アプローチでは従属変数（**被説明変数**）の発生を１つないし複数の独立変数（**説明変数**）を用いて説明しようとします。これらの変数には、例えば**身長**や**派閥**といった変数名を名詞で付けます。選択したそれぞれのケースについて、分析に含む個々の変数についてのスコアを、一定の尺度で測定したデータに基づいて算出します。こうしたアプローチにしたがった研究では通常、独立変数と従属変数の間の相関関係を相関行列に整理し、線形的な関係を発見しようとします。その目的はそれぞれの独立変数が従属変数に与える正味の効果を見出すことです。

それとは対照的に、集合論的アプローチでは独立変数と従属変数という表現ではなく、**条件**（conditions）そして**結果**（outcome）という言葉を使います。こうした用語の違いは、実際の分析に先駆けて丁寧な概念形成が必要とされる集合論的分析の**質的**で**事例指向的**な性格を際立たせる役割を果たしています（Ragin, 2014b）[(3)]。結果とそれぞれの説明条件には名詞と形容詞を使います。集合論では**長身の**人々あるいは**左寄りの**党派といった形で結果や説明条件の記述がおこなわれます。

これ以外の両アプローチの違いはデータの生成と分析に関連する事項です。集合論的アプローチでは取りうる下限値０と上限値１の間のいずれかの値をとる、集合への帰属スコア（メンバーシップスコア／成員スコア）が適用されます。これに対し、変数指向のアプローチでは一般的に無限の数が取り扱われ、さまざまな種類の数値尺度が使用されます。また、集合の操作は本章で紹介するブール代数と集合論の規則にしたがう一方、変数は線形代数のルールを適用して操作することが可能です[(4)]。

さらに、集合論的アプローチではあらかじめ定義された参照点に向けて集合の**キャリブレーション**（較正）をおこないます。キャリブレーションとはデータを質的状態を示すものに転換する手続きです。キャリブレーションをおこなうこと

表3.1　統計的アプローチと集合論的アプローチの概念

アプローチによる相違点	集合論的アプローチ	統計的アプローチ
被説明項（explanandum）	結果（Outcome）	従属（被説明）変数（Dependent variable）
説明項（explanans）	説明条件（Conditions）	独立（説明）変数（Independent variables）
コンセプト／ローデータの数値変換の方法	キャリブレーション（較正）（Calibration）	測定（Measurement）
探索の対象となる関係	因果複雑性（Causal complexity）	線形な関係（Linear relationships）
分析装置	真理値表（Truth table）	相関行列（Correlation matrix）
分析のアウトプット	必要条件と十分条件（Necessary and sufficient conditions）	個々の独立変数の正味効果（Net effects of individual variables）

で、より情報量が豊かになります（Goertz, 2020；Ragin, 2008a, 2008b）。つまり、ある集合がどの概念に対応しているかがわかれば、あるケースのその集合への帰属スコアをどう解釈すればよいかもわかるということです。１つ例を挙げておきましょう。**長身の人々**という集合に対する帰属スコアが「１」の人は長身と言えるでしょう。ここで**身長**175cm の人がいるとしましょう。この人物が長身であると見なされるべきか否かは、その人の性別や生まれた国、あるいはそのデータが歴史的なものか現代のものなのかといった文脈によって異なるでしょう。

最後に、集合論的アプローチでは、必要条件と十分条件を含む因果的に複雑な集合関係を特定することをその目的としています。データは**真理値表**にまとめられ、そこから集合論的分析を通じて解項あるいは**因果関係のレシピ**（**causal receipes**）が導き出されます（Ragin, 2014b）。**表3.1**は集合論的アプローチと統計的アプローチとの間の相違点を比較対照するものです。ここで大切なことは、どちらのアプローチを採用するとしても、それぞれで**正しい用語**を使うことが不可欠であるという点です。これらの用語は同義語**ではありません**。それぞれの世界観における実証研究に対する理解の違いを反映した相違であると言えます。

１．クリスプ集合（セット）とファジー集合（セット）

QCA は19世紀のイギリスの数学者・論理学者 George Boole による一連の研究成果に根差した研究方法です。Boole が1854年に発表した著書 *An Investigation of the Laws of Thought* には、のちにブール代数（Boolean Algebra）と呼ばれるようになった集合論的アプローチの基礎がすでに確立されていました。Booleのアプローチは、**真**（**true**）／存在（present）または**偽**（**false**）／不在（absent）のいずれかの状態でのみ生じる変数を用いるものです。この考え方は電子スイッチング回路の開発において中心的な役割を果たすようになりました。ブール代数は、すぐに自然科学分野で広く応用されるようになり（Whitesitt, 2010）、社会科学分野にも広がりました。

Charles Raginはこれらの原理を応用して比較研究のための「ブール代数アプローチ」を開発しました（Ragin et al., 1984）。これがのちに「QCA（質的比較分析）」と名づけられたのです（Ragin, 1987）。質的比較の目的のうえで重要なのは、（本章で紹介する）集合論的操作と真理値表の作成、そして真理値表の最小化を通じた解項の導出がブール代数の応用により可能となったことです。

ブール代数による二値（バイナリ）のカテゴリを応用したことから、初期のQCAは**クリスプ集合**／**クリスプセット**（**crisp sets**）の分析に限定されていました。条件の存在を1、不在を0とするアプローチです。この種の区分法は**質的**差異を強調する性質をもちます。ここではあるケースが特定の集合に帰属するか、しないかのどちらかしかありません。このような手順によるカテゴリ化をおこなうことで微妙なニュアンスが失われてしまいます。というのは、あるケースの特定の集合への帰属（非帰属）の程度に関係なく1または0の何れかにコード化するため、それ以上細かい区分を設けることができないからです（Rihoux and De Meur, 2009）。

クリスプセットQCA（csQCA）のこうした弱点は**ファジー集合**／**ファジーセット**（**fuzzy sets**）の導入によって克服されました（Ragin, 2000）。ファジー集合では集合への帰属スコアが0（完全非帰属）～1（完全帰属）の間の任意の値をとれるようにしています。ファジー論理はLotfi Zadeh（1965）の手によって開発された考え方ですが、より複雑で曖昧な問題に取り組むために従来の集合論の拡張版として登場したと言えます。Zadehによる研究はコンピューター技術に革命を起こしました（McNeill and Freiberger, 1993）。そして言語学（Lackoff, 1973）をはじめとする、さまざまな分野を含む社会科学領域でも応用されるようになりました（Smithson and Verkuilen, 2006）。

ファジーセットQCA（fsQCA）は質的側面と量的側面を併せもつ研究手法です。fsQCAによる研究をおこなう際、研究課題についての実体的知識と理論的知識にもとづいて、あるケースが特定の集合に「完全に帰属する（fully in）」（ファジースコア＝1）のか、「完全に非帰属（fully out）」（ファジースコア＝0）なのか、それとも「それらのどちらでもない（neither in nor out）」（ファジースコア＝0.5）

のかを決定するための３つの**経験的基準点**（empirical anchors）を設けます。これらの基準のうち最後のものはクロスオーバー（crossover）・ポイントあるいは「最大曖昧点（point of maximum ambiguity）」と呼ばれます。入手可能な証拠だけでは、あるケースのそれぞれの集合に対する帰属・非帰属を判断することができない水準を指します（Ragin, 2000；2008b；Ragin and Fiss, 2017）。これら経験的基準点を設定することは、（本書の第５章で取り上げる）キャリブレーションの手続きの下準備になります。

ファジー集合の導入は間違いなくQCAの進化にとって非常に大きな一歩となりました。ファジー集合の概念によって集合への帰属度を細かく捉えることができるようになったため、QCAの懸念点に対する一部からの批評に対処しつつ、QCAが因果関係の決定論的理解に依存する必要がないことも示されました。さらに、fsQCAでは**適合性指標**（measures of fit）の道が拓かれ、分析結果の品質と頑健性を評価することができるようになりました（第６章参照）。それらの適合性指標によって、「完全に」必要条件かつ／または十分条件となる説明条件（群）と「ほぼ」必要条件かつ／または十分条件となる説明条件（群）（決定論的な意味での必要性または十分性の基準を満たさないもの）を峻別し、さらに集合論的関係が存在しない状況を特定するためのベンチマークが確立されました。最後に、fsQCAではソフトウェアに組み込まれたキャリブレーションの手順を経て量的なローデータを集合への帰属スコアに容易に変換できるようになりました。

ファジー集合にはこれらの利点がありますが、fsQCAでもブール論理が用いられている点ではcsQCAと変わりがありません。つまり、分析に用いられるケースは特定の集合の内部または外部の何れかとして扱われます。ファジーセットによる帰属スコアの程度の違いは、あるケースが一定の集合に対して「**より内側にある**」または「**より外側にある**」ことを示唆するに過ぎません。したがって、集合の内側にあるケースと外側に位置するケースとを区別するための基準を決定しないといけないことは不変です。

この課題は「ソリテス（ソライティーズ）・パラドックス（Sorites Paradox）」（ギリシャ語の「**ごめん［sorós］**」に由来）あるいは「砂山のパラドックス（paradox of heap）」と表現されてきました。ここで、砂山を想像してみてください。その砂山は100万粒の砂粒でできています。そこから１粒の砂粒を取り除いたとしても砂山であることに変わりありません。というのは99.9万粒の砂粒は依然として砂山だからです。その後、１粒ずつ砂をとる作業をずっと続けてゆきます。すると、ある段階になると数粒の砂だけが残され、それはもはや明らかに砂山ではありません。

図3.1　確率論とファジーセット

唐辛子 A

1%の確率でとても
辛い唐辛子

唐辛子 B

激辛赤唐辛子の集合への
ファジー集合帰属度が
0.01の唐辛子

ここで生じる１つの疑問は、どの段階で砂山が**砂山でなくなった**のかです。砂山が砂山でなくなるまでにどのくらいの砂粒を取り除かなければいけなかったのでしょうか。この矛盾を解決するためには、ある状態と他のもう１つの状態とを峻別するための基準を定める必要があります。砂山の場合、このタスクは難航します。確固たる数値的閾値を挙げようとも、いずれも恣意的なものに映ってしまうからです。社会科学における諸概念についても同様の難しさがつきまとうことがありますが、それでも**差異を生み出す要因**（difference makers）とそれら概念の本質を探求するうえで意味のある行為です。

そこで、ファジー集合に関するよくある誤解について見ておきましょう。それは、ファジー集合には何らかの形で確率が反映されているのではないかというものです。結論から言えば、答えはノーです。確率論的アプローチとファジー集合のアプローチの違いを例（図3.1参照）を用いて考えてゆきましょう。そっくりな姿形の赤唐辛子２つが目の前にあるとします。１つ目の赤唐辛子（図中のＡ）は１％の確率で激辛で、２つ目の唐辛子（図中のＢ）は**激辛赤唐辛子**という集合へのファジー集合帰属スコアが0.01という情報のみが皆さんに与えられています。

皆さんはマイルドな赤唐辛子を入れたまろやかな味のメニューを調理したいと思っています。さて皆さんは１つ目と２つ目、どちらの赤唐辛子を選びますか。パっと見では両者の間に違いはありません。よく考えてみましょう。赤唐辛子Ａの場合、100回に１度の確率で激辛なものにあたるということは明らかです。赤唐辛子Ｂに対して与えられている情報は確率ではありません。この情報をよく見れば、Ｂの赤唐辛子は激辛赤唐辛子の集合にほぼ完全に非帰属であることを**確信**できます。ですから、この例ではＢの赤唐辛子を選ぶのがより良い選択ということになります。このように、ファジー集合では特定のケースに離散数値による帰属スコアが与えられますので、そこには不確実性や確率は関係しません。

表3.2　論理演算子と表記方法

論理演算子 (Logical Operator)	ブール代数 (Boolean Algebra)	集合論 (Set Theory)	命題論理 (Propositional Logic)
AND	論理積 (Multiplication)	共通部分 / 交叉 (Intersection)	合接 / 連言 (Conjunction)
	A・B	A ∩ B	A ∧ B
OR	論理和 (Addition)	和集合 / ユニオン (Union)	離接 / 選言 (Disjunction)
	A + B	A ∪ B	A ∨ B
NOT	否定 (Negation)	補集合 (Complement)	否定 (Negation)
	1 − A	~ A	¬ A

2．集合演算

QCA はブール代数にもとづいた分析手法であるため、その集合演算ルールを用いて結果と説明条件、さらには説明条件の組み合わせの関係を体系的に評価することができます。QCA による分析をおこなうという目的に照らし合わせると、ブール代数の３つの演算が関連してきます(5)。論理演算子 AND は集合間の**共通部分・交叉**（intersection）、あるいは命題論理（propositional logic）の用語を使えば**合接・連言**（conjunction）のことを指します。集合間の論理積のことです。論理演算子 OR は、**和集合**（union）あるいは**離接・選言**（disjunction）と呼ばれます。論理演算子 NOT は、集合の**否定**（negation）または**補集合**（complement）を指します。

QCA を用いた研究をおこなううえで混乱しがちなことの１つは、論理演算子の表記で複数の方法を採用している点です。各学術領域の習慣によって、ブール代数、命題論理、あるいは正式な集合論で使用される記号や用語を用いることが好まれる場合があります。このように、まったく同じ演算子に対して複数の異なる用語が存在するのは明らかに紛らわしいことです。本書では形式的な表記を最小限にとどめ、一貫した表記法を用いるよう努めています。ブール代数、集合論、命題論理のうちどれを参照するかによって演算子も表記方法も異なるので、それぞれの間での読み替えができるように**表3.2**に各方式による演算子と表記方法についてまとめてあります(6)。

集合演算は実際にはどのように機能するのでしょうか。論理演算子は例を使いながら説明すると最もわかりやすくなります。**表3.3**は３つのケース、２つのクリスプ集合（AとB）、そして２つのファジー集合（CとD）による仮想データに

表3.3　ブール演算とクリスプ集合、ファジー集合

ケース	クリスプ集合		ファジー集合		ブール代数の論理積（AND）		ブール代数の論理和（OR）		ブール代数の否定（NOT）	
	A	B	C	D	A・B	C・D	A＋B	C＋D	～A	～C
1	1	0	0.9	0.3	0	0.3	1	0.9	0	0.1
2	1	1	0.7	0.8	1	0.7	1	0.8	0	0.3
3	0	0	0.2	0.4	0	0.2	0	0.4	1	0.8

沿って、ブール演算子AND、OR、NOTを用いた演算結果を表の右側６列に示しています。

まず、はじめに２つの特徴を共有するケースに私たちが関心をもっていると仮定しましょう。これら２つが揃った場合のみ、結果が生じると予想することにします。集合論では２つの集合の**共通部分**（intersection）はＡ・Ｂと表記されます。ここで「・」はANDを意味します。数学の乗算記号（掛け算記号）と混同しないよう注意が必要です。口頭で表現する場合、論理積Ａ・Ｂは「ＡかつＢ（A AND B)」となります。さらに簡便な表記を用いたい時には演算子「・」を省略して「AB」とすることもできます。論理積にあたる部分（２つの集合の共通部分）に対するケースの帰属スコアは、集合間のつながりが最も弱い部分あるいは最小公倍数を反映した集合全体の**最小スコア**をとります。したがって**表3.3**のケース１とケース３のＡ・Ｂに対する帰属スコアはともに０（ゼロ）です。

例えば、**ポピュリストリーダー**（P：populist leader）と**支援的な国民**（S：supportive public）という２つの集合の共通部分（論理積）への帰属スコアを算出したいとしましょう。１つめのケースのファジー集合帰属スコアは、0.9（P）と0.3（S）で、もう１つのケースでは0.6（P）と0.7（S）です。先ほどの計算ルールを用いると、集合Ｐと集合Ｓの論理積Ｐ・Ｓに対するそれぞれのケースの帰属スコアは各々0.3、0.6となります。集合論の論理積はいくつかの特徴がすべて存在し、ある条件の高スコアが別の条件の低スコアを打ち消すことのできないような場面に有効です。

次に、ケースが２つの特徴のうち少なくとも１つに帰属し、そのどちらかが結果につながると予想される状況について考えてみましょう。この状況は**和集合**を指しますが、これはＡ＋Ｂと表記されます。「＋」の記号はORを意味します。和集合を口頭で表現する際には「ＡまたはＢ（A OR B)」といいます。この演算子はORの**すべてを含む**（inclusive）という概念に根差したもので、「一方か他方、または両方」を包含しています。繰り返しになりますが、この和集合の記号「＋」も数学の加算演算子と混同しないよう注意が必要です。Ａ＋Ｂという論理

式によって示される、あるケースのこの論理和への帰属スコアは２つの集合にまたがる**最大値**となります。

これを踏まえて**表3.3**のデータを見てみましょう。ケース１とケース２の論理和Ａ＋Ｂへの帰属スコアはともに「１」となります。その理由を説明しておきましょう。いずれのケースもＡ、Ｂの少なくとも１つの集合に対する帰属スコアが「１」となるので、ＡとＢの２つの集合をまたがる帰属スコアの最大値も「１」です。したがって、和集合Ａ＋Ｂへの両ケースの帰属スコアもそれぞれ「１」となります。１つの例として、**憲法上の制限**（C：constitutional restrictions）または**立法府の拒否権保有者**（L：legislative veto players）のいずれか、または両方に直面する政府は権力の濫用を控えるという予想をおこなったとします。１つ目のケースのファジー・スコアは0.7（Ｃ）、0.3（Ｌ）で、２つ目のケースのファジー・スコアは0.2（Ｃ）、0.7（Ｌ）です。４つの帰属スコアはこのように異なっていますが、先ほどの計算ルールに基づいてどちらのケースでも論理和Ｃ＋Ｌへのファジーセット帰属スコアは「0.7」となります。集合論における論理和は、お互いに代替的な関係ある複数の要因が存在し、それらのいずれかが結果の発生にとって十分であるという状況を反映しています。

最後に紹介する集合論の演算子は、集合の**否定**（negation）を意味するものです。あるケースの特定の集合に帰属していることがわかれば、その集合の否定である**非集合**（non-set）に対するそのケースの帰属スコアを算出することができます。公式としては、「１－Ａ」として計算されます。この式のマイナス記号は数学の減法を指します。**表3.3**の右端の２列にある～Ａ（non-A：非ＡまたはＡの否定）と～Ｃ（non-C：非ＣまたはＣの否定）の値を見てみましょう。集合への帰属スコアには境界がある（有界性がある）ため、ある条件とその否定のそれぞれのスコアを足すと必ず「１」になります。**表3.3**のデータの例で言えば、ケース１はＣのファジー集合への帰属スコアが0.9でＣの否定にあたるＣの非集合への帰属スコアが0.1ですので、両者の合計はやはり「１」になります。もう１つ例を挙げてみましょう。**高い失業率**という集合へのドイツのファジー集合帰属スコアが0.2だったとすると、その否定である失業率が高く**ない**という集合についてのスコアは0.8となります（1-0.2=0.8）。ある集合の否定を扱う場合には、その帰属スコアの解釈をおこなう前に当初の集合の概念的基礎を明確にしておくことが大切です。概念によっては対称的なものもありますが、多くは非対称です。この点については第５章で再度検討します。

集合論の演算やクリスプ集合間の関係は、ベン図（Venn diagram）やオイラー図（Euler diagram）を用いれば効果的に可視化できます（Goertz and Mahoney,

図3.2　2つの集合の共通部分（intersection）と論理和（union）

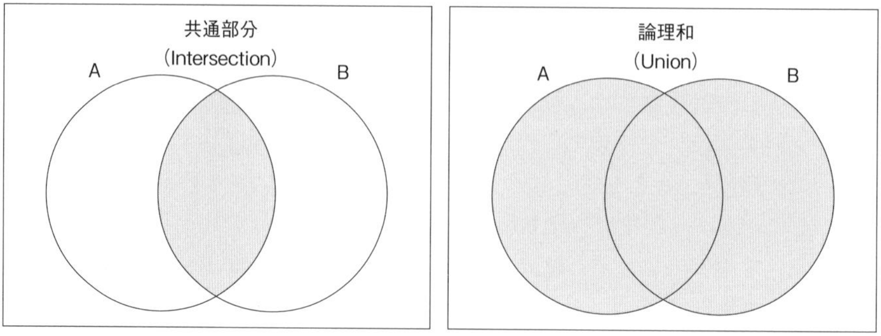

2012；Mahoney and Sweet Vanderpoel, 2015；Quine, 1982；Rubinson, 2019；Schneider and Wagemann, 2012）。**ベン図**では、長方形の中に配置された重なり合う円が、それぞれの集合の間の論理的に可能なすべての共通部分（intersections）を描きます。経験的に存在する共通部分のみを示す**オイラー図**とベン図の違いはこの点にあります（Shin, 1994）。どちらのタイプの図も集合関係を説明するうえで役立ちます。

図3.2は、２つの集合のみの簡単な設定で前述のブール演算を可視化したものです。もちろん、この図にさらなる集合の円を加えることもできます。それによって皆さんが分析に用いるQCAのモデルの中での説明条件の関係を直感的・発見的に捉えようとするための便利なツールになりえます。それだけでなく、ベン図は次節で紹介するように、真理値表の行として出現する条件組み合わせを可視化するうえで有用です。というのは、長方形の中の領域の数は、皆さんがQCAで使用するモデルにおいて論理的に可能なすべての組み合わせの数と常に一致するからです（Duşa, 2019a）。**図3.2**の左側の図は集合Aと集合Bの共通部分（論理積）（論理演算子AND：intersection）を、右側の図は論理和（論理演算子OR：union）を示しています。

ブール演算子のほかに、集合論の演算で重要となる集合が２種類あります（Schneider and Wagemann, 2012）。そのうちの１つが「**空集合（empty set）**」です。その名のとおり、要素を持たない集合です。空集合は記号∅で表記され、集合とその補集合（または否定）の交差として生じるものです。なぜ空集合がなんらの要素も持たないかというと、**図3.3**に示すとおり、１つのケースは特定の集合とその否定に同時に帰属することができないからです。この図中のすべてのケースは集合Aの成員であるか、その否定に帰属するかのどちらかで、両方の集合の成

図3.3　集合Ａとその補集合（〜Ａ）

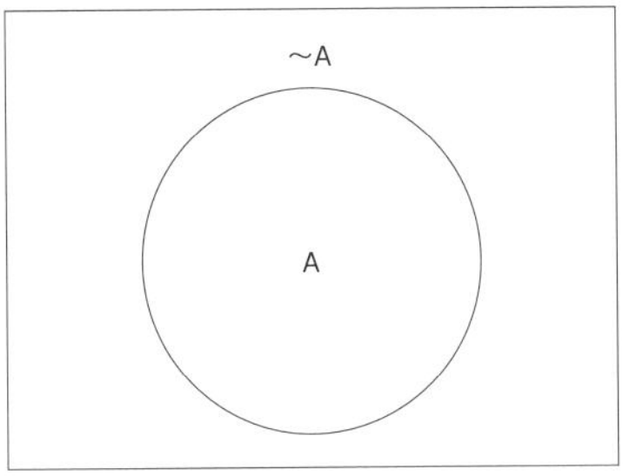

員にはなれません。形式的に空集合を表現するとＡ・〜Ａ＝∅となります。これはクリスプ集合に適用されるルールです。ファジーセットでは、１つのケースが、ある集合とその否定に**部分的に**帰属することがあります。ただし、それでもそれぞれの集合への帰属スコアは0.5より大きくなることはありません（Schneider and Wagemann, 2012）。

空集合と対照的な性格をもつのが**全体集合**（universal set）です。これはすべての要素を含む集合です。したがってその他の集合はすべて全体集合の部分集合（subset）となります。全体集合は**U**と表記されます（Smithson and Verkuilen, 2006）。**図3.3**で言えば、長方形の箱の中にあるすべての要素が全体集合です。この例で公式として表現すると、集合Ａとその補集合（〜Ａ）の和集合としてＡ＋〜Ａ＝Ｕとなります。

３．真理値表

QCAの中心的な分析ツールは**真理値表**（truth table）です。真理値表を用いた分析の具体的な手順は第７章で詳しく解説しますが、ここでは真理値表のおもな特徴を紹介しつつ、真理値表が一般的なデータ・スプレッドシートとどのように異なっているのかを説明するにとどめたいと思います。

真理値表は、研究で用いる説明条件の論理的に可能なすべての組み合わせの数を示します。真理値表という用語は、命題の真理値を列挙する形式論理に由来しています（McCawley, 1993；Tomassi, 1999）。真理値表には「より高い真理」のようなものは存在しません。真理値表の各行はそれぞれ、特定の説明条件の構成（configuration）に対応しています。真理値表の行数は論理的に可能な条件組み合わせの数と一致します。条件組み合わせの数を求める公式は2^kです。ここでｋは分析に含める説明条件の数です。したがって、２条件では４行、３条件では８

表3.4　単純な真理値表の例

説明条件		結果	ケース数
A	B	Y	
1	1	1	5
1	0	1	3
0	1	0	2
0	0	?	–

行、４条件では16行…といったようになります。個々のケースは最も高い帰属スコアとなる行に割り当てられます（Ragin, 1987）。

表3.4に示す真理値表は、２条件と１つの結果、そしてこの真理値表の各行に配属された10件の仮想ケースを用いた単純な例です。この表を見ると、３つの行には該当する（配属された）ケースが複数ありますが、一番下の行にはあてはまるケースがありません。ですから、この行に示される原因条件の組み合わせは結果の発生あるいは未発生のどちらと関連しているかがわかりません。そのため、表中の結果の部分に「？」が置かれています。原因条件の数を増やせば真理値表は指数関数的に拡大するので、ここで用いている10ケースでは論理的に可能な条件組み合わせのそれぞれに対応するケースを見出すことが難しくなりがちです。すでに第２章のケースと条件の選択のコンテクストで議論した**限定的な多様性**（limited diversity）の問題です。これに起因する論理残余の処理については、第７章で検討してゆきます。

また、**表3.4**の上２行の条件組み合わせはいずれも正の結果（結果の発生）に、３行目は負の結果（結果の未発生）に関連づけられていることがわかります。表中で観察されたケースを踏まえると、１行目の組み合わせＡ・Ｂ（ＡかつＢ）と２行目のＡ・～Ｂ（ＡかつＢの否定）の２つの条件組み合わせが結果（Ｙ）を生じさせると言うことができます。この種の情報が**真理値表分析**（truth table analysis）の基礎となり、ソフトウェアの最小化アルゴリズムでブール式を単純化する手順を踏んで、結果を説明するためのよりシンプルな解を得る作業がおこなわれます。

概念的にはファジー集合を採用する場合、真理値表は多次元の「属性空間（attribute space）」（Lazarsfeld, 1937）として捉えることができます。分析に含まれるファジー集合の数と同数の次元をもった図形です。ファジー集合の帰属スコアに基づいて、各ケースは属性空間の中の明確な一点に位置づけられます（Ragin, 2000）。３つのファジー集合による分析の設定でこれを再現すると**図3.4**のように

図3.4　多属性空間としての真理値表

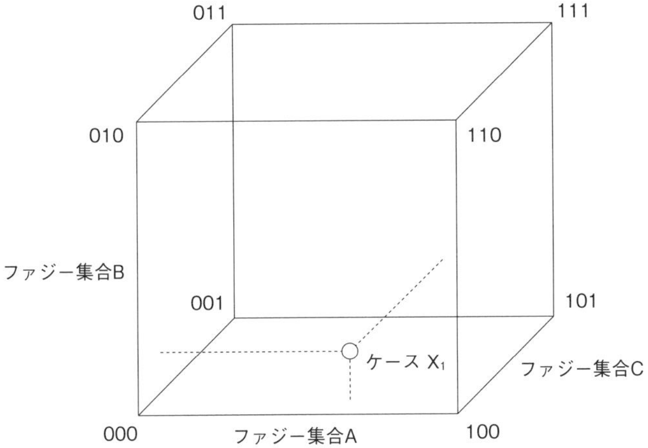

なります。各ケースはこの属性空間の内部のどの場所にも位置することができますが、理念型（それぞれの集合に完全帰属か完全非帰属の場合）では、個々のケースは属性空間の頂点に配置されます。図の中の座標位置で言えば、左下の角（000）から右上の角（111）にあたります。これは重要なポイントです。こうした特徴は、経験的ケースをあらかじめ概念化した理念型との関連で設定する点を特徴とするファジーセット理念型分析（Kvist, 2007）にインスピレーションを与えました（第8章参照）。

4．必要条件と十分条件

集合論的手法としてのQCAの分析の手続きでは、必要条件（necessary condition）と十分条件（sufficient condition）を特定することが目的とされます[7]。Goertz and Mahoney（2012）によれば、必要性と十分性の論理は**質的**研究の核心を特徴づけています。**必要条件**とは、関心の対象となる結果が生じる時に常に存在する条件のことを言います。言い換えると、必要条件が存在しなければ結果は生じないということです。理論的な観点に立つと必要条件とはある現象が発生するための前提条件です。したがって、必要条件は**失敗を説明する**ということができます[8]。

例えば、民主主義の崩壊を経験した国々は例外なく経済危機のもとでその状況に陥ったということを発見したとしましょう。これは経済危機そのものが民主主義の崩壊を引き起こすという意味ではありません。経済危機以外にもその結果を助長する要因があるかもしれないからです。ただ、ここで1つ言えることは、民主主義崩壊の発生に対して常に経済危機が先行していたということです。

十分条件とは、その条件が存在する時にはいつでも結果が生じることを意味します。例えば、政権交代は政策転換の十分条件となることがあるでしょう。ただし、政策の転換が起こるのは政権交代の後だけだと言っているわけではありません。そのほかにも政策の変化に影響を及ぼす多様な要因があるからです。とは言え、一定の規模のケースにおいては、新政権の誕生の度に政策の転換が発生している可能性があります。このように考えると、十分条件が存在すれば常に結果が生じることから、十分条件は**成功を説明する**ために役立つと言えます。

伝統的な表記法では、必要条件には左向きの矢印が用いられます。結果から必要条件に向けた矢印（A←Y）ということです。これに対して十分条件に対しては右向き、つまり十分条件から結果に向かう矢印（B→Y）が使用されます（Rihoux and Ragin, 2009；Rubinson, 2019；Schneider and Wagemann, 2012）。一般的には因果関係を示す矢印は原因から結果へと向けられるので、ここで紹介している表記方法には通常とは異なる理解が必要です。これは重要なポイントです。必要条件の左向き矢印は、「YはAを含意している」あるいは「AなくしてはYは生じない」といったように依存関係や含意（論理包含）を指し示します。

常に明示的であるわけではありませんが、社会科学の理論の多くは必要条件と十分条件を用いた因果の理解に基礎を置くものであると言えます（Goertz and Starr, 2003；Ragin, 1987）。国際関係論、政治学、そして経済学分野の研究からいつくかの例を見てみましょう。

- 必要条件ではないにしても、核抑止力は平和の**十分条件**として解釈することができる（Gleditsch, 1995）。
- 普通選挙の導入によってアメリカを除く**ほぼすべての国で**社会主義政党の発展が**もたらされた**（Duverger, 1954）
- 政治的無政府状態のもとでは産業社会の生産性は得られない。しかし、そのような状態は貿易から得られる利潤を実現するための**必要条件**ではあるが、明らかに**十分ではない**（North, 1984）。
- このように、国際社会の圧力はこれらの政策転換のための**必要条件**だった。その一方で、**国内での共感がなかったら**、国際的な力がどれだけバランスがとれていて知的説得力のあるものだったとしても合意を生み出すためには十分ではなかっただろう（Putnam, 1988）。

・しかしながら、合理主義者の見方をすれば、基本的な政治的価値や規範の共同体というのは、**せいぜい**（EU）拡大の**必要条件にしかすぎない**…。それとは逆に社会学的な見地からは、共同体の価値観と規範を対外的に共有することは、EU 加盟に**必要かつ十分**である（Schimmelfennig, 2001）。

まだまだ沢山の研究例を挙げることができますが、ここで引用した5つの例を読むと、それぞれが集合論の論理に沿って議論を展開していることに気づかされます。最初に引用した研究は Nils Petter Gleditsc による核抑止に関するものですが、十分であるものの必要ではない条件に言及したわかりやすい記述です。2つ目の引用文は Maurice Duverger による選挙ルールについての記述です。これは必要条件・十分条件という用語を使っていない点で最初の例とは異なっています。ただし、この文章の本質は集合論的です。社会主義政党の発展にとって普通選挙が（ほぼ）十分条件であると見なされているからです。Duverger からの引用は、集合論の言語が暗黙のうちに使用されている典型例です。

3つ目の例は Douglass North からの引用です。経済的な生産性の必要条件として国家の制度を強調することで視点変更を図っています。North はこの条件は必要ではあるものの、結果をもたらすのに十分でないとも指摘しています。これと同じように4つ目に挙げている Robert Putnam からの引用では、政策転換の必要条件としての国際社会の圧力に注目しています。興味深いことに、Putnam も国際社会の圧力**と**国内の共感が一緒になって政策転換の十分条件を構成していることを組み合わせ論的に議論しています。最後に Frank Schimmelfennig からの引用では、競合する理論的視角に基づいて必要性と十分性に関する異なる期待を述べています。合理主義では影響力の少ない必要条件が期待されるのに対し、社会構成主義では必要かつ十分な条件が期待されています。

5．集合関係の評価

さて、ここまでの所で必要条件と十分条件の定義をおこなってきましたが、ここからは経験的データでこれらをどのようにして識別することができるかを考えてゆきます。第6章では集合関係を計算するためのいくつかの指標を紹介します。そのうえで、つづく第7章で集合論的分析について取り上げます。ここではまず、必要性と十分性の関係を**可視化**し、それぞれのデータのパターンを理解するために用いられる3つの方法の検討をおこないます。それらには、2×2テーブル（図3.5）、オイラー図（図3.6）、そして X-Y プロット（図3.7）が含まれます。そ

図3.5　必要条件と十分条件（2×2テーブル）

結果（Outcome）	必要条件（Necessary condition）0	必要条件（Necessary condition）1
1	該当するケースなし	多くのケースが該当
0	重要でないケース	少数のケースが該当

結果（Outcome）	十分条件（Sufficient condition）0	十分条件（Sufficient condition）1
1	少数のケースが該当	多くのケースが該当
0	重要でないケース	該当するケースなし

図3.6　必要条件と十分条件（オイラー図）

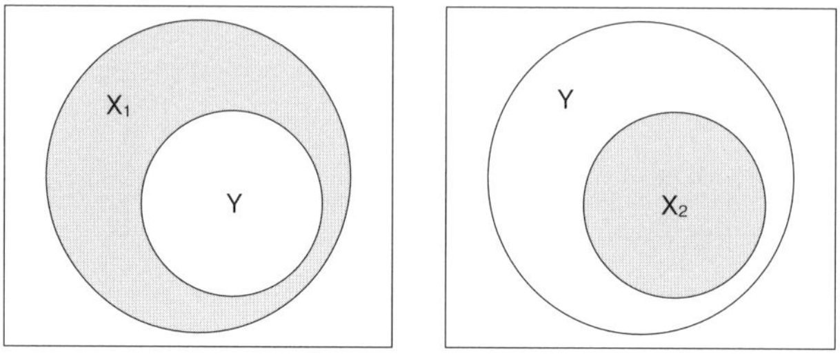

図3.7　必要条件と十分条件（X-Y プロット）

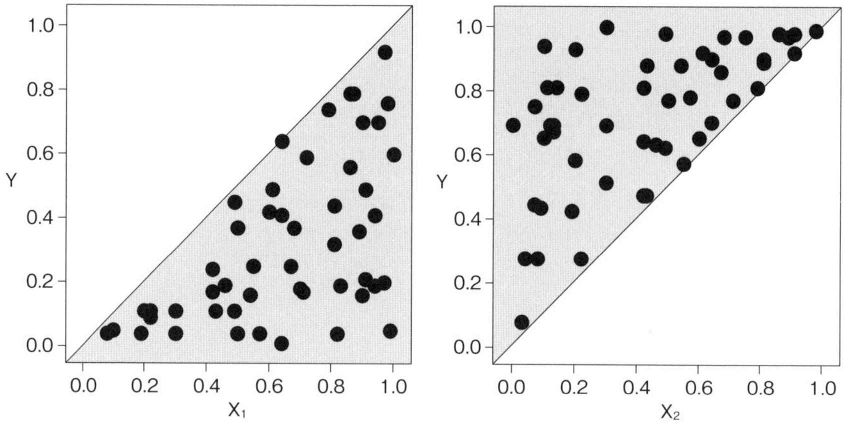

れぞれの図で必要条件と十分条件の比較がやりやすいよう、両条件についての図をグループ化しています。

クリスプ集合のデータにおける集合関係を直感的に探索するための方法は2×2テーブルです（Goertz and Mahoney, 2012；Schneider and Wagemann, 2012）。2

×２テーブル上の経験的データの分布を見れば、集合論の必要性と（あるいは）十分性が存在するか否かを確認することができます。図3.5では十分条件の関係と必要条件の関係のそれぞれを示す別個の２×２テーブルを用意しています。左側の２×２テーブルは必要条件に関連するセルを識別しています。必要条件に関しては、結果の発生を重視するため、テーブルの上段の網掛けされた２つのセルに注意が払われます。もし結果と条件をともに示すケース（双方が「１」のケース＝右上）が多く、結果は示すが条件は示さないケース（左上）がなければ、必要条件を特定したことが示唆されます。ちなみに、条件を示しても結果が発生しないケース（右下）があってももちろん問題ありませんが、そもそも結果が生じないケースは必要条件の分析では重要ではありません。これは単にその条件が結果に対して十分でもないことを示しているに過ぎません。

十分条件についても同様の手順で分析がおこなわれますが、考え方は逆転します。図3.5の右側のテーブルに十分条件と関連する４つのセルを示しています。ここで、原因条件が存在する場合、つまりテーブルの右側半分の網掛けされた２つのセルに注目します。条件と結果を共に示すケースが多数存在し、条件は示すものの結果が生じないケースが存在しない場合、その条件は十分条件になります。説明条件が不在（「０」）のケースは十分条件の分析では重要でありません。ただ、原因条件が不在でも結果が生じたケースがいくつかあったとしても問題ありません。それは単純にその条件が結果に必要でもないことを意味しているだけです。

こうしたクリスプ集合の集合関係は、本章でもすでに紹介しましたようにオイラー図を用いて可視化することもできます。図3.6は必要性（左図）と十分性（右図）の完全な集合関係を再現したものです。形式的な表現を用いて整理してみましょう。必要条件とは結果の**上位集合**（superset）です。説明条件の集合 X_1の存在を示す円が結果を表わす集合Ｙを完全に包含します。したがって、Ｙに帰属するすべてのケースは X_1に対しても帰属するということです。しかし、この逆は真ではありません。図の中の円の大きさが異なることからもわかるように、X_1に帰属してもＹの集合には帰属しない多くのケースが存在します。また、図中には X_1の集合とＹの集合のいずれにも属さない、つまり原因条件にも結果にも関係のないケースもあります。

図3.6の右側のオイラー図は十分性の関係を描いています。ここで十分条件と比較すると、部分集合と上位集合の関係が逆転しています。十分条件は結果の**部分集合**です。図中の網掛けの円は説明条件 X_2の集合を、大きな円は結果Ｙの集合を表わしていますが、結果の集合が説明条件の集合を完全に包摂する形になっています。X_2に帰属するすべてのケースは同時に必ず結果Ｙにも帰属するとい

うことです。ただし、これらが結果Yが発生するすべてのケースをカバーしているわけではありません。というのは、X_2が不在でも結果が生じている領域は大きく、そこではX_2以外の原因条件が結果の発生を説明している可能性があります。

ここまでは、ケースが集合の内部・外部のどちらにあるかが焦点となる二値データの例を見てきましたが、ファジー集合についてはどのようなことが言えるのでしょうか。ファジー集合では集合への帰属スコアが段階的な数値をとるためベン図もオイラー図も有効ではありません。ファジー集合を視覚的にイメージするためにはX-Yプロットが最適です。X-Yプロットは一般には**散布図**（scatter plot）と呼ばれるもので、X軸に条件、Y軸に結果をとる2変量プロット上にケースの位置を示します。

図3.7の左側のX-Yプロットは完全な必要条件のデータパターンを描いています。観察されたすべてのケース（図中の黒点）において、結果Yの集合への帰属スコアが条件X_1への帰属スコアよりも小さいか、あるいは等しい値をとっていることがわかります。このことは、結果Yが原因条件X_1の**部分集合**となるという期待される集合関係を反映しています。それを強調するのがプロット内の対角線です。この対角線を境界として、結果Yへの帰属度が原因条件X_1への帰属度と同じまたは高い値をとるケース（$Y \geqq X_1$）とそれとは対照的に前者が後者と同じまたは低い値をとるケース（$Y \leqq X_1$）が峻別されます。条件と結果それぞれに対する帰属スコアが等しいケースは、この対角線の線上に配置されます。完全な必要性の集合関係の基準を満たしているのは、図中の下側の網掛け部分の内側に位置するケースです。

十分条件の場合は必要条件とは逆転した状況があてはまります。**図3.7**の右側のX-Yプロットは完全な十分条件のデータパターンを示しています。ここでのすべてのケースにおいて、結果Yに対する帰属スコアは原因条件X_2へのそれよりも高いか等しい値をとっています。これは、YがX_2の上位集合であるという期待される集合関係と符合しています。したがって、全ケースが図中の対角線の上の網掛けされた三角形の内部に位置します。

(1) Goertz（2003b）には必要条件に関連する150もの仮説が紹介されています。

(2) ここでの集合論的アプローチと統計的アプローチの比較は理念型／一般型によるものなので、必ずしもすべての統計的研究があてはまるわけではありません。

(3) QCAにおける結果と説明条件の概念化についての経験的な解説はMello（2017）にあります。

(4) とは言え、集合論は「数学の統合理論」と見なすことができます（Cunningham, 2016）。

(5)　ブール代数と集合論の演算処理についての包括的な内容については、Quine（1969, 1982), Potter（2004), Whitesitt（2010), Cunningham（2016）を参照してください。

(6)　ここには挙げていませんが、理論的文脈によっては便利な演算子がもう２つあります。１つは排他的論理和（exclusive OR）（Hackett, 2015, 2016）で、Hackett が強調するように２つの集合があったらその「両方ではなく」どちらか一方の集合に帰属することを表します（Quine, 1982も参照)。もう１つの演算子は集合Ａと集合Ｂの集合差（set difference）です。集合差はＡ \ Ｂまたは「ＡマイナスＢ」と表現される（Cunningham, 2016)。表記システムのまとめは、Quine（1982, part I), Smithson and Verkuilen（2006), Whitesitt（2010), Schneider and Wagemann（2012), Cunningham（2016), Rubinson（2019）を参照してください。

(7)　QCA は多様な目的のために使用することができますが、第２章でも議論したように多くの研究では何らかの形で理論に導かれた分析をおこない必要条件と十分条件の特定を試みています（Mello, 2013)。これは QCA の「因果推論への指向」（Wagemann, 2017）に合致しています。このトピックは第４章で改めて確認します。

(8)　この点を強調してくれた Gary Goertz に感謝します。

第4章　因果関係と因果複雑性

乱雑さ、複雑さを受け入れる：理想よりも現実を。
— RANI LILL ANJUM AND STEPHEN MUMFORD

因果関係は、社会科学の哲学の争点となる問題です。**相関は因果関係ではない**という呪文めいた言葉が頭のどこかにあるので、実証主義の伝統にしたがう研究者の間では因果関係を仄めかす表現を避け、統計的に同定することのできる経験的関係に焦点を当てる傾向が顕著です（Pearl and Mackenzie, 2018）。構成主義者や解釈主義者も、実証主義—解釈主義の前提と距離を置く立場から、同様に因果関係の言語を用いることを拒否することが珍しくありません（Bevir and Blakely, 2018；Kurki, 2008）。

そのような中で近年、さまざまな領域の異なる視点からの貢献によって社会科学の因果的思考の**ルネサンス**ともいうべき現象が見られるようになっています（Anjum and Mumford, 2018；Baumgartner, 2009；Beach and Pedersen, 2016；Bennett, 2013；Collier, Brady, and Seawright, 2010b；Gerring, 2005；Guzzini, 2017；Illari and Russo, 2014；Jackson and Nexon, 2013；Lebow, 2014；Mahoney, 2008；Morgan and Winship, 2007；Pearl, 2009；Peters, 2020；Rohlfing, 2012）。

こうした背景のもと、この章の最初の節では社会科学の哲学における4つの主要な**因果理論**を概観してゆきます。続いて、QCA が依拠する方法論的前提の中核としての**因果複雑性（causal complexity）**の特徴的な側面について紹介します。これらのパーツは**因果分析（causal analysis）**をめぐる最新の議論を評価するための土台を構成するものです。この点については本章の終盤、そして第9章で改めて取り上げますが、少々批判的な検討もおこなってゆきます。

先に進む前に確認しておきたいことがあります。この章は因果推論に焦点を当てていますが、QCA を因果推論のために用いられなければいけないと言っているわけではありません。もちろん、第2章でも紹介しましたように、QCA は因果関係を主張することなく**探索的**あるいは**記述的**な目的のもとでも有用性を発揮することができます（Berg-Schlosser et al., 2009；Thomann and Maggetti, 2020）[1]。それにもかかわらず、QCA の支持者の間では因果関係の言語で語られることが多く（Ragin, 1987, 2008)、「因果分析」があたかもQCAの明確な目的として述べられているのです（Schneider and Wagemann, 2012）[2]。したがって、QCAによって因果関係の主張をおこなうことができるのか否かの根拠を明かにすることが不可欠です。これは、経験的研究方法を一貫性のある哲学的な基準と連結させようとする近年の試みと相通じています（Haesebrouck and Thomann, 2022；Illari and Russo, 2014；Rohlfing and Zuber, 2019)。

これに関連することで、因果関係の説明やそれらに関係する方法論の多くは、明示的あるいは暗黙的に**新実証主義**（**neopositivist**）による科学の理解に根差しています。大雑把に言えば、人間の行動は研究者が客観的に測定することのできる観察可能な規則性に支配されているという認識の枠組みです。しかし、多くの学術領域で新実証主義が普及しているからといって、プラグマティズムや分析的折衷主義（analytic eclecticism)、解釈主義（interpretivism）あるいは批判的実在論（critical realism）のような代替的視座を否定することは望ましくありません（Bevir and Blakely, 2018；Jackson, 2011；Kurki, 2008；Sil and Katzenstein, 2010)。もちろん、これらの観点から提起される存在論的・認識論的疑問―「世界は何からできているのか」、「私たちは何を知りうるのか」―についての興味深い議論は、本書の範囲を超えていますが、ここで引用した著作はこれらの疑問に対する優れた切り口を与えてくれます。

QCAは大きくは新実証主義の前提との親和性が高そうに見えますが、QCAの方法論は他のメタ理論的な視点に対しても開かれた存在である点を強調したいと思います。この点に照らすと、近年、**批判的実在論**が集合論的方法に若干の影響を与え始めていて、批判的実在論者の視点に立脚した研究の数が伸び続けています（Byrne, 2009；Gerrits and Pagliarin, 2020；Gerrits and Verweij, 2014；Harvey, 2009；Olsen, 2014, 2010；Rutten, 2019, 2020；Stevens, 2020)。最も一般的なレベルでいうと、批判的実在論の立場をとる研究者たちの間では、次のような存在論的公約が共有されています。それは、研究者の認識とは独立した現実が存在し、信念や知識は社会過程（social process）の産物であり、固有の限界があるものの競合する理論の評価は可能であるというものです（Bennett, 2013）[3]。

1．社会科学における因果推論の理論

因果推論の概念は、**規則性**（**regularity**)、**確率**（**probability**)、**反実仮想**（**counterfactuals**)、そして**メカニズム**（**mechanism**）をそれぞれ強調する４つの主要なものに区分することができます[4]。社会科学哲学においては、これら４つ

の因果推論のアプローチとそれらの基礎となる理論のうち、どれを優先的に扱うべきかについての論争が見られます。その論点は複雑です。というのも、「これらのアプローチの提唱者自身がこれらを競合するものと見なすこともあれば、矛盾していると捉えることもある」からです（Brady, 2008）。

ただし、本書の動機にもなった視点である**応用社会科学**（applied social science）の目的からすると、これら4つのアプローチはいずれも有用になりえます。これらは皆、因果関係の何らかの側面を捉えるものであり（Brady, 2008）、異なる因果推論の概念に根差した複数の「因果の兆候（symptoms of causes）」を実証研究の方法を通じて特定できることもあります（Anjum and Mumford, 2018）。そして最後に強調しておきたいのが、視点間の差異を誇張すべきではないということです。よくよく見れば、これらのアプローチが前提とする因果関係の仮定は、よく言われるような相互に排他的な関係にないことは明らかです(5)。

規則性

因果関係に対する**規則性アプローチ**（regularity approach）は、18世紀の哲学者David Humeが遺した成果と伝統的につながりをもっています。そのため、現代のアプローチはHume自身が考えていたものとは異なっていますが、簡略的に「ヒューム的アプローチ（Humean approach）」と呼ばれることがよくあります。Humeによる最も初期の因果関係の定義によると、**原因**とは「***他のものに先行し、かつ隣接する対象であり、その際、第一の対象に類似したすべての対象は、第二の対象に類似した対象に先行し、隣接するという同様の関係にある***」として理解できるとされています（強調は原著者による）（Hume, 2010）。

このすっきりした定義からすると、規則性の視点から「AがBを引き起こした」と言うことができるには、2つの条件が満たされている必要があります。AがBに時間的に先行し、Aに類似する対象は必ずBに類似する対象に先行しなければいけないということです(6)。この定義によってHumeは相関関係と因果関係との間の関係を覆しました。つまり、因果関係を参照して共分散を説明するのではなく、規則的に共起する対象を観察することで因果関係を説明できる（Mumford and Anjum, 2013）、あるいは少なくとも「世界において」観察可能な因果関係の部分は形而上学に関係なく説明できると主張したのです（Psillos, 2009）。

Humeによる因果関係の定義では、単一因果（singular causation）と一般的因果（general causation）の区分がおこなわれています。Humeによる規則性は、

タイプレベル因果（type-level causation）あるいは**規則的因果**（regularity causation）、**ジェネリック因果**（generic causation）などとも呼ばれる**一般的因果**（general causation）を強調しています。その視点は一般的な法則や規則性のもとにケースを組み込むことで因果関係の主張をおこなおうとするものです。ここでのオブザベーションは（単独ケースであるかもしれませんが）特異なケースとしてではなく、ある現象の集合（「第一の対象に類似した対象」）を代表するものとして捉えられています。この見方によれば、原因と結果が繰り返し規則的に観察された場合のみ両者には因果関係があると見なされます。

これとは対照的に、**単一因果**は、より大きな一般的なパターンを想定することなく単独ケースから因果関係を導き出そうとするアプローチです。そのため、このアプローチは、**トークン・レベル因果**（token-level causation）あるいは**実際因果**（actual causation）、**単独ケース因果**（single case causation）などと呼ばれています（Illari and Russo, 2014；Pearl, 2009；Psillos, 2009）。この区分は例えば、一般的な主張や傾向を立証するのではなく特定の行為に対する個別の責任が示される必要のある法学のような分野では重要になります。

一般的因果と単一因果の違いは、民主主義と軍事同盟に関する研究による発見を通して説明することができます。このテーマの研究には、「民主連合からの離脱の理由は何か」といった一般的なRQを設定するものもあれば、「2004年4月19日にスペイン首相José Zapateroがイラク戦争の連合からの離脱を表明した原因は何か」といった具体的なケースに焦点を当てた研究の問いを設けるものも見られます（このRQの具体的内容については第2章参照）[7]。これら2つのタイプのRQへの答えを導き出すためには、それぞれ異なる戦略の推論と因果関係のエビデンスが必要となります。

一般的なRQに対してはLarge-Nの集計データを用いた統計解析が馴染みやすい方法となりますが、特定ケースに絞り込んだRQに対しては個々のケースにおいて意思決定がおこなわれた具体的な状況を検証する必要があるので、small-Nのケーススタディや過程追跡（process tracing）をおこなうことが求められます[8]。

規則性アプローチの現代版では、Humeに倣って共分散の標準的形式としての**統計的相関**で測定される従属変数と独立変数の共起的発生と規則的発生「**恒常的連接**（constant conjunction）」を観察しようとするものが大勢を占めています（Brady, 2008；Mumford and Anjum, 2013）。さらに、規則性にもとづくアプローチが採用される場合には、タイプレベルの一般化と法則定立的命題（nomological statements）を導出することが企図されます（Hempel and Oppenheim, 1948）[9]。

因果関係の規則性を理解しようとするアプローチは科学の発展に永続的な影響を与え続けていますが、それと同時に、一般的な原因をめぐる問題や「偽（spurious）」の非因果相関など、その短所に対する批判も止むことがありません（Moses and Knutsen, 2019）。ポスト実証主義者の間では、「ヒューム主義（Humeneanism）」は因果関係に対する代替的な理解のあり方を主張する上での引き立て役のような存在となっています（Bevir and Blakely, 2018；Jackson, 2011；Kurki, 2008）。ヒューム的規則性の限界、とりわけ複数の原因の所在によって生じる問題から、John Mackie は INUS 条件に基づいた代替的なアプローチを提示しています（Mackie, 1965）。INUS 条件は「結果にとって、それ自体必要ではない（unnecessary）が十分である（sufficient）ある条件に対して十分ではない（insufficient）が必要である（necessary）部分（an insufficient but necessary part of a condition, which is itself unnecessary for the result）」という条件として定義されます（Mackie, 1965）。Mackie による因果関係の理解のための枠組みは結合因果による因果関係に光を当てたものだったことから広く反響を呼びましたが、INUS 条件を用いたアプローチにもそれなりの限界があります（Brady, 2008；Pearl, 2009）。この点については次節で因果複雑性について議論する際に再度触れることにします。

確率

因果関係に対する**確率論的アプローチ**は、原因と結果の間に一定の連関があるというヒューム派の決定論的概念を確率的依存関係の概念に置き換えるものです（Williamson, 2009）。つまり、原因が存在する時に必ず結果が生じるのではなく、原因の発生によって結果が生じる**可能性が高まる**（increases the likelihood）に過ぎないということです。これは不確実性によって特徴づけられる状況のもとで有用なアプローチです。1つの例から考えてみましょう。ジャンクフードの摂取は健康問題につながると規定されていたとしても、それが一体いつ起こるのかはわかりませんし、ジャンクフードを消費するすべての人にあてはまるのかも不明です。というのは、日常的な運動習慣や健康的なライフスタイルによってジャンクフード摂取による害を相殺して余りあることもあるからです。そうは言っても、既存の研究成果に依拠すれば、ジャンクフードの消費によって人生のある段階で健康問題が引き起こされる可能性が高まる（more likely）と言っても過言でないでしょう[10]。

本質的には「確率とは不確実性の形式言語」です（Moore and Siegel, 2013）。確率は**客観確率**（objective probability）と**主観確率**（subjective probability）に大別されます。客観確率は事実についての知識に関するものです（例えば、6面体のさいころを転がしたり、コインを投げたりする場合があてはまります）。主観確率は、個人の信念や気持ちを反映するものです（例えば、個人のリスク受容や生まれつきの病気のかかりやすさなどが該当します）。形式言語を用いて表現すると、事象Aが発生した時に事象Bが発生する条件付確率は、$P(\mathrm{B} \mid \mathrm{A})$ となります。確率論的な因果関係の理解に沿ってこれを言い換えると、Aが発生した時にBが発生する条件確率が、Aが発生していない時（$\neg$ A）にBが発生する条件確率よりも大きい場合、「AがBを生じさせる」とすることができます（Selvin, 2019）。これは、$P(\mathrm{B} \mid \mathrm{A}) > P(\mathrm{B} \mid \neg \mathrm{A})$ として表現されます[11]。

因果関係に対する確率論的アプローチは、ヒューム的な規則性の説明の欠点を克服したものと言えます。確率論的アプローチの最も重要な点は、予想される原因と結果の間に決定論的な関係を見出さなくても、一般的な傾向を明らかにすればよいので、例外的なケース（例えばブラックスワン［black swan］問題）にも対処していることです。多くの現象では想定された因果関係を示さない**逸脱事例**（deviant case）を少なくとも1つは容易に考えられるので、このアプローチは有用です。このことは確率論的アプローチが社会科学の主流となり、科学的方法と見做されるようになった理由の1つです（例えば、Slantchev, Alexandrova, and Gartzke, 2005）[12]。

とは言え、因果関係に対する確率論アプローチにも少なくとも3つの重大な限界があります。第一に、より大きな母集団に含まれる**単独**（single）**事例**あるいは**特定**（specific）**事例**を説明しようとする場合には確率論的な言明はあまり役に立ちそうにありません。民主主義と紛争行動に関する一般的な記述では、アメリカのBarack Obama大統領（当時）が2011年のリビアへの軍事的関与を前におこなった意思決定を説明することはできません。

このこととも関係しますが、確率論的方法ではケース・レベルでの**実質的な異質性**（substantial heterogeneity）が隠されてしまうことが少なくありません。国際関係における「民主的平和（democratic peace）」をめぐる長年の議論を考えてみましょう。膨大な量的研究を通して「民主主義」と紛争行動に関するさまざまな指標との間の相関関係が明らかにされてきましたが（例えば、Brown, Miller, and Lynn-Jones, 1996；Ray, 2000；Russett and Oneal, 2001）、紛争への関与は少数の国家に限定されていたという事実に反して、この種の研究では民主主義陣営**内部**のバラツキが決まって無視されています[13]。

最後に、確率論的手法は、**決定論的理論**（deterministic theories）に対して適切な検証を提供できません。上の例を用いて続けると、民主主義の制度が何らかの紛争関与に対する構造的制約を課していることを示唆する理論的説明も見られます。このことを真摯に受け入れるとすれば、その種の制約が存在する場合、特定のタイプの紛争行動は単に発生しにくくなるだけではなく発生しなくなるはずです[(14)]。

反実仮想

その名が示すように、因果関係に対する**反実仮想アプローチ**（**counterfactual approach**）は、世界が異なるものだったら何が起こっていたのだろうかという思考上の実験にもとづく方法です（Paul, 2009）。面白いことに、Hume は自身による「原因（cause）」の最初の定義を反実仮想的な定義で補足しています。「あるいは、言い換えると、*もし第一の対象が存在しなければ、第二の対象は決して存在しなかっただろう*」（強調は原文ママ）（Hume, 2010）。このような背景から Judea Pearl は「Hume は規則性アプローチによる説明に完全には満足していなかった」と疑いつつ、だからこそ異なる論理に基づいて追加的な定義を提示していたと推測しています（Pearl, 2009）。それはともかく、今日まで規則性による説明のアプローチと最も結びつきが強いとされてきたのは Hume です。

反実仮想を用いた推論の痕跡は Max Weber（1922）の著作からもうかがえますが、より現代的なアプローチは哲学者 David Lewis（1973）の論考にその始点を見出すことができます[(15)]。要点のみかいつまむと、Lewis は「B は A がなければ生じなかっただろう」という反実仮想を用いて「A が B を生じさせた」という命題を反転させるのです。反実仮想の視点は、このような「頭の体操」を通じて、起こりうる代替的な世界のもっともらしさを検証するものです（Pearl, 2009）。ここで Lewis 自身が用いた例で考えてみましょう。「もしカンガルーに尻尾がなかったとしたら、カンガルーは転んでしまうでしょう」というものです。この言明が提示する世界は私たちの世界と類似していますが、そこにいるカンガルーは尻尾をもちません。ですからカンガルーは転ぶだろうという仮定を置くことができるでしょう。これを一般論に置き換えると、ある特定の条件の存在なくしてある結果が生じ得るか否かを問うことができるということです。

因果関係に対する反実仮想アプローチは、質的研究を用いる研究者だけでなく、量的・形式的な研究にも等しく影響を与えています。量的・形式的研究では、反実仮想はネイマン―ルービン因果モデル（Nayman-Rubin model）とも呼ばれる**潜在アウトカムモデル**（**potential outcomes model**）の出発点となっています。このモデルは、コントロール・グループ（対照群：control group）と比較した場合の、「処理・処置（treatment）」あるいは操作（manipulation）を割り当てられた対象における平均効果を特定することを目的としています（Morgan and Winship, 2007；Sekhon, 2008；Woodward, 2009）。潜在アウトカムモデルは計量的な社会科学における因果推論の標準的なツールとなっています（Imai, 2017）。

しかし、Goertz and Mahoney（2012）が強調しているように、潜在アウトカムモデルは個々のケースのレベルで反実仮想分析をおこなうものでない点に留意する必要があります。ここがまさに、反実仮想による推論の確立された系譜をもつ事例ベースの質的研究の領域です。これを代表する研究事例があります。疑惑の選挙となった2000年のアメリカ大統領選挙で、もしAl GoreがGeorge W. Bushに勝利していたらどうなっていただろうかという疑問に対して、Frank Harvey（2012）は網羅的な反実仮想分析をおこないました(16)。

因果関係への反実仮想によるアプローチのもつこれら以外の長所としては、規則性アプローチとは異なって、普遍的な法則という意味での原因—結果間の一定の連関を観察する必要がない点を挙げることができます。Lewis（1973）によると、原因とは**差異を生み出す要因（difference makers）**であり、反実仮想の視点にしたがえば、原因の不在が結果の不在へとつながる特定の状況を探索することができるようになります。これらの点での優位性があることから、反実仮想に根差したさまざまなアプローチやその発展形のアプローチは方法論者の間で好意的に扱われてきました（Brady, 2008；King, Keohane, and Verba, 1994；Rohlfing and Zuber, 2019；Toshkov, 2016）。

それにもかかわらず、反実仮想アプローチの支持者の間では「根本的な因果推論の問題」が厳然として残されていることが断言されています（Holland, 1986；Imai, 2017）。これを事例ベースの視点に置き換えると、まったく同じケースにおいてまったく同じタイミングで原因の存在と不在の双方を観察することは決してできないということを意味しています。したがって、どんなに厳密なリサーチ・デザインをおこなったとしても、私たちは因果効果を確実に理解することはできないのです（King, Keohane, and Verba, 1994）。観察データから因果推論をおこなう際のこうした一般的な限界とは別に、反実仮想の構築に影響を及ぼす心理的バイアス（Olson, Roese, and Deibert, 1996）や反実仮想による推論を毀損するおそれのある体系的な相互依存性とダイナミクス（Jervis, 1996）について主張する論者も見られます。

メカニズム

最後に、因果関係に対する**メカニズム・アプローチ**（mechanism approach）は、原因と結果の間のブラックボックスを解明することを目的としています。このアプローチは、原因と結果を結びつける因果プロセス（causal process）、あるいは全体のシステムの中で相互作用するパーツ群を解明しようとするものです。因果メカニズムの特定が「因果連関を立証・説明するための絶対的基準」であるという見方がなされることもあります（Glennan, 2009）。このアプローチは、他のアプローチとどのような点で異なっているのでしょうか。

メカニズム・アプローチと他アプローチとの間の相違点のうち最も特徴的なのは、規則性、確率、反実仮想アプローチによる説明は一様に**因果的先取**（**causal preemption**）の問題を抱えていることです。因果的先取とは、１つの原因がもう１つの原因の直前に発生し、後から発生する原因を打ち消してしまう状況を指します。因果的**過剰決定**（overdetermination）（Mumford and Anjum, 2013）とも言います。因果的先取がもたらす課題は、哲学の文献でよく用いられている以下の例が理解を助けてくれます。

ある男が砂漠を縦断する旅にでます。この男の敵が彼の水筒に穴を空けます。男のもう１人の敵はそのことを知らずに、男の水筒に毒を注ぎます。これらの操作が起こったことは確実で、男は旅路で死亡します。男の水筒に穴を明けた女は、自分が男を死なせたと思います。一方、水筒に毒を入れた敵は、彼が男を死に追いやったと考えます。実際には、水筒に毒が混入される前に水筒は空っぽになっていたので、毒を盛った敵の考えは間違いとなります（Brady, 2008）。

この状況設定では、毒の混入した水と死の間の一定の結びつき（と、水切れと死の間の一定の結びつきのそれぞれ）は、**真の原因**（**real cause**）と**先取された原因**（**preempted cause**）とを峻別するために役立たないため、規則性アプローチは問題に直面します。同様に、確率的アプローチは毒入りの水と水不足それぞれの平均的な致死率についての情報は与えてくれますが、ここで推論の対象となる実際の個別事例について多くを語ってくれはしません。

また、上のストーリーの設定は反実仮想アプローチにも難題を与えます。「もし水筒の水に毒が混入されていなかったとしたら、男は死ななかっただろう」という反実仮想が**偽**となるからです。（なぜかというと、水に毒が盛られていなくても、男はやはりのどの渇きで死んだでしょう）。もう1つの反実仮想の「水筒に穴が空いていなかったとしたら、男は死ななかっただろう」も**偽**となります。（男はいずれにしても毒で死亡したはずだからです）。「原因がもたらす効果（effects of causes）」に焦点を当てているがゆえに、なぜ結果が発生したかを反実仮想アプローチによって説明することができないのは明らかです（Brady, 2008）。

そこで登場するのがメカニズム・アプローチです。上のストーリーの例で続けると、この特定の事例をつぶさに調べ上げることが必要だったのです。例えば、男を検死にかければ、致死量となる毒を摂取する前に水筒の水が切れていたかを明らかにすることもできるでしょう[17]。

因果メカニズムとはどのように定義することができるでしょうか。社会科学の領域では因果メカニズムに対する**多数の**異なる理解が存在するという現実があるので、この問題は複雑です（Elster, 2015；Falleti and Lynch, 2009；George and Bennett, 2005；Gerring, 2010；Goertz, 2017；Goertz and Mahoney, 2012；Hedström and Swedberg, 1998；Machamer, Darden, and Craver, 2000）。Peter Hedström は「特定のタイプの結果を規則的に生じさせる組織化された実体と活動の構成」として因果メカニズムを定義しています（Hedström, 2008）。Peter Machamer and Lindley Darden, and Carl Craver（2000）は、これと類似した定義をおこなっています。彼らによるとメカニズムとは「始点から終点（あるいはセットアップから停止の条件）に至るまでの規則的な変化を生み出す実体と活動が組織化されたもの」として定義されます。

これら2つの定義のいずれにも「規則性（regularity）」が言及されていることを踏まえると、メカニズム・アプローチが果たして Hume の規則性アプローチと本当に大きく異なっているのかどうかの問いが生じてきます。Machamer たちは、説明とは「単に1つの規則性を複数の一連として再記述するのではなく」、むしろ「因果の**生じる関係（productive relation）**を含んでいる」と強調しています（Machamer, Darden, and Craver, 2000）。これらの定義はいずれも、複数の要素の相互作用が結果を生じさせる**生成過程（generative process）**としての因果メカニズムの理解を反映したものです。

この意味において、メカニズム・アプローチは、条件と結果の間の因果的結びつきの解明を目的とする単独事例の事例内分析の方法である**過程追跡（process tracing）**と非常に密接な関係にあります（Beach and Pedersen, 2013, 2019；Bennett and Checkel, 2015；Blatter and Haverland, 2012；Collier, 2011；George and Bennett, 2005；Rohlfing, 2012）。

余談になりますが、メカニズムの研究は**批判的実在論**（critical realism）（Bhaskar, 2008；Kurki, 2007）のメタ理論的視点と親和性が高い部分をもっている点に留意しておきたいと思います。批判的実在論は**科学的実在論**（scientific realisim）と呼ばれることもあります（Haig, 2018；Wight, 2007）。ただし、哲学的実在論者が想定するメカニズムの概念は異なるものです。Milja Kurki（2007）はメカニズムとは「原因の複合体である」という簡潔な定義を与えています。これは、メカニズムの概念をさまざまに解釈できるよう意図した広義な定義です。一部の過程追跡の方法論者の間では、因果メカニズムに関する自身の考え方と実在論の概念との間のつながりが見出されてきました（Bennett, 2013；George and Bennett, 2005）。

因果関係に対する他の視点と同じようにメカニズム・アプローチにも独自の優位性がありますが、限界があるのも事実です。そもそも、何が因果メカニズムを構成するのか、依然として「実体としての曖昧さ」が残されています（Jacobs, 2016）。メカニズム・アプローチには多くの異なる概念があるので、それらがこのアプローチの課題をさらに難しくしています（Gerring, 2007b）。もっと言えば、因果メカニズムの根本的な問題とは、結局のところ「究極的には観察不可能である（ultimately unobservable）」ことです（George and Bennett 2005；Toshkov, 2016）。

言い換えれば、ある経験的観察を特定の因果メカニズムが作用することの根拠として見なしうる**実体的解釈**が個々の研究者の手に委ねられているということになります[18]。この作業だけでも十分難易度が高いのですが、複数の因果メカニズムを含む理論的説明をおこなう際にはさらに複雑なタスクとなります[19]。これと関連するところで、共変関係の観測に基づく規則性アプローチと因果メカニズム・アプローチをどのように区別すべきなのかが明確でない場合があります。実際には、メカニズムに基づいたアプローチでは、ある原因と結果との間の因果プロセスとして考えられるものに対して、さらにつながりを追加してゆくことが一般的です。これは単一の共変関係を分析する代わりに、複数の共変関係を結合させることを意味するに過ぎないという批判の対象にもなるかもしれません（Gerring, 2010）。

こうした限界もありますが、過程追跡による因果メカニズムの分析は単独事例における因果関係の主張を立証するうえで最も有益な方法であると考えられています（Bennett and Checkel, 2015；Blatter and Haverland, 2012；Collier, 2011）。また、QCAと過程追跡との間には生来の相性の良さがあります。これらの組み合わせによって、事例間と事例内の推論をマルチメソッドのリサーチ・デザインの中で統合することができるようになるからです。この点は第2章で述べたとおりです(Beach, Pedersen, and Siewert, 2019；Beach and Rohlfing, 2018；Meegdenburg and Mello, forthcoming；Schneider and Rohlfing, 2013, 2019)。

2．因果複雑性

この章の冒頭での議論は、QCAが上に挙げたような因果関係のアプローチとどのように関連しているかについての問いを投げかけるものでした。その答えを得るためには少々寄り道をしないといけません。というのは、この手法の進化の過程を詳しく見てゆく必要があるからです。Charles RaginがQCAを開発した当時、この方法は個々のケースを**全体として**捉える視点から、「社会現象における因果関係の組み合わせによる複雑さ」を検証するための手法とされていました(Ragin, 1987)。これは、個別ケースの理解や説明に深く関わることなく因果関係の一般化と個々の変数の因果効果の特定を目指す、いわゆる変数指向の研究とは意識的に一線を画すものでした。

QCAは、ある結果を生じさせるさまざまな条件組み合わせを含む「複数の結合因果関係」によって特徴づけられる状況に対応するために考案されました(Ragin, 1987)。**複数の結合因関係**（**multiple conjunctural causation**）という表現は長く使われていましたが（Berg-Schlosser et al., 2009；Ragin, 2000)、次第に簡潔な表現の**因果複雑性**（**causal complexity**）にとって代わられるようになりました。因果複雑性はQCAの拠り所となる独特の方法論的前提を包含する大きな概念です（Ragin, 2000, 2008b；Schneider and Wagemann, 2012)[20]。因果複雑性を定義づける特徴とは何でしょうか。Ragin（2008b）は次のような定義をおこなっています。「**因果複雑性**とは、所与の結果が複数の異なる原因条件の組み合わせ、つまり異なる因果「レシピ（receipes)」から生じる状況として定義されます」。

この簡潔な記述をさらに詳しく説明してゆきましょう。因果複雑性の概念には、QCAを構成する3つの方法論上の前提が含まれています。そのうちの1つが**結合因果**（**conjunctural causation**）で、関心の対象となる現象の発生はその原因となる個々の条件によるのではなく、特定の条件の組み合わせが結果の発生に対して**結合的な形で十分条件となる**（**jointly sufficient**）という設定を記述するものです。John Stuart Mill（1843）は、*A System of Logic*の中で「化学結合（chemical combination)、そして「原因による共同行為（conjunct actions of causes)」としてこれを描いています（Mill, 2006)。Millは次のように詳述します。

> 「*原因が別個に切り離されて捉えられている時には一貫していた均質性は、原因が結合した時にはほぼ消滅します。そして、少なくとも私たちが現時点でもっている知識の状態では、何らかの実験を試みない限り、新たな組み合わせからどのような結果がもたらされるかを予見することはできません*」。

ここでMillが強調していることは、個々の独立した要素の集合体としてではなく、**要素の組み合わせとしてのケース**（cases as configurations）に着目した全体論的な視点に通底しています（Ragin, 2000；Rihoux and Ragin, 2009）。Millの引用は、要素の組み合わせが形成されると個々の要因の独立効果が消滅することがある点に注目したものでもあります。こうした視点は、単一の変数の平均効果を測定することに重きを置くアプローチとは対照的な性格に特徴づけられていると言えます（Mahoney, 2010）。この種の「正味効果（net effect）」の視点が採用される場合、結合因果のパターンを見落とす可能性があります。単一の変数によって結果を説明できないことがあるからです。そのため、QCAでは真理値表を構築しブール論理による最小化を通じて、論理的に起こりうるすべての条件組み合わせの体系的な分析をおこないます（この点については第7章でさらに展開します）。

因果複雑性の2つ目の方法論的前提は、**等結果性**（equifinality）です。これは、個々の条件または条件の組み合わせからなる複数の経路が存在し、それらが独立して同じ結果に到達するという状況に対応しています。等結果性あるいは「多重因果（multiple causation）」に該当する状況は社会現象や政治現象ではまったく珍しいものではありませんが、その方法論的な意味は長らく等閑視されてきました（Anjum and Mumford, 2018；George and Bennett, 2005；Ragin, 1987）[21]。ここで重要なのは、経験的な現象を独立した単一の原因（群）に要素還元しようとするリサーチ・デザインの妥当性は、データの中に存在する等結果性によって弱まってしまうということです。Alexander George and Andrew Bennet（2005）は、「*等結果性の前提を置くことで、複数ケース間で類似した結果が生じている場合、それらには発見されるべき共通の原因があるという一般的な仮定に疑問符を投げかけるとともに、その妥当性を覆すものです*」と主張しています[22]。

QCAの分析手順は、要素還元型のアプローチとは対照的に、等結果性の存在を曖昧にせず、それを**詳らかにする**ことを意図しています。その点は方法論としてのQCAの根本にある強みです。QCAを用いることで、ある結果に至る代替的な経路を特定することができるだけでなく、等結果性の程度と既存の因果「経路（path）」あるいは「レシピ（recipes）」の経験的重要性を見出すこともできます。時には、同一の結果へと導かれる条件組み合わせの中に、相互に排他的な性質をもつものが複数存在することもあります。一方で、異なる因果経路の間でかなりの程度の重複が観察される場合（過剰決定が示唆される場合）や、ほとんどのケースが結果に至る経路のうちの１つだけに集中する場合もあります。

最後に、因果複雑性の３つ目の方法論的前提として**因果非対称性**（causal asymmetry）があります。因果非対称性とは、結果を生じさせる条件組み合わせは通常、結果が生じない場合に対称的に反映されず、結果が生じない条件組み合わせは別の分析を必要とするという考え方です（Berg-Schlosser et al., 2009；Schneider and Wagemann, 2012）。これと対照的なのが**因果対称性**（causal symmetry）です。Stanley Lieberson（1985）が述べているように、因果対称性は「完全に可逆的な因果連関（fully reversible causal linkage）」に特徴づけられています[23]。この因果対称性の状況でのみ、ある特定の条件や条件組み合わせの有無と結果の発生の有無が対称的に対応する関係となります。しかし、社会科学領域における実証研究では、そのような状況は多くの場合あてはまらず、因果非対称性が顕著です。

このことは、何を意味しているのでしょうか。それは、QCAを実際に用いる際には、結果が生じる場合とそうでない場合のそれぞれで**別々の分析**をおこなう必要があるということです。したがって、結果が発生した場合の解の検証のみに基づいて結果が生じなかった場合の因果推論に飛躍することがないよう注意が必要です（その逆のパターンもあてはまります）。そのような手順は魅力的に映るかもしれませんが、原因条件と結果との間のつながりは、ほとんどの経験的な環境で対称的な関係にはありません。「現実（real-life）」の場面で因果非対称が顕著な理由は複数ありますが、その中でも最も重要なのが**限定的な多様性**（limited diversity）です。これは単純に、論理的に可能な条件組み合わせの中にはそれらに該当する経験的なケースが存在しないということを意味しています。この点については第７章でさらに検討してゆきます。

因果複雑性とその構成概念である結合因果、等結果性、そして因果非対称性の意味は、図解によってさらに明確になります。第３章では、QCAの中核をなす分析ツールとして**真理値表**を紹介しました。これを踏まえて、**表4.1**に示すようにＡ、Ｂ、Ｃの３条件と結果Ｙ、そして７つのケースによって構成される真理値表があったとしましょう。この段階では詳しい分析手順を理解している必要はありませんので、まずは第３章で取り上げた集合論の要素を使いながら分析してみましょう。

ここでの分析から、条件Ａが結果Ｙに対する単独の**十分条件**（individually sufficient）となり、条件ＢとＣは双方の組み合わせでの**十分条件**（jointly

表4.1　因果複雑性：真理値表の例

行	条件（conditions）			結果（Outcome）	該当するケース数
	A	B	C	Y	
1	1	1	1	1	1
2	1	1	0	1	1
3	1	0	1	1	1
4	0	1	1	1	1
5	1	0	0	1	1
6	0	0	1	0	1
7	0	0	0	0	1
8	0	1	0	?	–

sufficient）となることがわかります。これを形式表記すると、次のようになります。

$$A + (B \cdot C) \rightarrow Y$$

これを図式化したものが、**図4.1**の（A）です。このシナリオでは結合因果と等結果性の存在を確認することができます。**結合因果**は、図中のBとCのリンクに示されるように、両者が組み合わさった時（共に存在する時）のみ結果Yに対して十分となる点に見られます。**等結果性**については、結果Yに別々の矢印が向かっていることからわかるように、結果に至る経路が複数存在しています。

因果非対称性についてはどうでしょうか。**図4.1**の（B）を見ると、この架空データによる経験的設定では条件AとBがともに不在な場合にのみ結果が未発生（〜Y）となることが、唯一の経路によって示されています。これを形式表記すると次のようになります。

$$(\sim A \cdot \sim B) \rightarrow \sim Y$$

この例の基礎となるデータには１件だけ**論理残余**（logical remainder）、つまり論理的に可能な組み合わせのうち、経験的なケースをともなわないものが見られます。**表4.1**で確認すると、真理値表の論理的に可能な組み合わせのそれぞれには、８行目のもの（結果の列に？［クエスチョンマーク］があります）を除いて、１つのケースがあてはまっています。**図4.1**に描かれている解は、単純化するために論理残余を偽（false）として扱っています。これに対して、８行目の組み合

図4.1　因果複雑性：図を用いた表現

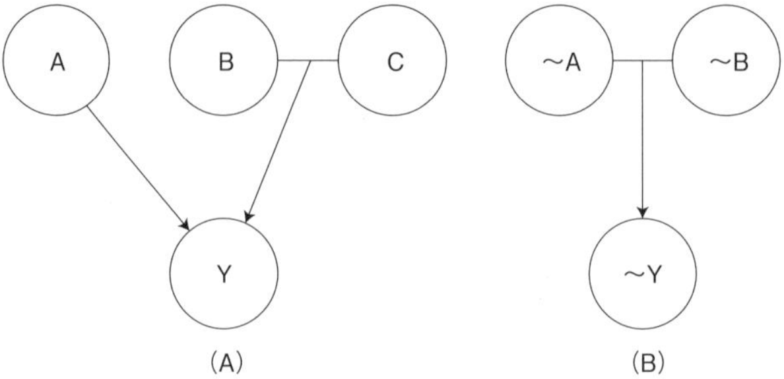

わせが結果の未発生（つまりY＝0：訳者注）となる完全な真理値表を想定する場合、結果を生じさせる解に変化はありませんが、結果の未発生に対する解は以下のものに変わります。

（～A・～B）＋（～A・～C）→～Y

形式的な表現では、条件BとCは「INUS」条件です。INUS条件というのは、Mackie（1965）による定義にしたがうと「**それ自体は不要であるが結果に対して十分である条件に対して十分ではないが必要な部分（an insufficient but necessary part of a condition, which is itself unnecessary but sufficient for the result）**」のことです。単独では十分でなく、他の条件と結合することで結果に対して十分となる2つ以上の条件の組み合わせがよく見られることからもわかるように、INUS条件はQCAによる解の重要な部分です[24]。INUS条件は社会科学の理論的枠組みの多くと相性のよい考え方です。社会科学の理論的枠組みでは、複数の条件が特定の結果に対して十分な組み合わせの要素として妥当であると捉えられます。その一方で、実証分析をおこなう前に理論からより具体的な期待を導出することはできません（第2章も参照）。

INUS条件を論理的に補完するのが「SUIN」条件です。James Mahoney, Erin Kimball, and Kendra Koivu（2009）は、「ある結果に対して十分でないが必要な要素の十分だが不必要な部分（a sufficient but unnecessary part of a factor that is insufficient but necessary for an outcome）」としてSUIN条件を定義しています。SUIN条件は必要条件を「構成する属性（constitutive attributes）」として考えることができます。例えば、QCAによる分析を通じて、条件Aが結果に必要であり、それぞれAを生じさせる条件としてFとGがあることが明らかになったとしましょう。この例では、FとGがSUIN条件となります(25)。SUIN条件は理論的な観点から非常に興味深く、また時には分析手順の一部となることもあります。ただし、QCAを実証的に活用する場面ではSUIN条件を明示的に概念化することは稀です。

3．因果分析

前節では、QCAの中心となる**因果複雑性**（causal complexity）の方法論的前提を紹介しました。残された議論は、QCAが他の因果関係の理論とどのように関係しているかということです。集合論的方法としてのQCAはブール代数と必要条件・十分条件の論理に依拠しています（Goertz and Mahoney, 2012；Mahoney, 2008；Ragin, 1987；Schneider and Wagemann, 2012）。集合論的手法や組み合わせによる比較研究の方法の入門書のほとんどは何らかの形で因果関係を示唆する表現を用いていますが、因果関係の理論に明示的に触れている例は限定的です。

例えば、*Fuzzy-set Social Science*（Ragin, 2000）は、因果複雑性に関する優れた洞察のために1つの章を割いていますが、社会科学における因果関係の理論についての議論はそれ以上おこなわれていません。同じように、Rihoux and Ragin（2009）が編集した *Configurational Comparative Methods*（『質的比較分析（QCA）と関連手法入門』）にもQCAの主要な仮定（Berg-Schlosser et al., 2009）を明記した複数の章がありますが、それらは社会科学の哲学における因果関係についてのより幅広い概念のコンテクストの中に位置づけられているわけではありません。最後に、*Set-thoretic Methods for the Social Sciences*（Schneider and Wagemann, 2012）はQCAの標準的な教科書の地位を獲得していますが、この本にはQCAの明示された目的の1つである「因果分析（causal analysis)」がすでに確立している因果関係の理論とどのように関係しているのかを論じるパートはありません（Schneider and Wagemann, 2012；Oana, Schneider, and Thomann, 2021も参照)。このように代表的な入門書でも因果関係についての議論が欠落していることから、QCAを用いる際に因果関係の主張が可能なのか、そしてどのようにそれが正当化されるのかについての不確実性が生じている面もあります。

こうした背景のもと、最近の研究ではQCAの解の精度についての議論のコンテクストで集合論的方法による因果推論の前提条件に関する論争が始まっています（Baumgartner and Thiem, 2020；Duşa, 2019a；Haesebrouck, 2019；Haesebrouck and Thomann, 2021；Schneider, 2018)。この節の目的はこれらのやりとりを概観し、本章の第1節で紹介した、より広義の因果関係の理論とそれらの接続を図ることです。これは、第７章で検討するQCAの解と反実仮想分析の考察、そして第９章で取り上げるQCAに対する批判とも関係します。ここでは、技術的な手順や個々の研究による貢献の詳細な側面を追いかけるのではなく、論争におけるやりとりとそれらがQCAによる応用的な研究に与える実践的示唆の輪郭を捉えることに注力しています。冒頭でお話しておきたいのは、科学的議論の現状では、既存の因果関係の理論のいずれかにQCAを決定的に帰属させることはできないということです。しかし、複数の代替案も提示されているので、この領域でも今後の発展が期待されています。

集合論的方法による因果分析の第一の課題は、集合論の起源が数学の概念的言語であるという事情から生じています（Cunningham, 2016；Whitesitt, 2010）。これは、複雑な条件組み合わせでの集合への帰属や必要性・十分性の概念など集合間の関係を描く目的には適していて、集合論の用語を用いて表現することができます。しかし、**因果属性**（**causal attribution**）を考慮に入れるためには、集合論が因果関係の理論の中に組み込まれ、原因がどのように結果をもたらしたかの理論的な根拠が提示される必要があります。

このような背景のもと、必要性と十分性を支持する決定論的な論理、具体的には結果が生じる時にある条件が必ず存在する（必要条件）か、その条件の存在が同時に結果を生じさせることをいつも示唆している（十分条件）ことから、QCAはIngo Rohlfing and Christina Zuber（2019）が示すように「因果関係の規則性理論と最も関連性が高い」方法と言えそうです。そして規則性理論は「QCAの礎となる理論の中で最も顕著」です（Haesebrouck, 2019）。Rohlfing and Zuber（2019）とHaesebrouck（2019）による研究は、それぞれMichael Baumgartner（2009, 2015）が展開した規則性についての説明を参照しています。これはQCAを「規則性―決定論的」アプローチとして分類したDerek Beach and Rasmus Pedersen（2013）、そしてQCAが「共変動による因果関係の定義（covariation definition of causality）に根差した方法であるとするPatrick Jackson（2011）による分類とも調和しています。

まぎれもなく、QCAと規則性理論との間には親和性があります。そもそも、Ragin（1987）はMillの一致法と差異法をもとに**比較法**（**The Comparative Method**）を開発しましたが、Millの方法も比較歴史学や社会科学のその他の分野に対して長きにわたって影響を与えてきました（Lijphart, 1971；Przeworski and Teune, 1970）。たしかに、Millの研究は規則性による因果関係の理解にしっかりと根差していました。Ragin（1987）は新しい比較アプローチを開発するとともにMillの科学的方法を超えていきましたが、その中でRaginは、Millの方法の欠点の中でとりわけ決定的なのは「多重的な因果関係と結合因果に対応できないこと」という主張を展開しました。前節でも説明しましたとおり、これらの概念は因果複雑性の中核をなすもので、QCA の強みを代表する部分でもあります。この点に加えて、Mill の方法は集合への帰属の程度や限定的な多様性が顕著な経験的データを上手く分析にとり入れることができません。

QCA が規則性による因果関係の理解と関連づけられてきたもう１つの理由として、John Mackie と彼の INUS 条件に関する研究が頻繁に引用されている点があります[26]。INUS 条件は等結果性と結合因果の双方を体現するものです。そのため、因果の複雑さを構成するものとして見なすことができます。Mackie (1980) による INUS 条件の概念が因果複雑性を理解するための有用な**発見的手法 (heuristic)** であることは明らかです。ただし、だからといって QCA が規則性理論に基づくものでなければいけないということはありません。実際、INUS 条件の概念は、とりわけ批判的実在論者の間でも受け入れられています (Kurki, 2008)。この点について、Mackie は *The Cement of Universe* の序文で自らの因果関係の理論がどのような形で受容されているかを次のように明かしています。

> 「*私の立場は、ある意味、因果関係についての最もよく知られた対立する２学派の中間に置かれていると言えます。ですから、**あまりにもヒューム的過ぎる**という理由と**十分にヒューム的でない**という理由の両方で批判されてきたのも当然のこととして理解できます。*」(強調は原著者追加)。

この引用文の内容からも、Mackie 自身も自らの手による因果関係の理論が正統な意味でのヒューム的な規則性説明のアプローチであるとは見なしていなかったことが示唆されます。実際、Stathis Psillos (2009) は、Mackie は「*因果関係には規則性だけでなく、もっと多くのものがあると考えており*」、だからこそ従来のヒューム的規則性概念ともっとも大きく異なる点として「***複雑な規則性 (complex** regularities)*」(原文では強調) を主張していたことを示しています (Psillos, 2009)。Hume とのもう１つの違いとして、Mackie (1965) が**単独ケースによる因果推論**を最優先したのに対し、Hume はケース間に観察される規則性から因果関係の推論をおこなっていた点を挙げることができます (Illari and Russo, 2014)。

これらも踏まえ、QCA がヒューム的規則性理論を超越したものであることを示す追加的な基準が少なくとも３つあります。第一に、ファジー集合の導入と集合論的適合性の計算によって不完全な集合関係を捉えることができるようになったので、「AならばB」という決定論的な仮定が緩和されてきています（Ragin, 2000, 2006b）[27]。社会科学のデータは本質的にノイズが多く、強い集合論的関係が特定される場面でも個々のケースが一般的なパターンに整合しない場合があるということが、こうしたQCAの進展を通じて認識されました（Wagemann and Schneider, 2010）。

第二に、限定的な多様性と論理残余をどのように取り扱うかはQCAの重要な部分となりますが、この点は、第７章で詳述する**反実仮想の論理（counterfactual reasoning）**に立脚しています。限定的な多様性の範囲はさまざまですが、実証研究を進める場面のほとんどで、論理的に可能な条件組み合わせで理論的に興味深いものであっても、それらに対応する経験的ケースが存在しないという状況に直面することになります。そのような時、QCAの分析手順に従えば、体系的な方法で思考実験をおこなうことができます。しかしながらRohlfing and Zuber（2019）は、QCAを規則性理論の中で捉えようとする彼ら自身の主張についてはとくに示唆していませんが、反実仮想は「規則性理論に簡単には馴染まない」と認識しています。

最後に、因果非対称性はQCAの心臓部を構成する要素ですが、これは規則性による因果関係の説明と対立する概念です。Rohlfing and Zuber（2019）によると、規則性理論に由来する因果関係の記述の実証的なエビデンスには対称性の特徴があります。つまり、常にAに続いてBが起こり、**かつ**、常に非A（non-A）に続いて非B（non-B）が起こります。これは、前節の例でも示したように、因果非対称性に基づく説明が通例である因果複雑性の視点から期待することと明らかに異なっています（Goertz and Mahoney, 2012）。

だからといって、規則性理論とQCAとの間に何の関係もないというわけではありません。また、QCAがとくにMillやMackieなどの著作に多くを負っていることも否定すべきではありません。筆者が強調したいのは、QCAと規則性理論のつながりや哲学的な系譜は、最近のいくつかの論考で描かれているほど単純明快ではないという点です（Haesebrouck, 2019；Rohlfing and Zuber, 2019）。QCAが純粋な質的方法でも量的方法でもないのと同様、QCAは規則性による因果関係の理解にのみその基礎を置いているとは言い切れません。規則性理論とは異なり、QCAは、（1）因果複雑性の前提を置き、（2）反実仮想による推論を採り入れ、（3）因果関係の決定論的理解から一線を画すとともに、（4）広範な一般化ではなく事例レベルでの一般化を重視した方法です。

ここでの一連の議論からどのような整理ができるでしょうか。本章で描いた因果関係に関する４種の理論のうち、QCAと相通じる部分が見られるのは、まず規則性理論ですが、もう1つ反実仮想の視点もQCAと親和性の高い因果関係の理論です。反実仮想については、第7章で改めて詳細を検討してゆきます。これら2種の理論との親和性があるとは言っても、QCAの核心にある要素は、前述のとおり規則性理論と折り合いをつけることが難しく、反実仮想についても限定的な多様性が実際に生じた場面でのみ関係するものであるという点を認識しておくことが大切です。肝心なのは、観察データに基づいて因果関係についての主張をおこなう際には常に細心の注意をもって臨むことです。

集合論的な必要性と（または）十分性を特定するだけでは、因果に関する主張を何ら保証するものではありません。そこで不可欠となるのが、発見した集合論的関係に意味づけをおこなうための**理論的基礎**（theoretical foundation）です。この意味において、リサーチ・デザインと理論は個々の研究の説明の範囲と研究のコンテクストを規定するうえで不可欠な役割を果たしています。これらの点については、改めて第7章と第9章で考えてゆきます。

(1) 「単なる記述（mere description）」のもつ推論的価値は、Gerring（2012a）によって力強く主張されています。

(2) De Meur et al.（2009）は、「ブラックボックス」問題として捉えられている文脈で因果関係を論じています。しかし、彼らの研究は、因果関係の主張を評価するための基準を示していません。QCAによる「因果推論」について、Kahwati and Kane（2020）は慎重な立場をとっています。

(3) QCAに関しての批判的実在論の視点が最も明確に表現されているのは、*Sage Handbook of Case-Based Methods* に寄稿された一連の論文です（Byrne and Ragin, 2009）。Ragin（2009b）はその最終章の中でケーススタディに関する彼の考えの多くは批判的実在論と共鳴するものであることを認めています。しかし、批判的実在論には難しい側面もあります。概念自体の捉え方のばらつきが大きく、一部では極めて要求度の高いアイデアが提示されていてそれらは比較研究のリサーチ・デザインの文脈での実践が困難であるように思われます（Bhaskar, 2008；Kurki, 2007；Wight, 2007）。

(4) この分類は膨大な文献を要約したものです。*The Oxford Handbool of Causation*（Beebee et al., 2009）では10以上の異なる因果推論のアプローチについて議論しています。Brady（2008）は操作的アプローチ（といっても確率論にもとづいたものではありません）を採用しています。Rohlfing and Zuber（2019）はさらに、具体的な（token levelの）反実仮想と抽象的・一般的な（type levelの）反実仮想のアプローチを区分しています。Anjum and Mumford（2018）, Beach and Pedersen（2013, 2019）, Goertz and Mahoney（2012）, Illari and Russo（2014）, Rohlfing（2012）, and Toshkov（2016）も併せて参照してください。

(5) その他の重複点としては、Humeによる因果関係の規則性の定義が「反実仮想の仲間」を包含していることはよく知られています（Goertz and Mahoney, 2012；Pearl, 2009）。因果メカニズムの定義の中には規則性あるいは反実仮想に言及するものもあります（Brady, 2008）が、規則性を説明するということは確率論による因果関係の理論と調和しうると言えます（Mumford and Anjum, 2013；Psillos, 2009）。

(6) なお、Hume は *An Enquiry Concerning Human Understanding*（『人間知性研究』）の初版（1738年）において、AとBの空間的・時間的連続性の条件をさらに盛り込んでいますが、第2版以降、この要件は削除されています（Brady, 2008）。

(7) この例に関連して、Pilster et al.（2013）の採る一般的因果アプローチと、Massie（2016）による事例指向の視点を比較すると両者の違いが明確になります。これらの文献の考察は Mello（2020）によるものがあります。

(8) 単一因果と一般的因果との、一見すると単純な区分は、複雑な哲学的問題を生み出してきた側面もあります（Baumgartner, 2008；Pearl, 2009；Psillos, 2009）。社会科学の方法論者の間では通常、研究課題の中で採用される研究目的と推論の戦略との間の一貫性を保つ必要性を強調するプラグマティックな見解を採っています（Beach and Pedersen, 2019；Rohlfing and Zuber, 2019）。

(9) 社会科学では、この系譜は「自然主義（naturalism）」とも呼ばれます（Moses and Knutsen, 2019）。規則性理論に対する哲学的観点からの現代的再評価については、Baumgartner（2008, 2013b）を参照してください。

(10) ここでは触れていませんが、もう1つの重要な区分は、世界そのものが確率的なプロセスに支配されているのか、それとも確率は研究者のもつ決定的でない証拠によってもたらされる結果なのかと捉えるのかに関わるものです（Anjum and Mumford, 2018）。

(11) この点に基づいて因果推論をおこなうのは早計かもしれません。このデータはシンプソンのパラドックス（Simpson's paradox）、つまり母集団全体に対する統計的関連が小集団レベルで**反転する**データ（例えばジェンダーや年齢コーホートで細分化した場合に適用されるデータ）に特徴づけられるかもしれないからです（Pearl, Glymour, and Jewell, 2016）。この問題は、Bに関して「**それ以外は因果的に均質であるあらゆる状況において**」AがBの確率を高める時、AがBを生じさせると規定することで対処できます（Cartwright, 1979）。

(12) 確率はベイズ推論の中心でもあります。ベイズ推論は、理論が真である確率についての信念は、新しい証拠が利用可能になった時に更新されるべきであるという原則に立脚しています。この意味で、ベイズ主義（Bayesianism）は、すべての科学的理論が不確実性を内包したままであることを認めています（Anjum and Mumford, 2018；Bennett, 2008）。

(13) この点の詳細と集合論的な視点を支持する議論については、Mello（2014）を参照してください。

(14) Rosato（2003, 2005）は、主流となっている民主主義的平和の量的研究に対する批判において、理論的主張と採用された方法、そして実証による発見事項との間のミスマッチを指摘しています。民主的平和に関する確率論的視点は、Slantchev, Alexandrova, and Gartzke（2005）によって明確に提唱されたものです。決定論についてのより一般的な内容は、Mahoney（2003）, Goertz（2005）, Adcock（2007）, Beach and Pedersen（2019）を参照してください。

(15) Weber（1922）は「社会科学と社会政策における客観性（Objectivity in Social Science and Social Policy）」と題した小論の中で、「もし1866年にビルマルクが戦争を決断しなければどうなっていただろうか」という疑問に思いを巡らせています。これに対してWeberは「何が起こった可能性があるだろうか。例えば、戦争に移るという決定を見出さなかった可能性もある。」と自答しています。

(16) 事例に基づいた分析（Fearon, 1991；Lebow, 2000；Levy, 2008b；Tetlock and Belkin, 1996）に加えて、必要条件の反実仮想に関する研究（Goertz and Levy, 2007；Goertz and Starr, 2003b）や集合論的比較アプローチの文脈における反実仮想（Ragin and Sonnett, 2005；Rohlfing and Schneider, 2018）などがあります。

(17) この例のより詳細な叙述については、Brady（2008）を参照してください。

(18) この批判はLieshout（2007）によるものです。

(19) 機械論的説明（mehanistic explanations）のいくつかの例についての議論は、Blatter and Haverland（2012）とRohlfing（2012）を参照してください。

(20) **因果複雑性（causal complexity）**という用語は、確実にRagin（1987）の著作の中で登場し、その後も継続的に使用されています（とくにBerg-Schlosser et al., 2009；George and Bennett, 2005；Gerrits and Pagliarin, 2020；Koivu and Kimball Damman, 2015；Mahoney, 2008；Ragin, 2000；and Schneider and Wagemann, 2012参照）。科学哲学における複合因果と因果複雑性の議論については、Anjum and Mumford（2018）を参照してください。

(21) 等結果性と因果関係に関する解釈主義の視点については、Guzzini（2017）も参照してください。

(22) 等結果性についての異なる見解については、King, Keohane, and Verba（1994）を参照してください。

(23) 因果非対称性の時間的側面については、Psillos（2009）を参照してください。因果非対称性を用いた仮説検証の研究例は、Rosenberg, Knuppe, and Braumoeller（2017）が参考になります。

(24) INUS条件と「因果経路の多重性（multiplicity of causal pathways）」については、Brady（2008）も参照してください。

(25) Mahoney, Kimball, and Koivu（2009）は、民主的平和に関する研究の例を用いて、非民主主義（少なくとも１つの非民主主義国家を含む二国間の組み合わせ）は国家間の戦争の必要条件であるとしています。ここで、政治体制の属性にはそれ自体が非民主主義にとって十分なもの（例えば、無競争の選挙や人権無視）もあり、これらはそれぞれSUIN条件として捉えることができます。

(26) この文脈でのMackieとINUS条件への明示的な言及は、とくにRagin（2000), Goertz and Mahoney（2012), Rohlfing（2012), Schneider and Wagemann（2012）がおこなっています。また、INUS条件の概念はQCAを採用した研究者の間でも広く用いられています（Basedau and Richter, 2014；Ide, 2015；Kim and Verweij, 2016；Kirchherr, Charles, and Walton, 2016；Mello, 2014；Mross, 2019；Oppermann and Brummer, 2020；Pagliarin, Hersperger, and Rihoux, 2020；Vis, 2011；Wurster and Hagemann, 2018など）。

(27) 二項対立で語られることの多い議論にニュアンスを加え、Paul and Hall（2013）は、決定論のもとでも「ある事象の原因は、その原因がその事象をもたらすことを妨げるようなことが起こらないことを保証するものではない」と指摘しています。

第5章　集合のキャリブレーション（較正）

キャリブレーションの問題に注意を払わずして、ファジー集合論による意味のある分析をおこなうことは不可能である。
— Charles C. Ragin

キャリブレーション（calibration：較正）は、QCA による分析をおこなうために不可欠な手続きです。それと同時にキャリブレーションの手続きは QCA のあまり理解されていない領域でもあります。QCA の手順では、分析に先駆けてすべてのデータをクリスプ集合（crisp set）またはファジー集合（fuzzy set）に**キャリブレート**（**calibrate**）する必要があります[1]。キャリブレーションの手続きは、QCA と他の実証分析の手法との違いを明確にするものです。なぜかというと、伝統的な測定（measurement）の概念と集合論の方法にしたがったキャリブレーションとの間には決定的な違いがあるからです（Ragin, 2000, 2008b；Schneider and Wagemann, 2012）。本章では両者の違いへの着目を出発点とし、おもなキャリブレーション手法を紹介するとともに、ローデータのソースに言及しながら直接法によるキャリブレーション（direct method of calibration）の技術的な手順を説明します。また、本章を通してキャリブレーションの手法の新たな視点を考慮しながら各テーマを展開してゆきます（Goertz, 2020；Ragin and Fiss, 2017）。この章の締めくくりの部分では、刊行されている研究例をもとに、キャリブレーションについてのよくある誤解、そしてキャリブレーションのベストプラクティスについてまとめておきたいと思います。

1．測定とキャリブレーション

測定（measurement）とキャリブレーション（calibration）との違いとは何でしょうか。社会科学の領域では、ほとんどの数値データは**キャリブレートされていない**測定値にもとづいています。国内総生産（GDP）や失業率のような経済データ、教育歴や健康状態、世帯収入といった社会的なデータなどがその代表例です。これらの指標は、比較をおこなったり、集計したり、平均値や他の記述的統計指標と関連付けたりすることができます。しかし、何らかの追加的な情報がなければ、ある国や地域において、特定の数値を示す世帯収入が「高い」のかそれとも「低い」のかを判断することはできません。同じように、ある失業率の数値が国境や地域間の境界線を超えて何を意味するのかもわかりません。

これに対し、キャリブレーションによる尺度は何らかの**外的基準**（external standards）を参照します。したがって、その基準がわかれば、データの値を直接解釈することができます。１つの例をつかって考えてみましょう。摂氏で表現される複数の温度の間には質的な違いがあることが示されています。水は０度で凍り、100度で沸騰するからです。つまり、ある湖が水温10度の時と水温－10度の時を比べると、20度の温度差という**量的**（quantitative）な差異だけでなく、**質的**（qualitative）な違いも存在します。

キャリブレーションされた尺度のもう１つの優れた点は、キャリブレーションされていないローデータの中から意味のある変動と**あまり意味をもたない変動**（less relevant variation）を峻別できることです。ローデータを集合に変換する際、どの変動を強調するかを特定することができます。１つの例から考えてみましょう。何らかの政策が施行された際にその効力を説明するための要因として国家の**経済力**を仮定することにしましょう。スイスとデンマークを例にとると、両国の間に経済力の格差があることは誰もが知るところです。一方で世界的に見ればこれら２か国はどちらも強い経済として捉えられるでしょう。したがって、両者の経済力のファジー集合によるスコアには同一の数値（「１」あるいは「**強い経済**への完全帰属」）を割り当てることができます。

しかし、経済力が小さい国々の間では、一人当たりGDPのわずかな格差が、経済発展の観点からより大きな意味をもっています。以下に示すように、キャリブレーションの手続では、特定の研究領域に関して私たちが蓄積している実体的知識をもとに**意味のある変動**を定義することで、そのような差異に焦点を当てることができます。

キャリブレーションによる測定値を得るためにはどのような手続きが必要とされるのでしょうか。キャリブレーションとそれによる集合への帰属スコアの割り当てをおこなうためには、（１）選択したすべてのケースに等しく適用される、**もっともらしく**（plausible）かつ**一貫性のある**（consistent）ルール、（２）ターゲットとする集合が反映すべき、社会科学の根本をなす概念と密接に関連するという意味での**内容的妥当性**（content validity）、そして重要な項目として（３）**外的基準**（external criteria）の定義（Ragin, 2008b；Schneider and Wagemann, 2012）が必要となります。一言で言えば、キャリブレーションとは概念の意味を数値的指標に結びつけるための「意味変換（semantic transformation）」ということになります（Goertz, 2020）。

集合論によるキャリブレーションの外的基準を定義する際には、３種の知識を峻別できることが望まれます。そのうちの１つは、**議論の余地のない事実**（**undisputed facts**）です。これらは、権威のある統計やその他の公的で正統性のある情報に該当します（例：人口統計データ、経済指標、出来事の歴史年表など）。２つ目のタイプの知識は、ある研究分野で**一般的に諒解**（**generally accepted**）が得られていたり、広く用いられている概念群を含む領域に属します（例：用語の定義、分類システムや一般的な合意を得た基準やベンチマークなど）。最後に３つ目の知識の領域は、**個人の専門的能力**（individual expertise）に関連するものです。これはどのようなものでしょうか。意味のあるキャリブレーションの基準を導出するためには、個々の研究者が特定の事例や概念とその最新の動向に関して蓄積している自らの知識を活用する必要のある場合があります。実際、この点はQCAの大きな利点でもあります。個々の研究者が特定の研究領域において自身で培った実体的知識を活用し、そうした知識に基づいて意味のある集合をつくり出すことができるからです。

このような個人の知識が牽引するキャリブレーションの手続きは、確証に欠けた主観を差しはさむ余地を生み出しているという批判の対象となるかもしれません。というのは、根底にある概念に根差した客観的で中立的な測定がおこなわれず、恣意的な帰属スコアがもたらされることへの懸念があるからです。この種の批判は妥当なものと言えますが、社会科学の諸概念に関する決定は完全に中立的であることは難しく、何らかの価値判断から免れることができません。**貧困**（poverty）や**平等**（equality）、あるいは**テロリズム**（terrorism）といった概念を例にとって考えてみましょう。これらの用語の解釈が人によって異なることは明らかです。したがって、私たちがどのように概念化するかによって、これらは異なる数値的指標に結びつけられることになります。このように考えると、概念形成の過程でおこなった判断によって分析そして最終的な結果にも影響が及ぶことがわかります。だからといって、これら一連の判断が恣意的なものであるとは**言えません**。

むしろ、それとは対照的に、個々の概念には特定の研究領域における学術文献や先行研究と適合する必要のある、妥当かつ正統化可能な概念化の道があるはずです（Goertz, 2020）。キャリブレーションにともなう判断は主観的なもので、通常、個々の研究者や研究者グループによっておこなわれますが、それでも該当する研究領域における既存研究やすでに受容されている知識による**制約からは自由ではありません**。

このような背景から、キャリブレーションの過程での諸決定は**透明性**をもっておこなうことが非常に大切です。どの部分が外的基準にしたがったものなのか。概念形成はどのような理解に沿っておこなわれたのか。また、どのような個別の判断がなされて、それらの理由は何だったのかといった点について示すことが期待されます。例えば、文献にしたがってコーディングについての判断をおこなった場合（例：複合ポリティ尺度で民主主義の閾値である7を用いる）や関心対象となる概念に対して妥当なキャリブレーションの方略が複数存在する場合（複数の指標が使用可能であるか、先行研究で意見が割れているなど）、あるいは観察対象の中にデータが明確でないケースが含まれている場合（矛盾するケースや情報があいまいなケース）には注意が必要です。

上記の3つの状況のうち、後者の2つの場合には**頑健性のテスト**（robustness tests）が欠かせません。これは、異なるキャリブレーション戦略を用いた際におこなう補完的分析として理解されていますが、キャリブレーションの方略の選択が分析結果にどのような影響を与えるかを比較するためのものです。こうしたことは、QCAを含む質的研究やマルチメソッドによる研究（Büthe and Jacobs, 2015）の透明性を高めようとする近年の取り組みと軌を一にしていると言えます（Schneider, Vis, and Koivu, 2019；Wagemann and Schneider, 2015）(2)。これらの点については、本章の末尾のグッドプラクティスの節で再度考えてゆきます。

2．キャリブレーションの手順

キャリブレーションには、3つのアプローチがあります。**マニュアル・アプローチ**（manural approach）は、簡単に言えば個々のケースに手作業で帰属スコアを割り当てるというものです。ほかのキャリブレーションの方法と同様、マニュアル・アプローチでも一貫したコーディング・ルールと外的基準とともにターゲットとする集合を事前に定義しておくことが求められます。それに加えて、このアプローチでは手作業で各ケースに帰属スコアを付与するところが特徴的です。もちろん、研究者が決定した一定のルールに沿って帰属スコアの割り当てをおこなうソフトウェアを使って手作業を代替することも可能です。

キャリブレーションの2つ目のアプローチは**直接法**（direct method）によるものです。この方法では、ローデータの数値をクリスプ集合またはファジー集合のスコアに変換するためのソフトフェアの手続きを使用します。ここで大切なのは、ソフトウェアによる変換をおこなうために3つの「経験的基準点（empirical anchors）」を事前に定義しておくことです（Ragin and Fiss, 2017）。最後に3つ目のキャリブレーションのアプローチとして**間接法**（indirect method）を挙げます。この方法の特徴は、対象となる個々のケースに仮の（予備的な）帰属スコアの割り当てをおこなう点にあります。仮スコアを各ケースに付与したあとの第２段階では、ローデータと上記の仮スコアをもとに統計的推論技法を用いてファジースコアを算出します（Ragin, 2008b）。本章では、これらのうち最も重要なキャリブレーションのアプローチとして、マニュアル・アプローチと直接法に焦点を合わせてゆきます(3)。

データのキャリブレーションをおこなう際の最初のステップは、ターゲットとする集合を概念化するとともにその名称をつける作業です。集合のラベル付けをおこなううえで重要なポイントは、名詞から形容詞に転換することです。これは何かというと、**貧困**（poverty）や**所得**（income）についての探求をおこなうのではなく、**貧しい人々**（poor people）の集合を定義するということです。Gary Goertz（2021）が名付けた「**Raginの形容詞ルール**（Ragin's Adjective Rule）」にしたがえば、ターゲットとする集合には方向性が内包されるので正確な解釈ができるようになります。**貧しい人々**という集合に完全帰属するケースをもつことが何を意味するかは容易に理解できますが、研究のコンテクストに沿って何らかの数値的な所得水準を設定する必要があるでしょう。

キャリブレーションの第２段階は、クリスプ集合とファジー集合のどちらを使用するかについての決定をおこなうことです。クリスプ集合を用いる場合、想定する集合への非帰属（non-membership）と比べた場合に、同じ集合への帰属（membership）が何によって構成されるのかを定義するための基準が必要とされます。ファジー集合の場合、最大曖昧点（point of maximum ambiguity）とも呼ばれる**クロスオーバー・ポイント**（cross-over point：**質的分岐点**）、つまり帰属スコアが0.5となる点を定義する必要があります。クロスオーバー・ポイントに位置するケースは、集合の内側に含まれるのか、それとも外側にあるのか、判断することができません。その原因は、データの欠損です。ケースについての十分な知識がなかったり、ケースの性質が特殊で他のケースとの比較による分類ができなかったりする場合が該当します。

ファジー集合はさまざまな形態をとりますが、そのうちのいくつかを**表5.1**に示します。この表に記載した例は、ほかに考えられる尺度を排除するものではありませんので、その点にはご注意ください。表中の４値による単純なファジー集合を例にとると、スケールの両端に向かってそれぞれ「**どちらかというと帰属している**（more in than out）」と「**どちらかというと帰属していない**（more out than in）」という帰属程度の濃淡が適用されていることがわかります。さらにこ

表5.1　キャリブレーションの尺度

表現上のラベル	クリスプ集合	ファジー集合			
	バイナリ(2値)	4値	5値	11値	連続尺度
完全帰属（Fully in）	1	1	1	1	1
				0.9	
どちらかというと帰属 (More in than out)		0.7	0.7	0.8	$0.5 < X_i < 1$
				0.7	
				0.6	
どちらでもない (Neither in nor out)			0.5	0.5	0.5
				0.4	
どちらかというと非帰属 (More out than in)		0.3	0.3	0.3	$0 < X_i < 0.5$
				0.2	
				0.1	
完全非帰属（Fully out）	0	0	0	0	0

の表の右側に進むにしたがって、ファジー尺度はより細かいものになり、最終的にはソフトウェア・ベースの計算手順によって算出される０と１の間のきめ細かな小数をもつ連続尺度となります。

ここで１つ注意点があります。どのようなキャリブレーションの尺度を用いるかについて、正しいとか間違っているといったことはありません。二値で峻別できる概念を用いる時には、とくにクリスプ集合が有効です（この場合、ケースが集合の内側にあるか、外側に位置するかが焦点です）。同じように、よりきめ細かいキャリブレーションが可能なデータの場合には、連続尺度によるファジー集合が優れていると言えます。ただし、重要な理由があって、**表5.1**に記載されているものとは異なるタイプのキャリブレーションの尺度を使用することもあります。ちなみに、クリスプ集合とファジー集合はどちらも、ケースの特定の集合への帰属または非帰属という共通の根本的な区分をめぐって展開してゆく点に注意が必要です。ファジー集合でどれだけきめ細やかに集合への帰属の程度を表わせたとしても、本質的な疑問は変わりません。つまり、あるケースは、想定している集合の（どちらかといえば）内側にあるのか（帰属スコアが0.5より大きい）、それとも（どちらかといえば）外側にあるのか（帰属スコアが0.5未満）という問いです。

キャリブレーションのプロセスとアプローチの選択による違いを説明するために、失業に関するデータを例にとってみましょう。ここで、イギリスがEUから離脱する直前にあたる2020年１月時点での欧州連合（EU）加盟28か国の**高失業率**（high unemployment）の集合をつくることにします。EUが発表している労働市場に関する目標の達成状況についての公式報告書（European Parliamentary Research Service, 2019）[4]をベンチマークとして使用すると、10％以上の失業率の国は高失業率の国の集合に「**完全に**（fully）」帰属（in）します。失業率が６％の国はこの集合の内部と外部の境界線上、つまり**クロスオーバー・ポイント**に位置します。そして、３％以下の失業率にとどまっている国は同じ集合に対して「**完全非帰属**（fully out）」となります。直接法によるキャリブレーションをおこなう場合、これら３つの基準点に沿って、ソフトウェアによって（パーセンテージで与えられている）ローデータを０から１の間の小数の値をとるファジースコアに変換します。この変換手続きの技術的なステップについては、次節で詳しく見てゆきましょう。

表5.2にこの例のローデータとクリスプ集合、そして２種類のファジー集合それぞれのキャリブレーションの結果を示します。ローデータはEU加盟諸国の失業率です（Eurostat, 2020）。表の右側の列にクリスプ集合、そして２パターンのファジー集合のキャリブレーションがまとめられています。これらはすべて同じ基準に基づいていて、集合の内部または外部を峻別するために失業率６％をクロスオーバー・ポイントに設定しています。

クリスプ集合では、（失業率6.3〜16.4％を反映し）上位10か国に帰属スコア１が与えられ、（失業率2.0〜5.9％を反映し）下位18か国に帰属スコア０が割り当てられます。５値のファジー集合でも同じクロスオーバー・ポイントを用いていますが、ここでは帰属スコアがさらに細かくなり、ローデータの値が10％以上の場合が**完全帰属**（fully in）＝１、６％を上回り10％未満の国が**ほとんど完全帰属**（almost fully in）=0.7、３％を上回り６％未満の国は**ほとんど完全非帰属**（almost fully out）=0.3、そして３％未満の国は**完全非帰属**（fully out）＝０となります。この５値ファジー集合の例で帰属スコア0.5となるケースが存在しないのは、ローデータの値がちょうど６％となる国がないからです。

最後に表の右端の列には、連続尺度によるファジー集合スコアを記載しています。このスコアはソフトウェア・ベースの直接法のキャリブレーションによるものです。このアプローチでは最もきめ細やかな帰属スコアを算出することができるので、４値のファジー集合では同じ帰属スコアを割り当てられているケースもさらに詳細に区分されます。

ここで、どのキャリブレーションのアプローチを選択するかは重要なのでしょうか。キャリブレーションには最適なアプローチがあるのでしょうか。**表5.2**のデータを見ると、どのアプローチを採用した場合でも結果として得られた帰属スコアは、３種の集合間でどれを選択してもかなり類似しています。このことは、

表5.2　EU加盟国の失業率のローデータとクリスプ集合、ファジー集合のキャリブレーション

ケース／国		ローデータ	キャリブレーション後の集合「高失業率」		
			クリスプ集合	ファジー集合（5値）	ファジー集合（連続尺度）
ギリシャ	Greece	16.4	1	1.0	1.00
スペイン	Spain	13.8	1	1.0	1.00
イタリア	Italy	9.5	1	0.7	0.93
フランス	France	8.1	1	0.7	0.82
スウェーデン	Sweden	7.0	1	0.7	0.68
ポルトガル	Portugal	6.8	1	0.7	0.64
リトアニア	Lithuania	6.6	1	0.7	0.61
フィンランド	Finland	6.6	1	0.7	0.61
ラトビア	Latvia	6.5	1	0.7	0.59
クロアチア	Croatia	6.3	1	0.7	0.55
キプロス	Cyprus	5.9	0	0.3	0.48
ルクセンブルク	Luxembourg	5.6	0	0.3	0.40
スロヴァキア	Slovakia	5.4	0	0.3	0.36
ベルギー	Belgium	5.2	0	0.3	0.31
デンマーク	Denmark	4.8	0	0.3	0.24
アイルランド	Ireland	4.8	0	0.3	0.24
エストニア	Estonia	4.7	0	0.3	0.22
オーストリア	Austria	4.3	0	0.3	0.16
ブルガリア	Bulgaria	4.1	0	0.3	0.13
ルーマニア	Romania	3.9	0	0.3	0.11
イギリス	United Kingdom	3.8	0	0.3	0.10
スロヴェニア	Slovenia	3.7	0	0.3	0.09
ハンガリー	Hungary	3.4	0	0.3	0.07
マルタ	Malta	3.4	0	0.3	0.07
ドイツ	Germany	3.2	0	0.3	0.06
オランダ	Netherlands	3.0	0	0.0	0.05
ポーランド	Poland	2.9	0	0.0	0.05
チェコ	Czechia	2.0	0	0.0	0.02

出所：Eurostat（2020）.

ローデータとこれら3種類のキャリブレーション尺度との関係を視覚化した図5.1からも見てとることができます。クリスプ集合ではクロスオーバー・ポイントを境に質的な急変が起こることがわかります。

5値のファジー集合ではそのような質的に大きな変化が発生する箇所が複数に

図5.1　ローデータと異なるキャリブレーション尺度

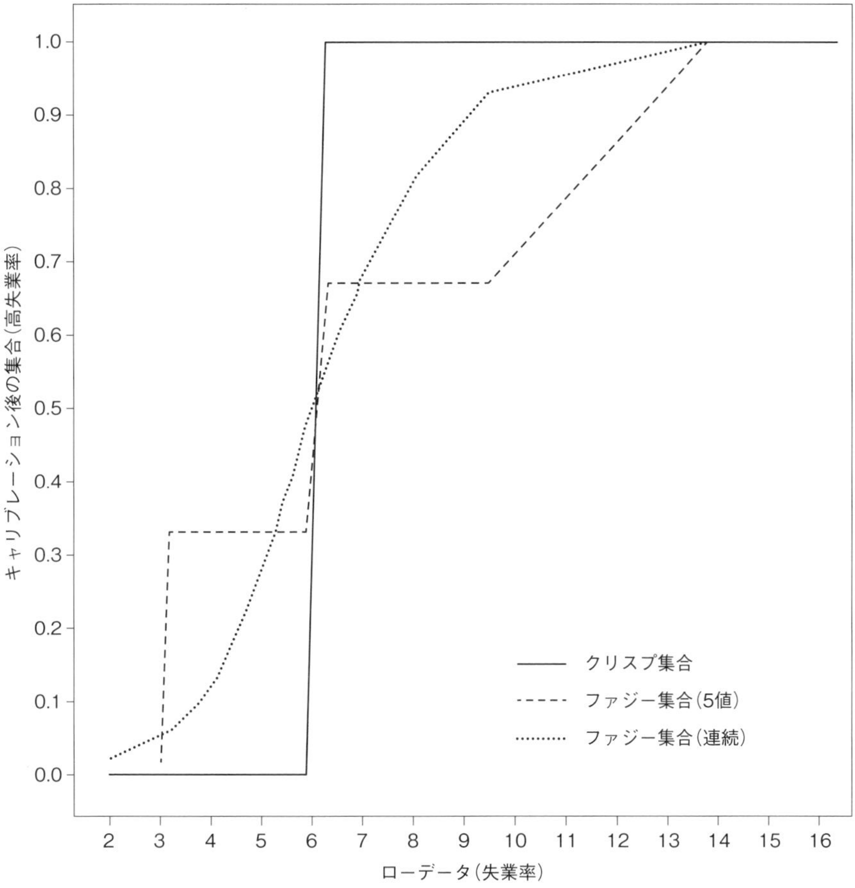

わたります。一方、連続尺度によるファジー集合を用いた場合、滑らかなＳ字曲線に近似します。これは、ローデータをファジー集合スコアに変換する手続きが対数尺度に基づいているため、デフォルトのパターンがＳ字となるからです（この点については次節で議論します)。連続尺度によるファジー集合によって最も繊細な濃淡で帰属スコアを算出することができるのは確実ですが、他のキャリブレーションのアプローチが直接法に劣っているということではありません。

キャリブレーションをおこなううえで最も重要な決定事項は、経験的な基準値をどのように割り当てるかということですが、その中でもクロスオーバー・ポイントが**質的な意味**で最大の影響力を持ちます。なぜかというと、あるケースが集合の内側に位置するのか、外側に位置するのかを規定する質的分岐点となっているからです。実際に、質的な分岐を区分する基準としてのクロスオーバー・ポイントの検討からキャリブレーションのプロセスを開始することが有用な場合も少なくありません。この点は、第2章で取り上げたポジティブ・ケースとネガティブ・ケース選択に関わる議論を反映しています。キャリブレーションの予備的なステップとして、初期段階の分析のためにクリスプ集合を作成し、選択した条件が研究対象となる現象の説明に必要な推論の原動力となるかどうかを確かめる方法もあります。このプロセスを通して、クロスオーバー・ポイントを別の水準に設定することの必要性やきめ細やかな区分のためにファジー集合の使用が望ましいことなどが明らかになることがあります。

3．キャリブレーションとデータのタイプ

キャリブレーションをおこなえるのはどのようなタイプのデータでしょうか。クリスプ集合とファジー集合を構成するためにはどのようなことが必要となるのでしょうか。QCA のおもな強みの1つとして、**質的データ**と**量的データ**の双方にオープンである点があります。このことに関する研究例は web 付録の研究事例コラム（Swinkels, 2020a；Giordono, Boudet, and Gard-Murray, 2020）に紹介しています。

キャリブレーションでは量的データの変換に力点が置かれることが多くなっていますが（例：Ragin, 2008b；Schneider and Wagemann, 2012）、既存または新たなデータセットやサーベイから得た量的指標を用いる場合と同様に、インタビューやフィールド観察、あるいは史料のアーカイブなどから得た質的データについてもキャリブレーションに利用することができます(5)。これについて重要なのは、QCA を用いた同一の研究の中で量的な条件に加えて質的な条件も使用する場合などには、複数のキャリブレーションのアプローチを組み合わせて使うことができる点です。同じ研究の中であっても、すべての条件に対して同一のキャリブレーション手法を適用する必要はありません。

それと同様に、クリスプ集合とファジー集合の条件の両方を1つの研究の中で混合使用することも可能です。結果をファジー集合で、説明条件をクリスプ集合でキャリブレートしたり、その逆の組み合わせによるキャリブレーションをおこなったりすることで研究目的に合致する場合にはこうした組み合わせを正当化することができます。

最後に、研究のコンテクストによっては、キャリブレーションをおこなう際に

表5.3　5種の尺度水準

尺度のレベル	分類	順序づけ	距離	自然の原点としての「0(ゼロ)」	意味のある最大値	例
名義尺度	✓					婚姻の有無、大陸名
順序尺度	✓	✓				幸福の程度、同意の程度
間隔(距離)尺度	✓	✓	✓			温度(° C)、知能(IQ)
比例尺度	✓	✓	✓	✓		教育を受けた年数、1人あたりGDP
ファジー	✓	✓	✓	✓	✓	教育を受けた人物、先進国

複数のデータソースを利用することが有効な場合もあります。1つの例としては、まず一般的に受け入れられている統計の数値を利用してケースの集合への帰属/非帰属を判断し、そのあとにインタビューやデプス調査を用いてクロスオーバー・ポイント（0.5）の上下に位置するケースに対してきめ細かな帰属スコアの割り当てをおこなうような手順もあります。この種のアプローチを採用する場合には、コードブックをつくって個々のケースに手作業でルールを適用するか、統計ソフトRで段階的な手続きを踏んでキャリブレーションをおこなうことができます。この例からもわかるように、直接法によるキャリブレーションをおこなう際には通常、間隔尺度または比率尺度による測定レベルのデータを用いますが、手作業で帰属スコアを割り当てる質的データのキャリブレーション手続きの場合には、あらゆるレベルのデータを使用することが可能です。

表5.3は社会科学で一般的に使用されている尺度水準（levels of measurement）にファジー集合を追加し、整理したものです。**名義尺度レベル**（nominal level）は、数値やカテゴリを用いて観察対象やケースを分類するためのものです[6]。同じカテゴリに分類されたケースはお互いに同等に扱われ、カテゴリ間の順位づけはありません。**順序尺度レベル**（ordinal level of measurement）では、観測データをそれらの相対的な関係にしたがって配置することができます。この尺度は、「より幸せ」と「あまり幸せでない」の対比、あるいは「より強い同意」と「中程度の同意」の対比といったような形で収集されるサーベイ回答で一般的です。

間隔尺度レベル（measurement at the interval level）は、観測データ間の正確な距離がわかっていて、それを数値的に表現できるものです。一方、**比例尺度レベル**（ratio level）は最も上位形態の尺度として一般的に考えられています。その理由は自然の原点としてのゼロがあるからです（Frankfort-Nachmias and Nachmias, 2008）[7]。ただし、Ragin（2000）が提案するように、ファジー集合は自然の原点としてのゼロと自然の最大値をともなうので、間隔尺度よりさらに高度な尺度として捉えることができます。

> 「*ファジー集合の帰属スコアは従来の比例尺度よりも高度な尺度であると主張しても差し支えないでしょう。ファジー集合の帰属スコアは、固定された意味のある***最小値***と***最大値***をもつ比例尺度です。それでも、ファジー集合の目的は名義尺度のそれと同様、集合への帰属を示すものです*」（強調は原文のママ）（Goertz, 2020も参照）。

質的データのキャリブレーションをおこなう場合、分析の基礎となる概念から可能な限り離れずに質的な情報を数値的情報に転換することが最大の課題となります。Debora De Block and Barbara Vis（2019）も指摘しているように、キャリブレーションの方法論の文献のほとんどは量的データの変換に焦点を当ててきました。そのため、あたかも量的なデータセットでしかQCAを用いることができないかのような印象がもたれがちですが、実際にはそのようなことはありません。とは言え、質的なローデータをどのようにしてクリスプ集合あるいはファジー集合に変換するかについての確固たるルールが存在しないというのも事実です。そこで、キャリブレーションの手続きの一般的な側面にしたがって、中心的な基準としてのクロスオーバー・ポイントの検討から始めることが助けになります。そのため、どれだけ質的で深みのあるデータを集めていたとしても、まずはこの質的な分岐点の検討を第一の課題とする必要があります。この点については、次節のキャリブレーションの手順に関する議論のあとに紹介する例示を通じてわかりやすく説明してゆきます。

4．直接法によるキャリブレーション

直接法によるキャリブレーションと呼ばれるキャリブレーションの手法は、数値形式のローデータを０から１の間のファジー集合スコアに変換するソフトウェア・ベースの手続きです（Ragin, 2008b）。その中でカギとなるのが、３つの**経験的基準点**（**empirical anchors**）を設定するステップです（Ragin and Fiss, 2017）。そこから先の手続きについては、キャリブレーションされたスコアが結果として出力されるまでの間、ソフトウェアのアルゴリズムにゆだねられます。このプロセスはやや不透明な感じがしますので、ここではキャリブレーションの手続きの中でおこなわれる計算について説明してゆきます[8]。もちろん、数学にあまり興味のない読者の皆さんはこの部分をスキップしてしまっても問題ありません。そ

表5.4　直接法によるキャリブレーションの指標

経験的基準点	集合帰属の程度	関連オッズ	対数オッズ
完全帰属	0.95	19.000	2.944
クロスオーバー・ポイント	0.50	1.000	0.000
完全非帰属	0.05	0.053	–2.944

れでもキャリブレーションの手続きをおこなうことはできます。一方で、キャリブレーションされたスコアがQCAの手続きの中で厳密にはどのように算出されているか疑問に思っている読者の皆さんもいらっしゃるはずです。そのような疑問に答えるのが本節の役割です(9)。

ローデータはどのようにしてファジー集合帰属スコアに変換されるのでしょうか。キャリブレーションの手続きでは対数関数を使用します。対数関数には対称性が存在するため、変換された値は１と０の境界の内側に収まる点で使い勝手が良いと言えます。変換された値が実際に端点にぴったり到達することはありません。なぜかというと、S字曲線は端点付近で正負それぞれの無限大に向かって平らになるからです。そのため、慣習的に0.95と0.05のファジー集合帰属スコアは、それぞれ**完全帰属**（full membership）あるいは**完全非帰属**（full nonmembership）として解釈されるのです（Ragin, 2008b）。ですから、キャリブレーション前の値が集合への完全帰属の閾値を上回っているにもかかわらず、ファジー集合帰属スコアが１を少し下回る値をとっているのを見つけても驚く必要はありません。このことから、ファジー集合では数値のわずかな差異を拡大解釈してしまうと、精密さについての誤った印象を与えかねないことがわかります。この点は、論文や書籍を出版する際にファジー集合スコアは小数点第二位までの表記にとどめておくことを推奨する理由のひとつです（その他の理由としては、単に読みにくくなるということもあります）。

表5.4は、３つの経験的基準点に名称をつけ、それぞれに対応する帰属スコア、そしてデータの変換に必要となるもう２つの指標－**関連オッズ**（associated odds）と**対数オッズ**（log odds）－を示しています。関連オッズは次の公式で計算されます。

$$関連オッズ = \frac{集合への帰属度}{(1 - 集合への帰属度)}$$

一方、対数オッズは関連オッズの自然対数（ln）をとることによって算出されます[10]。言ってみれば**表5.4**の３つの数値列は、集合への帰属度を異なる形で表現しているに過ぎません。

これら３つの指標が揃ったところで、実際のキャリブレーションの手続きに入ることができます。**表5.5**は国連の人間開発指数（Human Development Index：HDI）のローデータを示していますが、ここではHDIのデータが入手可能な189か国の母集団からサンプルとして16か国を抽出し、そのデータをまとめています。HDIのスコアが１に近いほど発展の程度が非常に高くなり、０に近づくほどその程度が低くなります（これらはファジースコアではありませんので、混同しないように気をつけてください）。

HDIの算出方法で決められた分類システムにしたがうと、都合よく、HDI0.70以上が「高水準の人間開発」に、そして0.80以上が「非常に高水準の人間開発」に対応しています。スケールの低い方ではHDIスコアが0.55を下回る場合が「低水準の人間開発」と捉えられています（国連, 2018）。したがって、この例では、**高水準の人間開発**（high human development）というファジー集合に対する帰属度のキャリブレーションをおこなうために、これらの外的基準を経験的基準点として適用することができます。

そうすると、ローデータの値が0.80以上の国はこの集合に完全に帰属することになります。0.70の場合はクロスオーバー・ポイントにあたるケースです。そして、HDIの値が0.55となる国はこの集合への完全非帰属の閾値に対応するケースとなります。

経験的基準点が決まったら、各ケースについてクロスオーバー・ポイント（0.70）からの**偏差**（あるいは数値的距離）を計算できるようになります。この計算の結果、正の値をとる場合はクロスオーバー・ポイントより上のケースで、反対に負の値をとる場合はそれよりも下に位置するケースです。次のステップでは、集合への完全帰属スコアと完全非帰属スコアの**対数オッズ**（log odds）（それぞれ、+2.944／−2.944；**表5.4**参照）を取り、それぞれについて完全帰属の閾値（0.80）とクロスオーバー・ポイント（0.70）の偏差（0.10）と完全非帰属の閾値（0.55）とクロスオーバー・ポイント（0.70）の偏差（−0.15）で割ると、各々のスカラー値（scalars）29.44と19.63が算出されます。

ケースごとにこれらのスカラー値に偏差を掛け合わせた**積**を求めます。各数値は**表5.5**に示すとおりになります。最後にここで求めた積を０～１の間のスコアに変換してゆきます。下のスイスの例のとおり、積の**指数**（exponent：exp）をとり、それに１を加えたもので割ります。求められた結果は小数点第二位で四捨五入します。スイスのケースではファジー集合への帰属スコアは１となります。

表5.5　直接法によるキャリブレーション：国連の人間開発指数の例

国		ローデータ（HDI,2017）	偏差	スカラー値	積	ファジー集合「高水準の人間開発」	経験的基準点
スイス	Switzerland	0.944	0.244	29.44	7.18	1	
ドイツ	Germany	0.936	0.236	29.44	6.95	1	
リトアニア	Lithuania	0.858	0.158	29.44	4.65	0.99	
ルーマニア	Romania	0.811	0.111	29.44	3.27	0.96	0.80（完全帰属）
トルコ	Turkey	0.791	0.091	29.44	2.68	0.94	
ブラジル	Brazil	0.759	0.059	29.44	1.74	0.85	
中国	China	0.752	0.052	29.44	1.53	0.82	
ウズベキスタン	Uzbekistan	0.710	0.010	29.44	0.29	0.57	0.70（クロスオーバー・ポイント）
エルサルバドル	El Salvador	0.674	−0.026	19.63	−0.51	0.38	
インド	India	0.640	−0.060	19.63	−1.18	0.24	
ケニア	Kenya	0.590	−0.110	19.63	−2.16	0.10	
パキスタン	Pakistan	0.562	−0.138	19.63	−2.71	0.06	0.55（完全非帰属）
トーゴ	Togo	0.503	−0.197	19.63	−3.87	0.02	
エチオピア	Ethiopia	0.463	−0.237	19.63	−4.65	0.01	
南スーダン	South Sudan	0.388	−0.312	19.63	−6.12	0	
ニジェール	Niger	0.354	−0.346	19.63	−6.79	0	

注：HDI=Human Development Index.

これと同じ要領でファジー集合スコアの計算をすべての国に対しておこなうと、**表5.5**の第２列から最終列に示すとおりになります。

$$\text{スイス} = \frac{exp\,(7.18)}{(1+exp\,(7.18))} = \frac{1312.91}{1313.91} = 0.9992 \approx 1$$

キャリブレーションの手続きの結果とここで設定した経験的基準点を、ローデータとキャリブレーション後のデータの双方を参照できるX-Yプロットで視覚化してみましょう。**図5.2**を見ると、対数関数の典型的なＳ字曲線が描かれています。Ｘ軸にはHDI（国連，2018）のローデータのすべてのスコアを示しています。**表5.5**でサンプルとして抽出した16か国に対してここではHDIが入手可能な全189か国を網羅しています。最小値はニジェールの0.354、最大値はノルウェーの0.953です。Ｙ軸にはキャリブレーション後のファジー集合スコアが配置されています。

図5.2　ローデータとキャリブレーション後のファジー集合帰属スコアの X-Y プロット

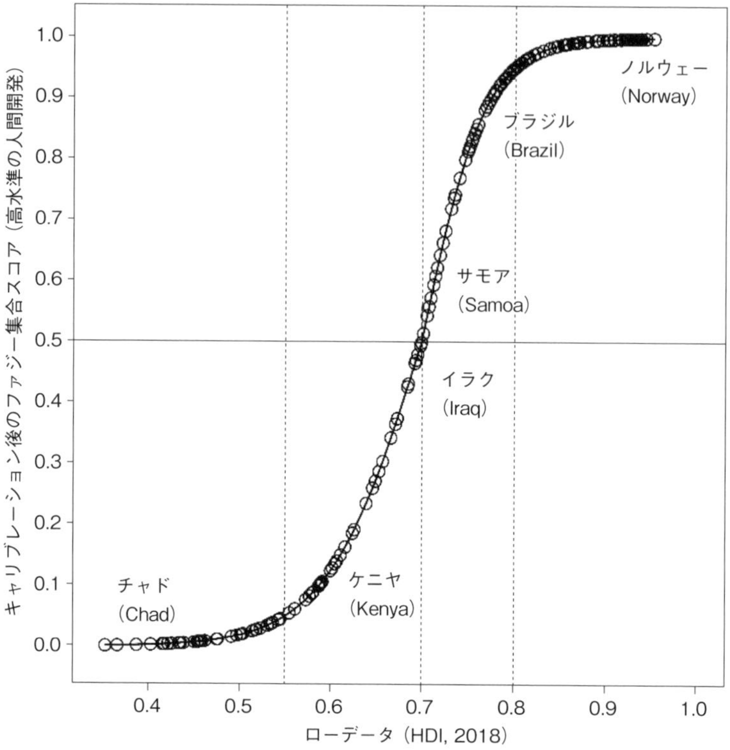

このX-Yプロットには3本の点線が垂直に引かれていますが、これらは3つの経験的基準点にそれぞれ対応しています。Y軸の0.5にあたる点からひかれた水平方向の実線は、ファジー集合の内側（実線の上側）にあるケースとその外側（実線の下側）にあるケースとを峻別するクロスオーバー・ポイント（カットオフ点）＝0.5に該当します。そして、このX-Yプロットには、表5.5で取り上げているローデータの範囲に収まるいくつかの国を選択し、それらの位置を表示しています（低い順から：チャド、ケニヤ、イラク、サモア、ブラジル、そしてノルウェーとなります）。

この曲線の形状からもわかるように、キャリブレーション後のスコアはクロスオーバー・ポイント（カットオフ点＝0.5）付近、そして3つの経験的基準点のうち、完全非帰属（0.55）と完全帰属（0.8）の間で急峻に上昇しています。そこから先は両端に向かって平坦になって、それぞれ0と1に近づいてゆきます。これは、閾値を超えた部分での経験的変動が重視されないことを意味します。したがって、完全帰属（0.80）の経験的基準点を上回る、あるいは完全非帰属（0.55）の経験的基準点を下回るところに位置する国々には類似したファジー集合帰属スコアが割り当てられます。一方、プロットの中央（クロスオーバー・ポイント付近と上記の2つの経験的基準点の間）では、曲線の上昇が急になっていることからもわかるように、ローデータに生じる小さな増加によって、ファジー集合帰属スコアが大幅に上昇します。ちなみに、ニジェールの0.354を下回るHDIの国が存在しないため、ここではグラフ表現上の理由からそれより小さい値はX軸から切り捨てこのプロットの範囲から除外しています。

ここで、ファジー集合のキャリブレーションを通じてなされること、そしてX-Yプロットから得られることを、再度整理しておきましょう。1つには、本質的にクロスオーバー・ポイント付近とその上下に位置するローデータを**引き伸ばします**（stretches）。もう1つには、X-Yプロットの両端付近、つまり完全帰属の基準点を上回る位置、そして完全非帰属の基準点を下回る位置にあるローデータを**平滑化します**（flattens）。ファジー集合のキャリブレーションでは、最も関連性が高いと考えられる領域（クロスオーバー・ポイントの上下）に位置するデータの小さな差異を強調します。その一方で、研究対象となる現象にあまり関連性がないと判断される変動の重要性を減じる性格をもちます。キャリブレーション後のファジー集合帰属スコアに対してローデータをプロットしてみると、これらのことをすぐに視覚的に理解することができます。こうしたことは、QCAを用いた実際の研究でこの種のグラフを論文中に挿入したり、あるいはオンライン上の付録として公開したりすることの1つの理由となっています（本章の最終節のガイドライン参照）。

5．キャリブレーションの応用例

本節では、書籍や論文などの形態で刊行されている研究（Cacciatore, Natalini, and Wagemann, 2015；Fagerholm, 2014；Kuehn et al., 2017；Mello, 2020；Ragin and Fiss, 2017；Schmitt, 2018）をもとに、キャリブレーションの具体例をいくつか紹介します。ここで選んだ研究事例は、質的なキャリブレーションや量的データの変換、複数の条件の組み合わせによるマクロ条件の設定、指標の重みづけ、あるいは非対称性の概念の取り込みといった事項を含む、さまざまなシナリオのもとでおこなわれるキャリブレーションの手続きをカバーしています。ここではそれぞれの研究のコンテクストや研究内容の詳細、さらにはQCAで得られた結果のディスカッションといった事項までは踏み込まず、さまざまなキャリブレーションの手順を例示するにとどめておきます。ですから、それぞれの研究での条件と結果に関する概念、分析の基礎となるデータ、キャリブレーションをおこなう際の閾値、そして一連のキャリブレーション過程から得られた結果を紹介することになります。

例１：親の所得

Charles Ragin and Peer Fiss（2017）による研究書 *Intersectional Inequality* は、人種やジェンダー、教育の達成度、あるいは家庭背景といった条件のさまざまな組み合わせから、ライフチャンス（life chance：訳者注　社会構造が付与する選択可能性のこと）と社会的不平等に関する探索をおこなうものです。彼らが構成したファジー集合条件のうちの２つは、世帯調整後の貧困水準との関連で捉えた親の所得に基づく条件：**低所得の親**（low-income parents）と**高所得の親**（high-income parents）です。このセクションの目的に鑑みると、この研究は**非対称性の考え方**（asymmetric concepts）の興味深い研究事例です。Ragin and Fiss（2017）が指摘するように、高所得の親をもつ個人と低所得の親をもつ個人との間には何らかの違いがあります。前者の集団は確実に後者よりも規模が小さいので、両者を別々の集合として分析する意味があります。

これを視覚化すると**図5.3**のとおりとなりますが、クロスオーバー・ポイントを示す図中の２本の垂直線（点線）の間の領域に注目してみましょう。この領域に位置する個人は、高所得の親をもつ集合と低所得の親をもつ集合の**いずれにも**含まれません（どちらの集合への帰属スコアも0.5を下回ります）。Ragin and Fiss は、先行研究や政府が公式に用いている閾値、そして全国調査をもとにキャリブレーションの基準を設定していますが、「貧困ラインは厳密にはどこに引くべきなのかについての科学界での合意は形成されていない」ので、そこには何らかの「価値判断（value judgments）」が含まれていることを注記しています（Ragin and Fiss, 2017）。

こうしたことから、Ragin and Fiss は彼ら自身が「保守的なカットオフ値（conservative cuttoff value）」と表現するクロスオーバー・ポイントを選択していますが、この方法は全米研究評議会（National Research Council）の推奨によって裏づけられています（Ragin and Fiss, 2017）。この研究では、２人は所得対貧困率の倍数を反映したローデータを使って**低所得の親**（low-income parents）のファジー集合（完全非帰属：5.5、クロスオーバー：３、完全帰属：２）と**高所得の親**（high-income parents）のファジー集合（完全非帰属：３、クロスオーバー：5.5、完

図5.3　低所得の親と高所得の親

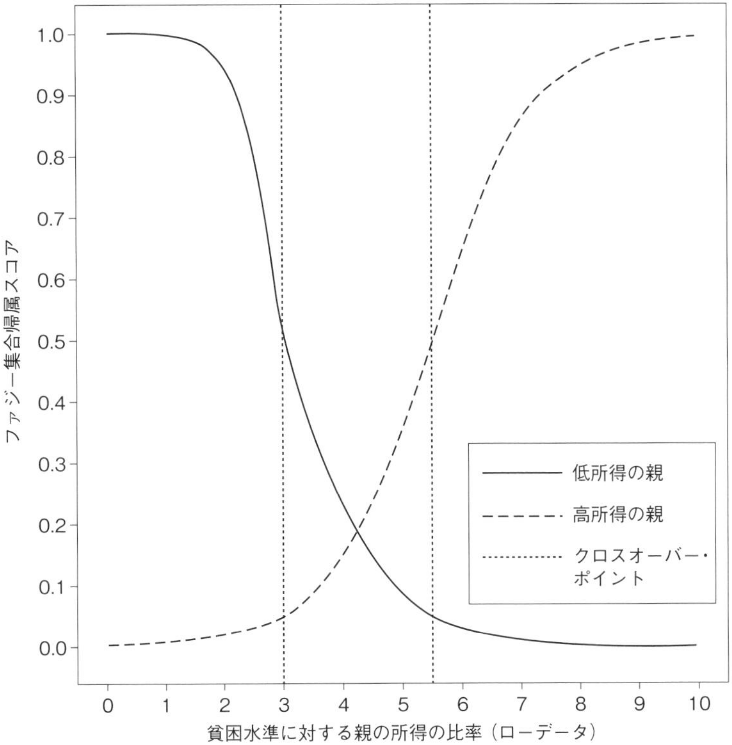

出所：Ragin and Fiss (2017).

全帰属：8）を構成し、直接法によるキャリブレーションをおこなっています。

例２．経路依存性

Federica Cacciatore, Alessandro Natalini, and Claudius Wagemann（2015）は、EU 加盟国間の欧州化（Europeaniaztion）と国内改革のプログラムの実施に関する研究の中で、歴史制度主義から導かれる理論的期待に基づく**経路依存条件**（**path dependence condition**）（「ACCESS」）を織り込んだ分析をおこなっています。ここでの理論的期待とは、各加盟国が EU の制度と慣行に通じている程度によって、「各加盟国の国内での新たな EU 法規施行の成否が左右される」というものです。

Cacciatore たちがこの経路依存を操作化するために用いている指標は非常に単

表5.6 「経路依存 (path dependence)」条件

国（一部抜粋）		EU/ECに加盟した年（西暦）	EU/EC加盟期間（年）	ファジー集合 ACCESS	経験的基準点
ベルギー	Belgium	1952	51	0.99	
ドイツ	Germany	1952	51	0.99	
イタリア	Italy	1952	51	0.99	
デンマーク	Denmark	1973	40	0.95	
イギリス	United Kingdom	1973	40	0.95	完全帰属 ≧ 40 years
ギリシャ	Greece	1981	32	0.86	
ポルトガル	Portugal	1986	27	0.74	
スペイン	Spain	1986	26	0.71	
スウェーデン	Sweden	1995	18	0.40	クロスオーバー = 20 years
フィンランド	Finland	1995	18	0.40	
ハンガリー	Hungary	2004	9	0.10	
スロヴェニア	Slovenia	2004	8	0.08	完全非帰属 ≦ 5 years

出所：Cacciatore, Natalini, and Wagemann (2015, online appendix).

純明快で、各国がヨーロッパの制度体（訳者注：EC／EU）に加盟してからの経過年数を用いています。ファジー集合スコアは、直接法によるキャリブレーションで割り当てられています。ここで使用された経験的基準点については、5年間（完全非帰属）、20年間（クロスオーバー・ポイント）、40年（完全帰属）となっています。詳細は表5.6のとおりです。

この表はキャリブレーションの手順を説明することが目的のため、すべてのEU加盟国ではなく一部の加盟国のみ選択しています。ちなみに、この研究では各加盟国につき3回の観測（2011-13年）をおこなっています。表を見るとわかるように、ここで設定された経験的基準点は、EUの創設メンバーや初期加盟国とそれ以降の一連の期間に加盟した国々を効果的に識別しています。Cacciatoreたちはオンライン付録を用いてこの研究でのキャリブレーションの方略について議論をおこなっていますが、彼らが経路依存条件「ACCESS」のために選択したキャリブレーションの閾値は、「1つの国家がEUの政治文化とメカニズムに完全に同化するうえで適切な期間であると考えられる」としています（Cacciatore, Natalini, and Wagemann, 2015, online appendix）。改めて強調するまでもありませんが、ここでの閾値の設定にも見られるような数値的な指標には常にある程度の裁量が存在するので、高めの値が設定される時もあれば、低めの値が選択される場合もあります。この研究に限って言えば、Cacciatoreたちも強調しているとおり、3か年の観察期間において、EUの制度へ馴染みがあまりないと考えられる位置からクロスオーバー・ポイントを越えてEUの制度により馴染んでいると捉えられる位置に変化したケースは1つもありません（Cacciatore, Natalini, and Wagemann, 2015）。

例3．軍隊のシビリアン・コントロール（文民統制）

David Kuehnら（2017）は、新民主主義国28か国における政軍関係（civil-military relations）の研究で、5つのファジー集合次元を横断する形で加重平均スコアを算出し、それを**軍隊のシビリアン・コントロール**（**civilian control of the military**）というファジー集合による結果として操作化するアプローチを採用しています。5つの次元には、エリート採用（ER）、公共政策（PP）、国内安全保障（IS）、国防（ND）、そして軍事組織（MO）が含まれます。民主主義制度が機能する上での中心的な役割を考慮し、ERには5倍の重みづけをおこなっています。これに対して、PPとISにはそれぞれ2倍の、そして残りの2つの条件（NDとMO）には等倍の重みづけをおこなっています（Kuehn et al., 2017）。

Kuehnらはこの重みづけの仕組みについて、このテーマに関する一連の理論的研究を踏まえた正当化をおこなっています。軍隊のシビリアン・コントロールという結果の加重平均スコアは、次の式によって算出されます。

$$\text{シビリアン・コントロール} = \frac{\text{ER}\times 5 + \text{PP}\times 2 + \text{IS}\times 2 + \text{ND} + \text{MO}}{11}$$

Kuehnら（2017）の研究は、どのようにしたら複雑な条件をファジー集合を使ってモデル化することができるか、そして、その際に個々の指標にどのような重みづけをおこなったらよいかという点について示す研究事例です。この研究で彼らが用いているのは5つの指標の横断的な**平均値**（**average**）ですが、ブール演算子で結合された条件の組み合わせからファジー集合を構成するアプローチをとることもできたでしょう。Goertz（2020）はこの方法を使って複数の階層関係にある理論や概念をモデル化できることを例示しています。

表5.7はKuehnらの研究の全28ケースのうちの5ケースについてのキャリブレーション後の結果のデータとそれを構成する条件をまとめたものです。Kuehnら（2017）が採用した**シビリアン・コントロール**（**civilian control**）のような高次の概念を用いる場合、幅広い指標を取り込む形で1つの条件のキャリブレーションに対して情報を付加することができます。ただし、この手法には短所もありま

表5.7　結果「シビリアン・コントロール」

国（一部抜粋）		シビリアン・コントロール（結果）	エリート採用（ER）	公共政策（PP）	国内安全保障（IS）	国防（ND）	軍事組織（MO）
ブラジル 1, 1985-87	Brazil 1, 1985–87	0.13	0.20	0.20	0	0	0
ブラジル 2, 1988–98	Brazil 2, 1988–98	0.65	0.85	0.85	0.40	0	0.4
ネパール 1, 1999–2001	Nepal 1, 1999–2001	0.74	1	0.85	0.60	0	0.2
ネパール 2, 2006–10	Nepal 2, 2006–10	0.86	1	1	0.55	0.4	1
台湾 1, 1992–2001	Taiwan 1, 1992–2001	0.89	1	1	1	0.4	0.4
台湾 2, 2002–10	Taiwan 2, 2002–10	1	1	1	1	1	1

出所：Kuehn et al.（2017, online appendix）.

す。最終的なスコアの解釈が複雑になるので、経験的なパターンを理解するために再度、各ケースの構成条件のスコアを再検討する必要が生じることもあります（例えば、ネパール2と台湾1のデータを見ると、結果を構成する5次元のうちの2つ、**国内安全保障**［IS：internal security］と**軍事組織**［MO：military organization］の値に相当程度の差異があるにもかかわらず、結果の数値は近似したスコアになっています）。

もう1つの懸念点は、各次元の重みづけの方法に関するものです。というのは、異なるパターンの重みづけをおこなうことが可能で、それぞれを正当化することもできるので、それによって結果のスコアが左右されるからです。したがって、この種の**インデックス条件**（**指標条件**：index condition）の使用を検討する際には、その構成要素となる条件と（とくにそれらに均等な重みづけがなされない場合には）重みづけの正当性を説明できること、そして頑健性の検証のために代替的な分析について考慮することが不可欠です。

例4．多国籍軍による戦争におけるジュニアパートナーの有用性

Oliver Schmitt（2018）による長編の研究書 *Allies That Count* は、イラクやアフガニスタンにおける多国籍軍による軍事作戦の展開に見られるような、複数国家で構成される連合戦争におけるジュニアパートナーの役割を明らかにすることを試みた研究です。この本では、アーカイブやインタビュー、参与観察、さらには二次資料などに基づく網羅的なケーススタディによって構成されています。こうしたケーススタディを補完する形で、多国籍連合による戦争においてジュニア

パートナーの役目が重要となる質的な条件を体系的に探索するためにクリスプセット QCA（csQCA）による分析をおこなっています。

その中で Schmitt（2018）は、「望む結果の実現においてポジティブな支援をおこなう能力」として、QCA で結果として設定した**有用性**（utility）に対する定義を与えています。キャリブレーションに際しては、多国籍連合軍を構成するそれぞれの同盟国構成員の綿密な質的評価もおこなわれています。Schmitt は、次のように説明しています。

> 「*この有用性を検証するために問われたのは、その同盟関係がなかったら作戦の計画と実行は相当異なるものになったのではないかというものだった。*」

この質問は観察対象となったそれぞれのケースと紛争について投げかけられました。１つの例を挙げておきましょう。アフガニスタンで多国籍軍のパートナーとなったイギリスとフランスについて、Schmitt は以下のように論じています。

> 「*アフガニスタンでは、フランスあるいはイギリスが多国籍軍に参加しなかったとしたら、アメリカは作戦展開の重要地域であった Helmand 州と Kapisa 州に重要な資源を投入せざるを得なかっただろう。イギリス軍とフランス軍のパフォーマンスはもちろん非難すべきものだったが、他の同盟国だったらもっと上手くいっていたかどうかはわからない。いずれにしても、英仏２か国がともにこの多国籍軍に参加していなかったとしたら、アメリカの資源を流出させることになり、作戦自体の正統性や戦略計画の立案に負の影響を与えたはずである。フランスとイギリスの多国籍軍への参加は「１」とコード化した。*」
> （Schmitt, 2018）

Schmitt による研究は、価値判断に帰結する**質的**（qualitative）キャリブレーションの手順の好例ですが、その結果を数値化することは容易ではありません[(11)]。このことから、Schmitt はクリスプセット QCA（csQCA）を選択しました。この方法は、程度の違いではなく、質的な差異を強調するタイプの QCA のバリエーションだからです。彼の書籍の付録では、キャリブレーションに関する決定についての綿密な議論が展開されています。

例５．エコロジー指向への変化

Andreas Fagerholm（2014）は、社会民主主義政党の間でのエコロジズムへの変化についての研究の中で、政党の選挙プログラムにおけるエコロジー指向の検証をおこなっています。彼の研究では、Comparative Manifesto Project（比較マニフェスト・プロジェクト）（Klingemann et al., 2006；Volkens et al., 2013）からのデータを使用しています。それらにはエコロジー指向に関連する複数の変数が含まれています。具体的にFagerholmが使ったのは、「反成長経済への同意（per416）」と「環境保護への同意（per501）」を含む発言に着目し、それらの合計から「生産性指向への同意（per410）」に言及した発言を差し引く形で算出される、社会民主主義政党のエコロジー指向の指標です。その計算式は以下のものです。

$$\text{エコロジズム(ecologism)} = [(\text{per416} + \text{per501}) - \text{per410}] \geq 5.0$$

この式をもとに考えると、「エコロジーに関する事項についての発言が非エコロジー的事項についての発言を少なくとも５％上回っていれば」、結果として設定されたエコロジー指向への変化が存在すると判断されるということです。**表5.8**は、Fagerholmの研究で取り上げられていた19の社会民主主義政党のうち、７政党のローデータを抜粋したものです（表による表現上の理由から政党名は略称を使っています）。

この研究では、1970年から1999年の間の３つの期間区分における政党プログラムの分析をおこなっています。上述のエコロジズム指標は、結果としての**エコロジー指向への変化**（ecological change）のクリスプ集合のキャリブレーションに用いられています。３つの観察期間のうちの１つでもエコロジズムが５％を上回っていれば、エコロジー指向への変化のキャリブレーション後のスコアは「１」となります。**表5.8**から、オランダ、スイス、ルクセンブルク、そしてドイツの社会民主主義政党はエコロジー指向への変化が見られたこと、そしてスペインとイギリス、フランスではそのようなことがなかったことがわかります。

Fargerholmによる研究も、複数の指標から情報を付与しながら単一条件のキャリブレーションがおこなわれる事例として捉えることができます。ここでは、エコロジズム（ecologism）という単一の指標を異なる３時点で観察することで、何が**エコロジー指向への変化**（ecological change）として概念化されるのかを決定しています。このように、この研究では、QCAによる静的な比較では通常無

表5.8　結果「エコロジー指向への変化」

社会民主主義政党（一部抜粋）		エコロジー指向への変化（結果）	エコロジー指向		
			1970–79	1980–89	1990–99
労働党（オランダ）	PvdA（Netherlands）	1	6.40	5.72	8.12
スイス社会民主党（スイス）	SPS（Switzerland）	1	5.24	15.74	7.31
社会民主党（ルクセンブルク）	SPÖ（Luxembourg）	1	2.97	8.10	7.10
ドイツ社会民主党（ドイツ）	SPD（Germany）	1	–0.84	3.30	15.27
スペイン社会労働党（スペイン）	PSOE（Spain）	0	–0.75	–0.82	3.40
労働党（イギリス）	LP（United Kingdom）	0	0.50	1.91	3.10
社会党（フランス）	PS（France）	0	0.60	–3.03	0.95

出所：Fagerholm（2014）.

視される側面である**時間性**（temporality）を考慮したものとなっています。

もう一点、この研究ではなぜ、クリスプ集合の結果を用いたのでしょうか。Fagerholm（2014）自身の主張によると、「*より精緻な**程度の差異**（**differences in degree**）よりも**種類の違い**（**differences in kind**）がより重要であると考えられるため、この研究ではケースにもとづいた知識に重きが置かれていました*」（強調は筆者による）。これは先述の Schmitt（2018）の研究事例と同じように、妥当性のある議論と言えます。ただし、この研究の文脈では *Comparative Manifesto Project*（比較マニフェスト・プロジェクト）の詳細な二次データが入手可能であったので、ファジー集合により結果をキャリブレーションすることもできたはずです。

例6．犠牲者数

イラク戦争における多国籍軍の離反をテーマとした私自身の研究（Mello, 2020）では、民主主義リーダーの意思決定に影響を与える可能性のある要因として、テロリストによる攻撃に起因する民間人および軍人の犠牲者数を考慮した条件を設定しました。この研究で参照したデータベースは2種類で、軍人の犠牲者については *Iraq Casualities Project*（イラク死傷者プロジェクト）を、民間人の犠牲者については *Rand Database of Worldwide Terrorism Incidents*（Rand 研究所による世界のテロ事件データベース）を利用しています。これらのデータのキャリブレーションにあたっては、まず**質的な**（qualitative）基準を設定し、「おもに犠牲者の出た国の指導者とそうでない国の指導者」との区分をおこなうところからはじめました。どのような基準かというと、犠牲者を出さなかった国のリーダー

表5.9　条件「犠牲者」

国(一部抜粋)		国家指導者(一部抜粋)	ローデータ			ファジー集合「犠牲者」への帰属スコア
			動員した兵力に対する犠牲者数(%)	犠牲者数(公称)	動員した兵力	
アルバニア	Albania	F. Nano	0.00	0	80	0.00
オーストリア	Australia	J. W. Howard	0.19	2	1,048	0.75
デンマーク	Denmark	A. F. Rasmussen	0.83	4	480	0.99
エルサルバドル	El Salvador	F. Flores	2.50	1	40	1.00
エストニア	Estonia	A. Ansip	0.00	0	40	0.00
ハンガリー	Hungary	F. Gyurcsány	0.00	0	300	0.00
日本	Japan	J. Koizumi	0.67	4	600	0.98
オランダ	Netherlands	J. P. Balkenende	0.23	3	1,288	0.79
ポーランド	Poland	L. Miller	0.06	1	1,667	0.58
ポルトガル	Portugal	J. M. D. Barroso	0.00	0	120	0.00
スペイン	Spain	J. L. R. Zapatero	0.08	1	1,300	0.61
イギリス	United Kingdom	G. Brown	0.34	16	4,770	0.88

出所：Mello (2020).

にはファジー集合スコアの0を、犠牲者が発生した国のリーダーには0.51から1.0の間のファジー集合スコアを割り当てるというものです。

この条件の正確な値を決定するために、直接法によるキャリブレーションを用いました。派遣部隊全体の人数に占める犠牲者の割合を量的な尺度として用い、完全非帰属（0.005）、クロスオーバー・ポイント（0.006）、そして完全帰属（0.5）という3つの閾値を設定しました。クロスオーバー・ポイントについては、**少なくとも1人の犠牲者**を出した国には0.51以上の値、つまり集合への帰属となる値が割り当てられることを意味しています。

この研究の対象となる51か国のリーダーのうち12人を抜粋し、ローデータとファジー集合スコアをまとめたものが**表5.9**です。表中のエルサルバドルのファジー集合スコア1に対して、日本のそれは0.98と低位になっていることがわかります。派遣部隊の人数に対する犠牲者の比率を見ると、Flores大統領のもとのエルサルバドルの値（2.5%）は小泉首相の政権下の日本の値（0.67%）を上回っていることが両者のファジー集合帰属スコアの差が存在する理由です。**図5.4**はここでのキャリブレーションを視覚化したものです。

このことから、ここでのファジー集合「**犠牲者（fatalities）**」も**非対称条件**（asymmetric condition）（例.1参照）のもう1つの例であると言えます。さらに、

図5.4　ファジー集合「犠牲者」のローデータとキャリブレーション後のスコア

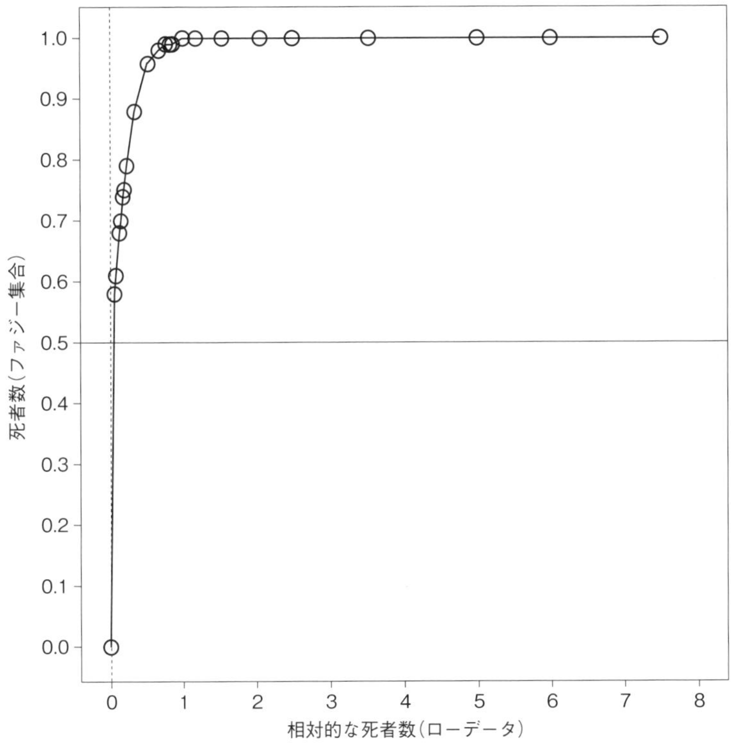

この条件は0.51から１の範囲の値を許容しますが、０より大きく0.51より小さい値を除外する形で概念化されています（民間人または軍人の犠牲者がいるか、どちらもまったくないかのいずれかだからです）。また、ここではクリスプ集合の条件を用いることも実際には可能でした。クリスプ集合のキャリブレーションを採用した場合には、よりシンプルでわかりやすい指標となることが強みですが、ファジー集合とは異なって派遣部隊の人数に対する犠牲者の比率に基づいた濃淡をとり入れることができません。

6．キャリブレーションに関するよくある誤解

QCAをめぐる誤解のかなり多い領域がキャリブレーションであることは、すでにこの章の冒頭でお話したとおりです。その意味するところはどういうことでしょうか。まず、よくある誤解の１つは、クリスプ集合あるいはファジー集合の

スコアを「つくり上げる（make-up）」ための本質的に「恣意的（arbitrary）」なプロセスとしてキャリブレーションを捉える見方です。もちろん、そのような見方は適切ではありません。

この章で見てきましたとおり、キャリブレーションには**明確に定義された（well-defined）基準（standards）**が存在します。それだけでなく、刊行されている研究の多くは、研究で用いたデータやそれらをどのようにして集合の帰属スコアに変換したかを透明化するために大きな労力を費やしています。ただし、キャリブレーションによる尺度に慣れていない人たちにとっては、このプロセスが不透明なものに映るかもしれないことも理解できます。また、QCAを用いた論文の中にはキャリブレーションのプロセスが判別不能で、ましてやその再現となると完全に不可能なものが見られるのも事実です[12]。一言で言えば、キャリブレーションに関する懸念に対処するための最善の方法は、概念の明確さ、データの透明性、そして妥当なキャリブレーション基準を担保することです（キャリブレーションのグッドプラクティスについては次節参照）。

キャリブレーションに対するよくある誤解の２つ目は、ローデータをクリスプ集合あるいはファジー集合のスコアに変換する機械的な作業としてキャリブレーションが捉えられがちなことです。本章でも触れましたが、平均値や中央値などの記述的統計量を単純にキャリブレーションのカットオフ値として用いることには何の意味もありません。また、観測データの最大値と最小値を取り出して、それらを上限・下限値として使用することも同様に無意味です。そうした処理をおこなった場合、**意味のある変動（meaningful variation）**を無関係な変動から切り離すことができるというQCAの本質的な強みを見落としてしまうことになります（Ragin, 2000）。こうしたことが現実的に起こりうるので、やはり概念的な作業をおこなうことが重要になります。

３つ目に挙げるのは、クリスプ集合とファジー集合についての誤解もあるという点です。どちらを選んだとしても、クリスプ集合またはファジー集合を選択した**理由**を正当化する必要があります。データが十分でなかったり、集合への帰属度に濃淡を持たせるのが困難で恣意的になってしまう恐れがあったりする場合には、クリスプ集合がより保守的かつ安全な選択肢であるという主張も見られます。このことがあてはまる研究の文脈もあります。また、クリスプ集合の方がよりあてはまりのよい概念もあります。問題なのは、クリスプ集合の方が単純に簡便で、バイナリ値を用いた作業の方が研究負荷が少ないという理由でクリスプ集合を選択する研究者が散見されることです。

そのほかにも、ファジー集合よりもクリスプ集合の方が整合性の高い集合関係を簡単に見出しやすいという見方も広く抱かれています（Ragin, 2009a；Schneider and Wagemann, 2012)。つまり、クリスプ集合を採用したことで、本来は弱い集合関係がより強いものに見えることがあるということです。このことは、QCA を応用した研究に取り組む研究者の間では、ファジー集合を採用した場合、整合性や被覆度のより厳密な検証がおこなわれる（これらの指標の計算については第6章で詳述します）ことが知られていますが、まさにその部分の経験と重なっていると言えます。

一方、Ingo Rohlfing（2020）による最近の研究によって導かれた結論では、クリスプ集合とファジー集合、そして整合性スコアの関係は「曖昧（ambiguous)」なので、経験的データの構造にしたがって、どちらを選ぶかを決定できるとしています。したがって、クリスプ集合では整合性スコアが**一般的に**高く出るという主張は妥当性を欠いたものであるかもしれません。

最後に4つ目の誤解について考えてゆきましょう。それは、キャリブレーション手法の選択が結果に大きく影響するということが示唆されることがある点です。そのため、QCA に慣れていない研究者の皆さんは、データのキャリブレーションをおこなう際にどの方法が「正しい（correct)」選択肢であるか悩んでしまうことがあります。しかし、実際には表5.2の失業率のデータの例からもわかるように、結果が大きく異なることはほとんどありません。重要なのは、経験的基準点をどこに置くかです。直接法を用いるか、それとも手作業による帰属スコアの割り当てをおこなうかに関係なく、クロスオーバー・ポイントが事前に定義されたキャリブレーションのルールに基づいていることがとりわけ大切です。これらのポイントについては、これからの章で再度取り上げます。

7．キャリブレーションのグッドプラクティス

QCA のよくある誤解についての議論はキャリブレーションのグッドプラクティスをリストアップするうえで役立ちます（これは、QCA の一貫性のある方法論的基準を設けるための取り組みに沿ったものです）(13)。

・QCA を用いた研究では、分析を通して使用された条件について明確に記録しておく必要があります。出版物には少なくともこの種の情報を要約した表を掲載するのが理想的です（このことは、説明条件のさまざまなモデルを用いるタイプの研究にとくに関係します。第2章参照）。
・データソースについて透明性があることが求められます。ローデータとキャ

リブレーション後のデータの双方が、学術誌のwebサイトあるいはオープンアクセスが可能なデータ・リポジトリを経由して利用可能となるようにします。質的データの場合、データの公開にあたって、より厳密な対応が必要です。時には（情報源の保護や機密情報の共有などに関する）倫理的問題が生じることもあります。そのような場合には、研究成果の公開に先駆けて、共有対象となる情報と集計あるいは匿名化する必要のある情報を判断するための裁量権を行使することが望ましいです（透明性については、Büthe and Jacobs, 2015が編集したシンポジウムへの寄稿を参照)。

・ソフトウェアRの環境のもとでおこなわれる分析については、オープンアクセスが可能なデータ・リポジトリにRスクリプトを公開します。

・キャリブレーションの方法とキャリブレーションの閾値を報告します。直接法を用いてキャリブレーションをおこなった条件に関しては、ヒストグラム、それからローデータとキャリブレーション後のデータのプロットを補足資料に記載します。

・キャリブレーションの閾値は、言語的に正当化しなければなりません。そして、なぜ、閾値以下あるいは以上のケースを考慮したのか、それらのケースの包含あるいは除外が結果に対して何を意味するのか、といった形で閾値の設定の影響を検討することも必要です。また、重要なケースに対しては、異なるキャリブレーションの閾値に沿って代替的な分析をおこなうことが望まれます。

・集合に名前（label）を付ける際には、できる限り簡潔かつ明瞭なものにします。表に凡例がない場合、頭字後（accronym）はとくに役に立つとは言えません。

・集合の名前は、形容詞ルールにしたがったものとし、その集合の方向性を示すものにします。（例：**寛大な**［generous］福祉国家、**支援的な**［supportive］大衆、**高い**［high］失業率)。

(1)　この章では、クリスプ集合とファジー集合に焦点を当てます。多値条件（multivalue conditions）については、第8章を参照してください。

(2)　アメリカ政治学会は、2015年に4つのテーマ別クラスターにまたがる広範な「質的研究の透明性をめぐる議論」のプロセスに着手しました（このディスカッション・フォーラムは現在もwww.qualtd.netから視聴することができます)。このフォーラムがきっかけとなり、QCAの手続きに関する透明性を具体的に推奨するための報告書も生まれました(Schneider, Vis, and Koivu, 2019)。

(3) 間接法によるキャリブレーションの実証的な応用例はほとんどありません。これはおそらく（直接法と比較した場合）手続きが複雑かつ二段階によるものだからです。この点についての技術的な議論については、Ragin（2008b）や Duşa（2019b）を参照してください。

(4) 3つのパーセントスコアが妥当な経験的基準点（empirical anchors）であるかどうかは、個々の研究の文脈の中で正当化される必要があることを強調しておきます。

(5) 質的データの変換に特有の課題については、De Block and Vis（2019）を参照してください。質的データのキャリブレーションの例は、Kahwati and Kane（2020）にも紹介されています。

(6) Goertz（2020）は、名義水準の測定を尺度として認識するのは「本質的にミスリーディングである」と問題提起しています。その理由として、名義条件は実際には「2つ（またはそれ以上）の概念」であることを挙げています。

(7) これは、ケルビン（Kelvin）で測定される温度と摂氏で測定される温度を区別するものです。摂氏にはゼロ点がありますが、それは恣意的なものです。これに対し、ケルビンには意味のあるゼロ（絶対零度）が存在します。

(8) 本節は Ragin（2008b）によるキャリブレーション・プロセスの詳細な説明に基づいています。また、Duşa（2019b）は、R の QCA パッケージの中でどのようにこの手続きが処理されるかを解説するとともに、標準的なキャリブレーション手順が依拠する対数関数を代替する方法も紹介しています。

(9) Ragin（2008b）に記載されている数値は切り上げ処理されているので、彼のデータを使って手作業で計算プロセスを再現しても完全に同一の結果を得ることができません。このことで事情が複雑になっています。

(10) これらのメトリクスは、0.95、0.50、0.05の閾値に対応したものです。関連オッズと対数オッズの3桁の値は、便宜上、四捨五入された近似値です。ソフトウェアは正確な数値で動作するため、手動で再計算すると若干異なる結果が得られる可能性があります（Duşa, 2019b）。

(11) 質的キャリブレーションについては、De Block and Vis（2019）も参照してください。

(12) 私が担当する QCA のコースでは既存研究を再現することを学生たちの課題の1つとしています。この課題を通して明らかになったのは、多くの論文がローデータやキャリブレーションの閾値、分析に関する決定についての情報に言及していないことです。そのため、論文の手続きにしたがって同じ結果を得ることができるケースはほとんどありません。この問題は集合論的方法だけでなく、より広くあてはまるものです。

(13) グッドプラクティスの基準については、Schneider and Wagemann（2010）を参照してください。QCA の実際の適用事例と定式化されたグッドプラクティス基準との整合性に関する調査には Mello（2013）があります。QCA のガイドラインについては、Oana, Schneider, and Thomann（2021）も参照してください。

第6章　適合性の指標

相関関係の分析において有意性と強度の評価が重要であるのと同様に、集合関係は重要である。
— Charles C. Ragin

QCA はすでに30年を超える発展の過程を経てきましたが、その中で方法論としての QCA はかなり洗練化しています。QCA はブール代数を用いた方法として登場したので、当初はバイナリ値（2値）しか扱うことができず、結果が発生するケースとそうでないものが混在する矛盾した真理値表の行（訳者注：条件組み合わせ）にも対応することができませんでした。したがって、矛盾を含む条件組み合わせは、分析に先駆けて**リサーチ・デザイン**の段階で何らかの手段によって解決しておく必要がありました（Ragin, Mayer, and Drass, 1984；Rihoux and De Meur, 2009；Rihoux and Ragin, 2009）。しかし、社会科学の領域では完璧な集合関係を見出せることはほとんどありません。それよりもむしろ、必要性や十分性に近い関係でありながら、データセットの中にそうしたパターンにあてはまらないケースが見られることが多いです。このような状況からどうやって先に進んでゆけるのでしょうか。どの位の割合のケースがあてはまれば、集合論的関係が妥当と言えるのに**十分**（enough）なのでしょうか。

こうしたことから、集合への帰属度の程度を区別できるファジー集合を導入（Ragin, 2000）して以降、Charles Ragin（2006a）は、経験的データの不完全な集合論的関係の評価をおこなう指標として**整合性**（consistency）と**被覆度**（coverage）という2種の尺度を開発しました。これらは QCA の方法論としての発展における大きな一歩となりました。これらの指標がケースについての知識や実体的な解釈に取って代わることはありませんが、結果の検証と比較をおこなうためのベンチマークを生み出した点において QCA の手法に貴重な付加価値をもたらしたと言えます。それと同時に、これらの指標は QCA を適用した研究の透明性向上の基準にもなっています（Oana, Schneider, and Thomann, 2021；Rihoux and Ragin, 2009；Schneider and Wagemann, 2010, 2012）。

ここまで引用した先行研究を通して強調していますが、整合性と被覆度は統計学の世界で普及している有意性（significance）と強度（strength）の指標にそれぞれ重ね合わせることができます。統計的有意性と同様、**整合性**は説明条件（の組み合わせ）と結果の間に経験的に観察された関係が集合論的必要性と（または）十分性にどの程度近似しているかを測定するものです。一方、**被覆度**は、統計学の強度（strength）と同じように、説明条件あるいは説明条件の組み合わせの経験的重要性ないし関連性を測定する指標です（Ragin, 2008）。とはいえ、集合論的関係と統計的な関連性の指標は同一視するべき**ではありません**。どういうことかというと、これらの指標の目的は似ていますが、測定の対象は異なっているということです。

整合性と被覆度は集合論的関係を形式的に評価するための定番の指標として用いられていますが、経験的データに時折生じる問題をこれらの指標だけでは検出できないことが長らく指摘されてきました。そこで、追加的な指標の開発がおこなわれています。そのうち、「PRI（Proportional Reduction in Inconsistency：不整合減少率）」は、同時部分集合関係に対応するものです（Ragin, 2006b；Schneider and Wagemann, 2012）。「RoN（Relavance of Necessity：必要性の関連度）」は、関連性の高い必要条件と取るに足らない（trivial）必要条件を判断するための指標です（Schneider and Wagemann, 2012）。

これらの指標はいずれも主要なソフトウェアパッケージに組み込まれていますので、現在では論文などの出版物に記載することが慣例となってきています[1]。QCA の他の領域と同様、適合性指標は継続的な開発と洗練を目指す対象となっています。その一環で、整合性と被覆度を代替するもの（Haesebrouck, 2015；Stoklasa, Luukka, and Talášek, 2017；Veri, 2018, 2019）や集合論的関係と経験的なパターンとの距離を評価するもの（Eliason and Stryker, 2009）、QCA による解の構成のうち単一の条件の重要性を評価するもの（Damonte, 2018）、必要性の程度を測る明確なアプローチ（Dul, Van der Laan, and Kuik, 2020；Vis and Dul, 2018）、さらには複数の条件の組み合わせによる必要性の指標（Bol and Luppi, 2013）も含め、新たな適合性指標が提案されています。

第４章では集合関係の基礎的事項を概観しましたが、本章ではそれらを踏まえ、QCA に不可欠となる標準的な適合性指標を紹介するとともに、それらの算出方法を説明し、研究事例を用いながらそれらの重要性についての理解を深めてゆきます。ここでの議論の中心は、整合性と被覆度、PRI、そして RoN とします。そのほかにも多くの測定指標がありますが、それらについてはこの章では取り扱いません。ここで議論の対象とする適合性指標は、標準的な QCA アプリケーションを用いる場合、適合度指標を**自分で**（manually）計算する必要はありません。ただし、これらの指標がどのようにして算出されるのかと具体的なスコアの違いが何を意味するか、そしてそれらをどのように解釈すればよいかを理解しておけば、研究を進めるうえでの大きな助けとなります。

細かい議論に移る前に、1つ大事なことを確認しておきましょう。本章で取り上げる適合性指標は経験的データに含まれる集合論的関係の特定に役立ちますが、あらゆる解釈、とりわけデータから見出された**因果関係の解釈**（causal interpretation）は、常に理論と実体的知識に依拠したものでなければいけません（第4章の議論も参照）。「**相関関係は因果関係ではない**（correlation is not causation）」という昔からおなじみの格言をもじって、「**集合関係は因果関係ではない**（set relation is not causation）」ということを肝に銘じておいた方がよさそうです。分析によって見出されたパターンが真に意味のあるものであるか否かは、研究課題のリサーチ・デザイン（第2章）と経験的エビデンスの強度、さらには研究者自身による理論的/実体的解釈に依存しています。

1. 集合論的整合性

整合性（consistency）という指標は、「特定の条件組み合わせを共有するケースが、どの程度、同一の結果を示すか」を評価するために用いられます（Ragin, 2008b）。別の表現で説明すれば、整合性は「想定される集合関係に対する経験的エビデンスの適合性」（Mello, 2017）を判断するうえでの手掛かりとなります。整合性の指標は、必要条件と十分条件の整合性の評価だけでなく、個々の条件やそれらの組み合わせにも適用することができます。

集合論の形式的には、原因条件の所在と結果の発生との間の集合関係がどの程度存在するかを反映した指標として整合性が計算されることになります。結果Yのとるすべての値が原因条件Xの個々の値以下となる場合、YはXの**部分集合**（subset）（逆転させると、XはYの**上位集合**［superset］）です。したがって、XはYの**必要条件**（necessary condition）となります。これと同じように、結果Yのとるすべての値が原因条件Xのそれぞれの値以上となる時、YはXの**上位集合**（superset）（逆転させると、XはYの部分集合）になります。この時、XはYの**十分条件**（sufficient condition）です。このことから、結果Yのとるすべての値と原因条件Xが完全に一致する場合（ファジー集合のX-Yプロットで、すべてのケースが対角線上に位置する場合）、XはYの必要条件と十分条件の**両方**（both）に該当します。

整合性の計算に移る前に、集合論による必要性と十分性の関係を視覚的に捉えておきましょう。第3章の説明を思い出しながら、**図6.1**のオイラー図を見てみ

図6.1　クリスプ集合の必要条件と十分条件

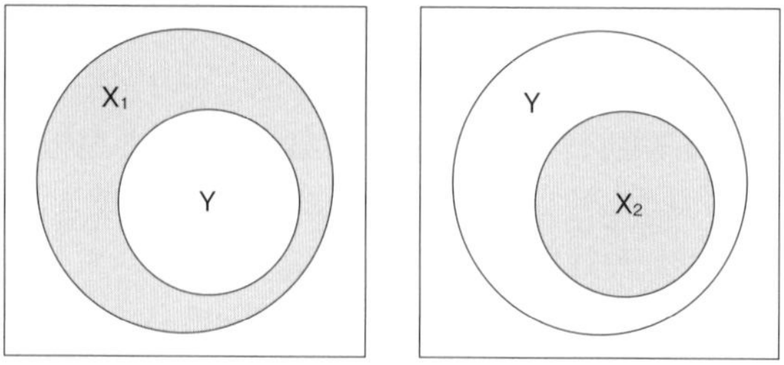

図6.2　ファジー集合における必要条件と十分条件

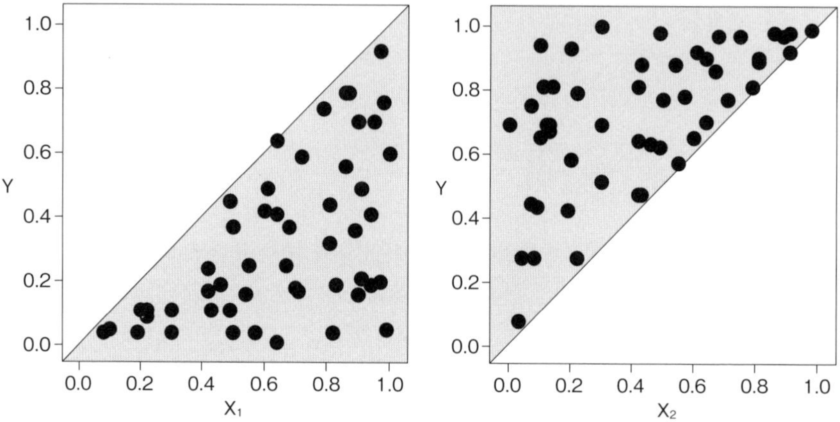

ましょう。この図では2値（バイナリ値）を前提とするクリスプ集合による必要性と十分性の関係を示しています。X_1は完全に整合的な必要条件です。一方のX_2は完璧な整合性をもった十分条件です。

図6.2のX-Yプロットは、集合への帰属度の程度の濃淡を反映したファジー集合における必要性と十分性の関係を視覚化したものです。これらのプロットを見ると、すべてのケースが主対角線上または**それより下**の領域に位置するか（必要条件X_1）、主対角線上または**その上**の領域に位置するかのどちらかになっています（十分条件X_2）。

これらの関係は数式を用いるとどのように表現することができるでしょうか。必要条件と十分条件の整合性は次の2つの公式で計算することができます。両者の違いは分母の値だけです（Ragin, 2006a, 2008）。

（必要条件の整合性）

$$\mathrm{Consistency}_{\mathrm{Necessary}}(\mathrm{Yi} \leq \mathrm{Xi}) = \frac{\sum min(Xi, Yi)}{\sum Yi}$$

（十分条件の整合性）

$$\mathrm{Consistency}_{\mathrm{Sufficiency}}(\mathrm{Xi} \leq \mathrm{Yi}) = \frac{\sum min(Xi, Yi)}{\sum Xi}$$

形式的な部分集合の関係の検出を目的とするため、それぞれの数式では、条件Xと結果Yの帰属スコアのうちの最小値の合計を、結果Yの合計（**必要条件の場合**）または条件Xの合計（**十分条件の場合**）で割る計算をおこないます。完全な部分集合関係が存在する場合、整合性スコアは1になります。不完全な部分集合、つまり1つないしそれより多くのケースが必要性または十分性の基準を満たさない場合、算出される整合性スコアは1を下回ります。これら2つの数式が類似しているのは、必要性と十分性が相互に逆関係にあることを反映しています。

適合性には適切な水準があるのでしょうか。適合性水準がどの程度あれば、ある条件または条件組み合わせが結果に対して必要あるいは十分と認めることができるのでしょうか。一般的には整合性スコアが1に近似するほど、集合関係に対してより大きな確信をもつことができます。十分条件に関しては、分析の過程で真理値表の最小化がおこなわれます（第7章に詳細）。ここでは、真理値表の特定の行（訳者注：特定の条件組み合わせ）を分析に含むかどうかの**最小の**（**minimum**）ベンチマークとして0.75の整合性が推奨されています（Ragin, 2008；Schneider and Wagemann, 2012）。

ただし、これはQCAによる解が得られるプロセスの**1つのステップ**に過ぎません。この点に注意が必要です。真理値表分析では、整合性スコアが0.75の閾値を上回る行が複数含まれることが珍しくありません。したがって、分析の結果得られる解項はほとんどの場合、整合性スコアの閾値の最小値を**上回ります**（**exceed**）。

必要条件に関しては、分析過程に真理値表分析をともなわないので、通常、理論的焦点は単一の条件に依存します。したがって、必要条件については整合性スコアの閾値は0.90に設定することが推奨されています（Schneider and Wagemann, 2012）。

もちろん、これらの閾値は**経験則**（**rules of thumb**）に過ぎませんので、経験的データの解釈をおこなう際には常に、ケース知識と個別の判断を動員する必要があります。とくに、集合の必要条件の整合性の閾値に0.90を求めるのは相当厳しい要求と言えます。データから特定のパターンが見られる場合でも、実際にはこの整合性水準に達しない例も少なくありません。例えば、軍事同盟からの離脱の研究（Mello, 2020）では、「選挙が迫っている（upcoming election）」という条件は理論的には重要と考えられていましたが、整合性は0.83だったので、形式的な観点からは必要条件ではないということになりました。しかし、標準的なカイ二乗検定をおこなうと、18のケースのうち16ケースで同様のパターンが見られ、選挙が迫っている国々とそうでない国々との間には統計的に有意な差が見つかりました（Mello, 2020）。

そのほか、分析の対象となる**ケース数**（number of cases）も考慮する必要があります。ケース数が少ないほど、整合性の閾値を高い水準に設定することが求められます。例を挙げておきましょう。12ケースのみを用いたQCAによる研究を想定すると、選択したケースについての深い知識を持っていることが期待されます。そのため、非常に高い水準あるいは完全な整合性の水準が設定されます。それとは対照的に、50あるいは80のケースを用いたQCAによる研究では、整合性の値が低めに出ることが予想されますが、それでももちろん許容範囲にあります（ただし、集合関係の最低限の閾値を満たした整合性が要求されます）。

2．整合性の計算の例

ここでは、整合性がどのように計算されるか事例を使って見てみましょう。ある小さな会社に勤務する従業員グループの全員にコロナウイルス（コロナ2019）の陽性反応が出たとしましょう。COVID-19に感染した後、重篤な症状になった人もいれば、軽症あるいは無症状だった人もいました。このようなバラツキをどのように説明したらよいでしょうか。**表6.1**に、８人の従業員についての**重篤な病状**（serious symptoms）（結果）、そして２つの説明条件として設定した**病弱**（weak health）と**高齢**（old age）というファジー集合への帰属スコアの仮想データを示しています。

病弱という条件には、リスク要因の中でも肺の病気や糖尿病といった既往症の重症度を考慮しています。高齢であるということは、病気に罹った場合の合併症のリスクが著しく高くなることを意味しています。ここでは、集合への帰属スコアが0.5を上回る場合、その人は集合の**内部**に位置します。そして帰属スコアが１の場合、それぞれの集合に**完全帰属**（full membership）しているということです。

表6.1　例　コロナ2019とリスク要因

人物名	病弱	高齢	重篤な病状（結果）
Linda	1.0	0.7	0.9
George	0.9	0.9	0.9
Megan	0.8	0.6	0.7
Carlos	0.7	0.4	0.6
David	0.3	0.0	0.2
Sara	0.5	0.1	0.1
Tamira	0.6	0.3	0.4
Jamar	0.8	0.2	0.6

図6.3　リスク要因と重篤化のX-Y プロット

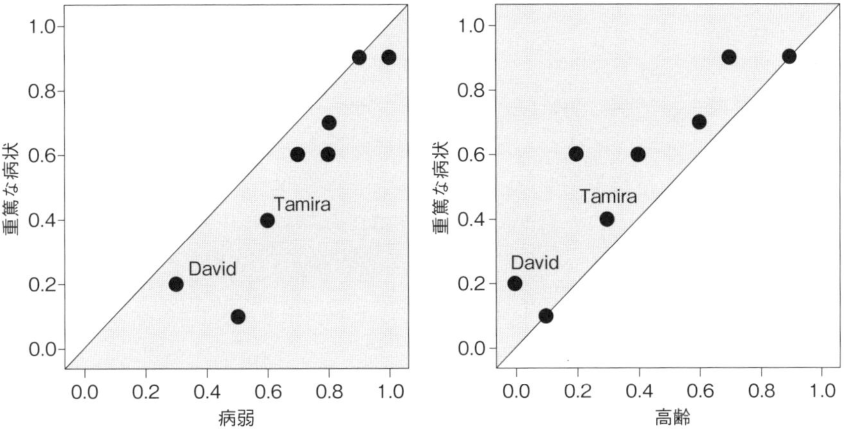

整合性の計算に入る前に、説明条件と結果を可視化し、集合論的な関係が見えるかどうかを確かめてみましょう。**図6.3**は、**病弱**と**高齢**という２つの説明条件のそれぞれと**重篤な病状**による別々のX-Y プロットを示しています。これらのX-Y プロットには説明上の理由から２つのケースにラベルをつけています（訳者注：Tamira and David)。左側のプロットでは、病弱という条件が完全に整合的な**必要条件**（necessary condition）としてのパターンにしたがっていることがわかります。すべてのケースが対角線上または対角線の下に位置しているからです。このことは、これらのケースのすべてにおいて**病弱**というファジー集合への帰属スコアが、結果に対する帰属スコアと等しいかそれを上回っていることを意味します。言い換えると、この説明条件は結果を完全に包含しています（集合論の用語では、この条件は結果の**上位集合**であるということになります)。

表6.2　整合性を計算する：コロナウイルスの例から

人物名	病弱(X_1)	高齢(X_2)	重篤な病状(Y)	最小値(X_1, Y)	最小値(X_2, Y)
Linda	1.0	0.7	0.9	0.9	0.7
George	0.9	0.9	0.9	0.9	0.9
Megan	0.8	0.6	0.7	0.7	0.6
Carlos	0.7	0.4	0.6	0.6	0.4
David	0.3	0.0	0.2	0.2	0.0
Sara	0.5	0.1	0.1	0.1	0.1
Tamira	0.6	0.3	0.4	0.4	0.3
Jamar	0.8	0.2	0.6	0.6	0.2
合計	5.6	3.2	4.4	4.4	3.2

個々のケースに目を向けると、**重篤な病状**の集合に帰属する5人全員の**病弱**の集合への帰属スコアが0.50を超えていることがわかります。病弱でない人で重症となった人は1人もいません。ただし、病弱であることは結果に対して十分ではありません。従業員の1人Tamiraの例を見るとそのことがわかります。彼女は病弱ですが、重篤な症状の集合の外側に位置しています。

同じように右側のX-Yプロットを見ると、高齢という説明条件が完全な整合性をもった**十分条件**（sufficient condition）であることがわかります。すべてのケースが対角線上、またはその上部に位置しているからです。この状況は、説明条件の集合への帰属スコアが結果の集合に対する帰属スコアと同値かそれ未満であることを示しています。高齢であるという集合が結果の**部分集合**（subset）となっています。結果の集合が高齢である集合を包含しているからです。個々のケースの観点から言えば、**高齢**の集合に帰属する人は必ず**重篤な症状**を示すということになります。ここで用いている架空の従業員の例では、Linda, George、そしてMeganにあてはまります。

それでは、ここで整合性を計算してみましょう。上で紹介した公式をこの例のデータにあてはめるだけです。**表6.2**は整合性の計算に必要となる、この会社の従業員についての2つの説明条件のそれぞれと結果のファジー集合帰属スコアの間の最小値、そしてそれぞれの原因条件と結果の合計値をデータとともに示したものです。集合論的な**必要性**が成立するためには、結果の集合が説明条件の集合の完全な部分集合となる必要があります。病弱（X_1）として設定した条件の整合性スコアは、X_1とYの最小値の和を結果（Y）の値の和で割れば求めることができます。ここでは、4.4÷4.4となり、整合性は1です。すでにX-Yプロットから明らかになっていることですが、病弱であることが重篤な症状の発生の完全な必要条件となっていることが確認できます。

もう１つの説明条件、高齢の整合性スコアは、3.2÷4.4で0.73となります。この値は0.9の閾値を大きく下回っていますので、この条件は重篤な症状発生の必要条件であるとは言えません。従業員のうち、Carlos と Jamar は共に重篤な症状ですが、高齢の集合の内部には含まれていません（**表6.1**参照）。

表6.2のデータから整合性の計算をおこなうと、以下のとおりです。

$$\text{Consistency}_{\text{Necessity}}(X_1) = \frac{4.4}{4.4} = 1 \qquad \text{Consistency}_{\text{Necessity}}(X_2) = \frac{3.2}{4.4} = 0.73$$

集合論的**十分性**（**sufficiency**）の場合、必要性とは逆の関係、つまり、説明条件が結果の部分集合となることを意味しています。十分条件の整合性を求めるには、説明条件と結果それぞれの集合への帰属スコアの最小値の合計を説明条件の帰属スコアの合計で割る計算をおこないます。**病弱**（X_1）という条件については、4.4÷5.6で0.79となります。したがって、この条件は重篤な病状が発生するための**弱い**（**weak**）十分条件と言えます。なぜそうかと言うと、この整合性スコアは閾値の最低基準0.75[2]を上回ってはいますが、完全な整合性からは程遠いからです。このことは、ここで用いている仮想データにも反映されています。病弱であることと重篤な病状の発生の値には密接な対応関係が見られます。しかし、前者の値が後者のそれを上回っていることが多くなっています。

質的にも、Tamira は病弱の集合に帰属していますが、重篤な病状の集合の外側に位置しています。これは、病弱であることが重篤な症状発生の完全な必要条件ではないことを物語っています。説明条件のうち**高齢**（X_2）の整合性を算出するには、この条件と結果のとる帰属スコアのうちの最小値を合計したもの（3.2）を原因条件の帰属スコアの合計で割る計算をおこないます。その解は１です。したがって、この架空の事例では、高齢であることが結果としての重篤な症状が発生するための完璧な十分条件となっているのです。

この会社の従業員の中で高齢の集合に帰属するのは Linda、George、そして Megan の３人ですが、この３人は結果である重篤な症状の発生についても高い水準のファジー集合スコアとなっています。**表6.2**のデータを使って計算すると次のようになります。

$$\text{Consistency}_{\text{Sufficiency}}(X_1) = \frac{4.4}{5.6} = 0.79 \qquad \text{Consistency}_{\text{Sufficiency}}(X_2) = \frac{3.2}{3.2} = 1$$

3．集合論的被覆度

被覆度（coverage）は、「ある原因またはその組み合わせが特定の結果の発生をどの程度『説明』しているか」を評価するために用いられる指標です（Ragin, 2008b）。言い換えると、被覆度とは「説明条件の経験的な**関連性**」を決定するために用いられます（Mello, 2017）。十分条件における被覆度は、特定の条件ないし条件組み合わせによって経験的エビデンスのどの程度を説明できるかを示します。例えば、それが存在すれば必ずその結果の発生につながる条件を特定することができます。しかし、すべてのケースのうち、そのような条件をもつケースが１つしかなかったとします。そのような場合、この条件は形式上は十分条件かもしれませんが、結果の説明に対する貢献度は相当低いと言えます。

必要条件については、被覆度によって**関連性の高い**（relevant）必要条件と**取るに足らない**（trivial）必要条件とを区別することができます。例を用いて考えてみましょう。ある条件が集合論的必要性の基準を形式的に満たしていても（Xが結果Yの完全な**上位集合**［superset］である場合など）、それだけではまだ些細な発見にすぎません。その条件がほとんど常に存在する場合には、説明条件と結果との間の因果関係を確立することが難しいからです。

１つ例を挙げてみましょう。**酸素**（oxygen）は、ほぼどこにでもあります。形式的な要件から言えば、酸素があることは、内戦の勃発といった事象も含むさまざまな現象の必要条件となるかもしれません。とは言え「酸素は内戦の必要条件である」という命題を提示したところで、酸素はどこにでも存在しますので分析的な価値はありません。

図6.4を用いてこうした関係について説明してゆきます。左側のオイラー図では結果Yとその完全な上位集合となる２つの条件、X_1とX_2を示しています。図からもわかるように、形式的な観点からはX_1とX_2のどちらも結果に対する必要条件と見なすことができます。しかし、X_2はX_1と比べて、より頻繁に発生します（**図6.4**の四角い箱は、ここで用いている単純な設定のもとでの現象の世界を表わしています）。したがって、これら以外の情報がない場合、X_2はX_1より結果の発生に対する関連性の低い必要条件であることがわかります。

ここで右側のオイラー図に注目してみましょう。結果Yの完全な部分集合となるのが、X_3とX_4です。あるケースがX_3またはX_4の何れかの集合に帰属すれば、

図6.4　必要条件と十分条件の被覆度（クリスプ集合の場合）

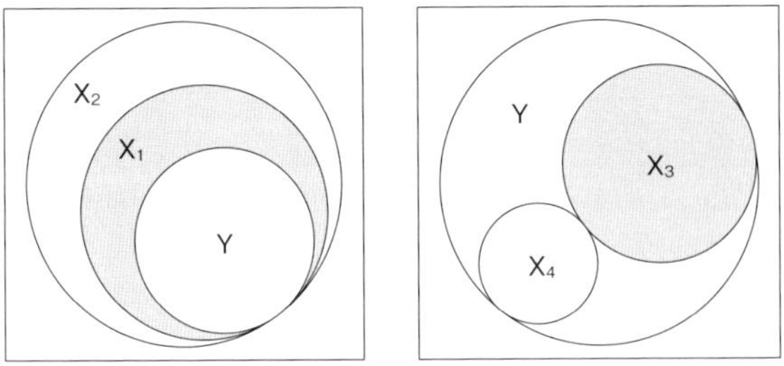

そのケースは結果Ｙの集合にも含まれるという状況を意味しています。つまり、X_3とX_4はともにＹの十分条件です。ただし、X_3とX_4を比べるとX_4の円の方が小さいことがわかります。X_4の集合に帰属するケース数がX_3よりも少ないということです。

結果Ｙを説明することが目的の場合、Ｙが発生するケースを単純により多くカバーしているので、X_3の方がより関連性の高い条件であると言えるでしょう。ただし、実際にQCAを用いて研究をおこなう際には、X_3とX_4のどちらも含む複数の解項が同じ結果を生じさせていることが判明することがあるかもしれません。同じ結果に至るそれぞれの経路（訳者注　pathway：条件［組み合わせ］）について、**素被覆度**（raw coverage）と**固有被覆度**（unique coverage）を算出することができます。

素被覆度は、他の条件（組み合わせ）との間で観察された重複ケースの有無や規模に関係なく、ある条件（組み合わせ）が結果を説明する総被覆度のことを指しています。一方、固有被覆度は、個々の条件（組み合わせ）が単体で（他の条件［組み合わせ］の集合に含まれないケースのみを対象とした場合に）結果が発生するケースのうち、どの程度を説明できるかを示す指標です。この点に関しては、第７章でQCAの手順から得られる解項を検討する際に立ち返ることにします。

これらの集合関係は、どのようにして計算したらよいのでしょうか。必要条件と十分条件の**被覆度**の計算は整合性の算出方法と酷似しています。下の２つの式が必要条件と十分条件の被覆度の算出式ですが、両者の式で異なるのは式の分母だけです（Ragin 2006a, 2008b）。

（必要条件の被覆度）

$$\mathrm{Coverage}_{\mathrm{Necessity}}(\mathrm{Yi} \leq \mathrm{Xi}) = \frac{\sum min(Xi, Yi)}{\sum Xi}$$

（十分条件の被覆度）

$$\text{Coverage}_{\text{Sufficiency}}(\text{Xi} \leq \text{Yi}) = \frac{\sum min(Xi, Yi)}{\sum Yi}$$

整合性と被覆度の計算式を見ると、両者が反比例の関係にあることは明らかです。ここで注意が必要なのは、整合性が常に適合性の**第一の**（primary）指標であるということです。そのため、まずは整合性を算出し、その検証がおこなわれるのです。被覆度は、分析を通して一貫性のある集合関係が見出された時に初めて意味をもつものです。したがって、分析にあたっては最初に整合性から着手して、段階的に被覆度へと進んでゆくことが望まれます。

Ragin（2008b）も指摘しているように、結果の集合に対して一貫して部分集合あるいは上位集合の関係にはなっていない条件の被覆度を計算したり解釈したりすることは「無意味（pointless）」です。ただ、ひとたび整合性が確立されれば、被覆度を算出することは、特定した集合関係の経験的関連性の評価において有用です。

4．被覆度の計算の例

ここで**表6.1**に示すコロナ2019の例のデータに再度立ち返って、被覆度の計算の説明をしてゆきましょう。前述の段階では、**病弱**（X_1）が、**重篤な病状**という結果に対する完全な必要条件であることを特定しました。そこで、その被覆度を計算してみたいと思います。個々のケースの条件 X_1 と結果Yの最小値の和をとり、それを X_1 の和で割ると被覆度を求めることができます。具体的な数値では、4.4 ÷ 5.6=0.79となります。この被覆度のスコアから、条件 X_1 と結果Yの間にはかなり高い適合性があることがうかがわれます。この例については、本章の最後に必要性の関連性（relevance of necessity：RoN）を算出する場面で再度検討をおこないます。

表6.1の例では、もう１つ**高齢**（X_2）という条件が、結果Yに対する十分条件であることもわかっていました。この条件の被覆度は、個々のケースの条件 X_1 と結果Yの最小値の和（3.2）をとり、それをYの和（4.4）で割ることで算出でき、0.73というスコアになります。これは、良好な被覆度です。ただし、これは、重篤な症状という結果の集合の一部は高齢という条件だけでは説明することができないことも示唆しています。例えば、この会社の従業員のうちJamarとCarlosはどちらも重篤な症状という結果の集合の内部にいますが、高齢という

条件の集合の外側に位置しています。つまり、2人は病弱であることで症状が重篤化したことがうかがわれます。**表6.1**のデータに基づくここでの被覆度の計算は以下のようになります。

$$\mathrm{Coverage}_{\mathrm{Necessity}}(Yi \leq Xi) = \frac{4.4}{5.6} = 0.79$$

$$\mathrm{Coverage}_{\mathrm{Sufficiency}}(Xi \leq Yi) = \frac{3.2}{4.4} = 0.73$$

2つ目のステップでの計算からは、十分条件としての高齢が重篤な症状という結果の**ファジー集合の帰属スコア**（fuzzy-set membership store）の0.73をカバーしていることがわかります。ファジー集合の被覆度には、特別な意味合いがあります。一見すると、被覆度はある条件がカバーする範囲に含まれるケースの**構成比**（share）あるいは**パーセンテージ**（percentage）を反映したものと考えがちですが、ファジー集合の場合は、さまざまな水準の帰属スコアをもつケースをもとに被覆度が算出される点に注目する必要があります。しかも、集合への帰属スコアが0.50より低いケースについても被覆度の計算に含まれます。

この点について、**表6.2**のデータを見ると確認することができます。結果の集合への帰属度が0.50を上回る従業員は5名いることがわかりますが、そのうち3名については高齢という条件（X_2）によって説明することができます。これが単なるシェア（訳者注　3÷5：高齢の従業員の数／重篤な症状が発生した従業員の数）だったら被覆度は0.60となるはずです。しかし、上で算出したように、ファジー集合による被覆度は0.73です。

整合性がわかりやすい指標であるのに対して、被覆度は理解しにくい場合のある指標です。被覆度は、本質的には条件と結果の適合度を測る指標です。結果のスコアとそれぞれの条件のスコアの差分が大きくなるほど、被覆度のスコアは低下します。**図6.5**に示す2つの十分条件を用いたプロットを見ると、このことを説明することができます。

左側のプロットの条件 X_1をみると、主対角線付近にケースが集中しています。これは、条件と結果それぞれの集合への帰属スコアが等しいことを示しています。ここでの X_1の**被覆度のスコア**は0.71です（整合性は完全です）。条件 X_2では、これとは異なる関係が見られます。ここでは、多くのケースが主対角線からさらに離れた場所に位置しています。結果の値が条件のそれを大きく上回っているということです。X_1と同様、X_2も完全な整合性の十分条件ですが、被覆度は0.43に

図6.5　被覆度の異なる十分条件（ファジー集合）

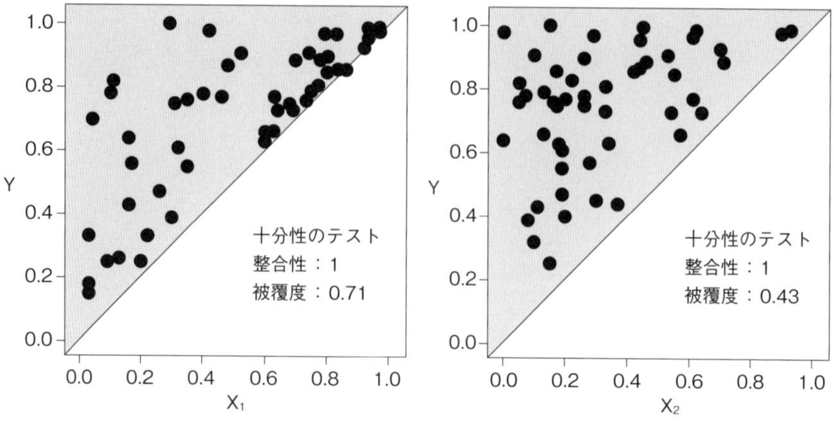

過ぎません。

5．不整合減少率：PRI（Proportional Reduction in Inconsistency）

PRI（proportional reduction in inconsistency）は、十分条件の分析において、**同時部分集合関係**（**simultaneous subset relations**）を特定するための指標です。この同時部分集合の関係とは、一体どのようなものなのでしょうか。ファジー集合のデータでは、ある条件または条件組み合わせで結果が生じる場合とそうでない場合の両方の部分集合となることがあります。そのような場合に、同時部分集合関係が発生します。この関係は**論理矛盾**（**logical contradiction**）と言えます。しかし、整合性と被覆度という指標だけでは、条件Xを結果の発生の十分条件として扱うのか、それとも結果の未発生の十分条件として扱うべきなのか、判断は困難です。

こうした状況を把握し集合関係を正確に解釈するための指針として、Ragin（2006b）がfs/QCAのソフトウェアに導入したのがPRIという指標です。これを初めてテキストに記載したのがCarsten Schneider and Claudius Wagemann（2012）です[3]。PRI指標は、Adrian Duşa（2019b）が開発したRのQCAパッケージも含め、ほとんどのQCAソフトの標準機能として組み込まれています。

同時部分集合の関係の理解を深めるために、45ケースからなる仮想データを用いた例を見てみましょう。**図6.6**は、条件Xと結果Y、そして条件Xと結果の未発生～YのX-Yプロットです。左側のプロットでは、Xが整合性1、被覆度0.58

図6.6　同時部分集合関係

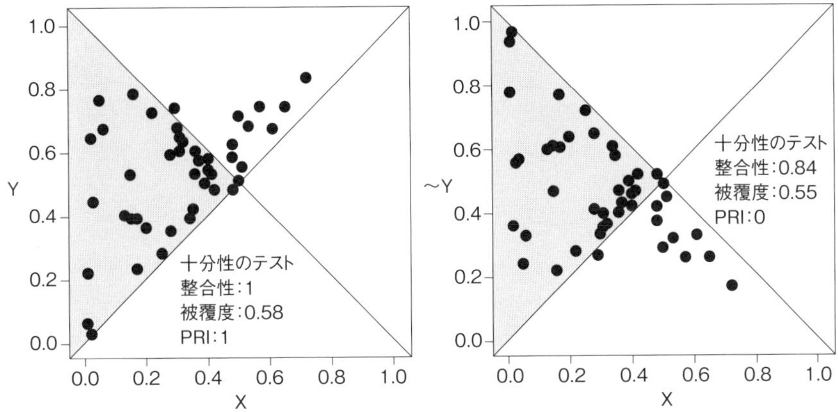

でＹの十分条件であることがわかります。一方、右側のプロットからは、Ｘが整合性0.84、被覆度0.55で結果の**未発生**（nonoutcome）の十分条件であるように見えます。

どうしてこのようなことが起こるのでしょうか。左側のX-Yプロット上のケースの経験的分布に目を向けると、２つの点が目立っていることに気づきます。１つは、いくつかの例を除いて、ほとんどのケースの条件Ｘに対する帰属スコアが0.5を下回っています。つまり、クロスオーバー・ポイントの左側に位置しています。２つ目に、ほとんどのケースがグレーにハイライトした三角形の中に収まっています。ちなみに、このプロットには対角線を一本追加しているため、全体が４つの三角形に分割されています。

この左側の三角形の内部に位置するケースは、結果の発生と未発生の**双方の**部分集合としての条件を満たしています。集合論の形式表記では、Ｘ ≦ Ｙ and Ｘ ≦ ～Ｙと定義されます（Ragin, 2011）。この関係によって、いずれの設定でも整合性が高く、形式的にも十分性の要件をパスしています。しかし、これら２つのプロットのデータを検証してゆくと、Ｘを～Ｙの十分条件として扱うことに疑問が生じてきます。というのは、Ｘの帰属スコアが0.5を上回っているケースで～Ｙに対する帰属スコアが0.5を上回るものがないからです。少なくとも一握りのケースで条件と結果の双方の帰属スコアが0.5を上回るケースが観察される左側のプロットとは対照的です。

上のような問題の解決策としてのPRIの計算に入る前に、ほんの数ケースのみを含む単純な例を見てゆきましょう。**表6.3**は、仮想した５つの国のそれぞれ

表6.3　同時部分集合関係

ケース	条件A	結果Y	結果の未発生 ～Y	最小値 (A, Y)	最小値 (A, ～Y)	最小値 (A, Y, ～Y)
フランス	0.2	0.3	0.7	0.2	0.2	0.2
ギリシャ	0.5	0.6	0.4	0.5	0.4	0.4
イタリア	0.4	0.5	0.5	0.4	0.4	0.4
ポルトガル	0.6	0.7	0.3	0.6	0.3	0.3
スペイン	0.3	0.4	0.6	0.3	0.3	0.3
合計	2	2.5	2.5	2	1.6	1.6

の条件Aと結果Y、そして結果の未発生～Yのファジー集合による帰属スコアを整理したものです。表の右側の３列には、整合性と被覆度、そしてPRIの計算に必要な３種類の指標を記載しています。

それでは、**結果Yと結果の未発生～Yの十分条件**（sufficient condition）としてのAの整合性スコアを計算してみましょう。この章ですでに紹介している標準的な整合性の公式を使用します。

$$\text{Consistency}_{\text{Sufficiency}}(\mathrm{A} \leq \mathrm{Y}) = \frac{2}{2} = 1$$

$$\text{Consistency}_{\text{Sufficiency}}(\mathrm{A} \leq \sim\mathrm{Y}) = \frac{1.6}{2} = 0.8$$

表6.3の一番下の行から各ケースについてのAとYにまたがる最小値の和（２）をAの値の和（２）で割ると１になります。このスコアから、AがYの完全な十分条件であることがわかります。**結果の未発生**（nonoutcome）については、どうでしょうか。説明条件と結果の未発生にまたがる各ケースの最小値の和（1.6）をAの和（２）で割ると0.8になります。Aと～Yの整合性スコアが0.75の閾値を上回っているので、とくにこれらのスコアが真理値表の行を参照している場合にはAを結果の未発生に対する十分条件として解釈することがあるかもしれません。

ただし、そのような解釈をすることで、１つの条件が結果の発生と未発生の双方を導くと見なすことになり、論理矛盾が生じてしまいます。このパラドックスを解決するにはどうしたらよいでしょうか。整合性と被覆度による適合性の測定はこのシナリオでは助けになりませんが、PRIを用いることで問題を検知することができます。PRIの公式は以下のとおりです（Ragin, 2011；Schneider and

表6.4　同時部分集合の関係とPRI

指標	A → Y	A → ～Y
整合性	1	0.80
被覆度	0.80	0.64
PRI	1	0

Wagemann, 2012)。

$$\mathrm{PRI} = \frac{\sum\ min(Xi,\ Yi) - \sum\ min(Xi,\ Yi,\ \sim Y)}{\sum\ Xi - \sum\ min(Xi,\ Yi,\ \sim Y)}$$

この公式を、AとY、そしてAと～Yの関係にあてはめると、次のようになります。

$$\mathrm{PRI}_{(A,\ Y)} = \frac{(2-1.6)}{(2-1.6)} = \frac{(0.4)}{(0.4)} = 1 \qquad \mathrm{PRI}_{(A,\ \sim Y)} = \frac{(1.6-1.6)}{(2-1.6)} = \frac{(0)}{(0.4)} = 0$$

Yの十分条件としてのAのPRIスコアが1となったのに対して、～Yの十分条件としてのAのPRIスコアは0になりました。結果の発生と未発生のどちらにも比較的類似した整合性と被覆度のスコアが算出されていますが（表6.4参照）、両者のPRIスコアを比べると、Aは～Yの十分条件ではなく、Yの十分条件として扱うのが妥当であるということがわかります。

一般的な決まりごととしては、十分性を含む命題を取り扱う時には、PRIと整合性の間に顕著な差があるかどうかを常に確認しておく必要があります。両者の差異が大きい場合には、同時部分集合の関係が生じているかをチェックするために、結果の未発生について分析をおこないます。同時部分集合の関係は、条件の集合に対する帰属スコアの小さいケースが過剰に存在する場面、とくに図6.6に示す左側の三角形にそうしたケースのほとんどが集中する状況で**発生しやすく**なっています。したがって、実際のQCAによる分析を始める前に個々の説明条件の**ヒストグラム**（histogram）を作成し、それを結果と対応させながらプロットし、以降の分析に際しての問題の芽がないかどうか検討しておくことが常に有効な予防策となります。理論的根拠とは別に、各条件の集合への帰属スコアが**適度に均等分布**（reasonably even distribution）するよう努力するべきもう1つの理由はこの点にあります。

6．必要性の関連性：RoN（Relevance of Necessity）

前述のとおり、標準的な被覆度の尺度を用いると、関連性の高い必要条件と取るに足らない必要条件を見分けることができます。そこで紹介した例では、**酸素**（oxygen）は**内戦勃発**の必要条件としては些細なものであるというものでした。この例から見えてくるのは、ある条件の「大きさ」（あるいは条件が出現する頻度）と結果の「大きさ」の差異が大きいと被覆度が低くなるので、必要条件として重要性の低いものとなるという点です。言い換えれば、このような状況のもとでは、説明条件の集合に帰属するケースが数多く存在するにもかかわらず、結果が生じるケースが極端に少なかったり皆無であったりします。

集合論の形式上は、そのような場合でも完全な整合性が示される場合もありますが、被覆度は低い水準になります。こうした事象は、説明条件が広く一般に発生する現象で、他方、関心の対象となる結果が稀にしか生じない現象である場合にとくに起こりやすいものです。

もう１つ別の例を挙げておきましょう。大卒の学歴とノーベル賞受賞の関係を思い浮かべてみましょう。もちろん例外もありますが、科学の諸領域のノーベル賞受賞には、大学教育が形式的には必要となるでしょう。ただ、大卒の学歴をもつ人々の集合の中にあってノーベル賞受賞者の集合はごくごくわずかですので、このような関係の発見は瑣末なものに過ぎません。これを視覚的に説明すると図6.7の左側のオイラー図のようになります。実際のノーベル賞受賞者の集合の規模はここに示すものよりさらに小さいはずです。ノーベル賞の受賞者になるために大学教育という条件が形式上必要となることを知ってもほとんど意味がないことが、この図によって強調されています。というのも、２つの集合の大きさがあまりにも異なっているからです。したがって、両者の関係は**些細な**必要条件を指し示しているということになります。

こうした一般的な例はさておき、経験的データのうち、重要でない必要条件となりうる可能性のある条件を従来の被覆度の計算方法では発見**できない**状況も見られます。そのため、必要条件の関連性と非重要性に関するいくつかの代替的な指標が提案されています（Braumoeller and Goertz, 2000；Goertz, 2006；Schneider and Wagemann, 2012）。

些細な関連性の原因は、ある条件が観察されたケース間でほとんど変化を示さないような**一定条件**（constant condition）と呼ばれる条件にあります。これも教育の例を用いると、**インターネットにアクセスできる人々**という結果に注目して

図6.7　2種類のとるに足らない必要条件

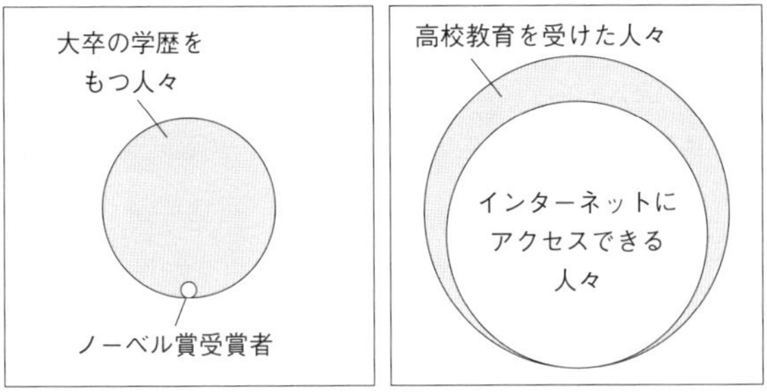

インターネット浸透率を説明することに関心を持っているとしましょう。アメリカでは人口の約86％を占める巨大な集合になります。ここでの条件の1つとして、**高校教育を受けた人たち**の集合が考えられますが、これはさらに大きな集合で米国の人口の約90％に上ります。

これらの集合を関連づけるとすると（説明のために両者が完全に重なり合っているとします）、高校教育を受けた人たちの集合に帰属していることは、インターネットにアクセスするための必要条件となります。この状況は、図6.7の右側のオイラー図に描かれています。集合論による分析をおこなえば、高い水準の整合性と被覆度のスコアが得られる設定です。しかし、それには問題がありそうです。このシナリオで問題となるのは、ここでの必要条件がほぼ定数である点です。つまり、何らの関係が存在しない場合でも、高校教育を受けたという条件をもとに、**ほぼすべての**結果を説明できてしまうことになります。条件だけでなく結果も同様に遍在している場合には、標準的な被覆度の指標ではこのデータの問題に対して警告を発してくれません。

この種の第2のタイプの些細な必要条件を識別するために、Schneider and Wagemann（2012）がGary Goertz（2006）が過去に提案していた指標をもとに発表したのが「RoN（Relevance of Necessity）：必要性の関連性」の測定です。RoNはその後、必要条件の関連性を検証するための標準的指標として定着しています（Oana, Schneider, and Thomann, 2021）。RoNの考え方として、この指標は0から1の間のいずれかの値をとります。スコアが低いほど**取るに足らなくて**（**trivialness**）、スコアが高くなるほど**関連性が高い**（**relevance**）ことを示します。また、条件Xが定数に近くなるほど、RoNのスコアは0（ゼロ）に近づきます。RoNを算出するための公式は以下のとおりです（Schneider and Wagemann, 2012）。

表6.5　重要性の関連性 (RoN)

ケース	X	Y	必要性のテスト：X ← Y	
1	1.0	0.9	整合性	0.95
2	0.9	0.4	被覆度	0.59
3	1.0	0.3	RoN	0.38
4	0.3	0.4		

$$\text{Relevance of Necessity} = \frac{\sum\ (1-\ Xi)}{\sum\ (1-min\ (Xi,\ Yi)}$$

では、実際にRoNを活用する時にはどのようになるでしょうか。RoNの使い方の説明のために、条件Xと結果Y、そして4ケースのみの仮想データを含む簡単な例を挙げておきます。**表6.5**を見ると、Xの値がYの値と等しいか、それを上回ることがほとんどのため、形式的にはXはYのほぼ完全な**上位集合**であることがわかります。これをもとに、XをYの必要条件であると見なすこともできます。

表6.5の右端の列に、必要条件の**整合性と被覆度**、そして**必要性の関連性**（RoN）の計算結果を示しています。予想どおり、集合論的整合性は0.95と非常に高く、必要条件の形式的な閾値（0.90以上）を満たしていることがわかります。被覆度はそれよりも低くなっていますが、これは直ちには問題になりません。一方で、RoNの指標が1よりも0に近くなっていることから、Xは潜在的に**取るに足らない**必要条件である可能性があります。

なぜこのようなことが起きるのでしょうか。架空の例なのでデータについての実質的な知識はもち合わせていませんが、Xにはほとんどばらつきが見られず、4つのケースのうち3つでは1ないし1に近い値となっています。このようなデータパターンであれば、整合性の尺度は常に必要条件の基準をクリアすることになります。しかし、RoNのスコアは、結果に対する関連性の高い必要条件としてXを扱う前に**慎重になるべきである**（cautious）ことを教えてくれます。結局のところ、この種の傾向を示すデータの扱いは、解釈の問題となります。ある条件がほとんど定数のようになる状況もありますが、それでもその条件が必要条件として相当の重要性や関連性をもつこともあります。そのような解釈をおこなう時は、明示的に正当化される必要があります。1つの経験則としては、整合性のベンチマークである0.9を満たす**潜在的な**（potential）必要条件についてはすべて、それぞれ被覆度とRoNを確認する必要があります。被覆度とRoNがいずれも

0.5を下回る場合、**取るに足らない必要条件**を扱っている可能性があります。このことについて情報に基づいた判断をするには、分析に用いるケースの経験的分布と集合への帰属スコアを常に調べておく必要があります。そのための良い方法は、ローデータとキャリブレーションをおこなった後のデータのヒストグラムとX-Y プロットです（これについては第10章を参照してください）。

(1) 必要条件の方法論については、Braumoeller and Goertz（2000), Goertz（2003b), Goertz and Starr（2003b）を参照してください。このテーマについてのより新しい研究には、Thiem（2016）や Vis and Dul（2018）や、Dul, Van der Laan, and Kuik（2020）が挙げられます。
(2) 前述のとおり、十分性は真理値表の手順で分析されることが一般的です（第7章参照)。
(3) PRI については、Duşa（2019b）も参照してください。

第7章 集合論的分析

必要条件は、その欺瞞的な単純さのために、研究者を罠にはめようとする。
— Gary Goertz and Harvey Starr
真理値表とは…特定のデータセットに含まれるケースの種類の直接的な観察である。
— Charles, C, Ragin

本書のここまでの章では、QCA の基礎としての**集合論**（set theory）について紹介し、ローデータをクリスプ集合やファジー集合に**キャリブレーション**（calibration）する方法を示すとともに、集合論的関係を評価するための**適合性指標**（measures of fit）の検討をおこないました。こうした基盤が整ったところで、この章では経験的データの集合論的分析に移ってゆきます。

集合論による分析は、個々の条件とそれらの条件の組み合わせについての必要性や十分性の検証を含んでいます。これらの分析は別々におこなわれます。まず、初めにおこなうのが必要条件の分析です。これに引き続いて真理値表の手順となりますが、そこでは十分条件の組み合わせの検証とその後のブール最小化が目的となります。これが QCA の分析の核心です。

1．必要条件を分析する

真理値表分析手順に先駆けて、独立したステップで必要条件を分析することは、QCA の**グッドプラクティス**と考えられています（Ragin, 2000；Schneider and Wagemann, 2010）。必要条件の存在を知っていれば、真理値表の最小化の手続きと論理残余となった行の処理において、十分な情報に基づいた選択がおこなえるようになります。これらの手続きについては、この章の終わりの部分で触れてゆきます(1)。

さらに、必要条件は、とくに集合論的な十分性の関係が不完全な場合、十分条件の分析から直接観測することができません。例えば、特定の条件が不在であるにもかかわらず、ある結果が生じるケースが少なくとも１つ存在するといった場合に、このようなことが起こりえます。そのような状況では、真理値表の手順とその最小化のみに着目すると、必要条件を見落としてしまうかもしれません。

本書のここまでの部分で検討したように、必要条件があるということは、結果が発生する場合に必ずその条件も存在することを意味します。形式的な表現を用いると、結果は必要条件の**部分集合**（subset）です。これを裏返すと必要条件は結果の**上位集合**（superset）ということになります。必要条件の適合性を測るための第一の指標は**整合性**（consistency）です。慣習的には、ある条件を必要条件と見なすためには、集合論的整合性のスコアが**最低でも**0.9の水準を満たす必要があります（Mendel and Ragin, 2011；Schneider and Wagemann, 2012）。

集合論的整合性の正式なベンチマークに加えて、**被覆度**（coverage）も考慮する必要があります。説明条件が形式的には必要性を示していても、経験的には結果に対してあまり意味がなかったり、関連性がまったくなかったりするかもしれないからです。必要条件の追加的指標として被覆度を補完する役割を果たすのがRoN（relevance of necessity：**必要性の関連性**）です（Schneider and Wagemann, 2012と本書の第６章の議論を参照）。**整合性**（consistency）、**被覆度**（coverage）、そして**関連性**（relevance）という３つのパラメーターを合わせて考慮しながら必要性の検証をおこなうことが欠かせません。

整合性スコアが0.9の閾値を下回る条件については、他２つの指標も意味を成しません。一方、整合性が閾値を上回ったら、被覆度と関連性の検討をおこなって、対象となる説明条件を検証する必要があります。経験則では、**被覆度**（coverage）あるいは**関連性**（relevance）の指標が0.5を下回る場合、該当する条件は**取るに足らない**（trivial）必要条件である可能性がうかがわれます。そのような設定のもとで情報に基づいた判断をおこなうためには、ケースの経験的分布とそれらの集合論的帰属スコアを常に観察しておく必要があります（この点については第６章でお話しました）。

条件の**組み合わせ**（combinations）についてはどうでしょうか。潜在的な必要条件について事前に予想することは、あまりありません。また、仮に予想したとしても、ほとんどのケースでは１つの必要条件が単独で必要であるということを考えるでしょう。しかし、ある結果の発生に対して、特定の条件の組み合わせが関係していることを予想する状況もあるでしょう。そのような組み合わせを構成する条件のそれぞれが、結果が生じるうえで不可欠となる状況です。同じことを論理学的に言えば、いくつかの条件が**結合した形で必要となる**（jointly necessary）と期待される時、その組み合わせを構成するそれぞれの要素も単独で必要でなければいけないということです。したがって、期待される条件が本当に結果に必要であるか否かを示すためには、個々の条件の検証をおこなえば十分であるはずです。

しかし、理論にしたがうと、２つ以上の条件が**実質的には同じものである**

表7.1　必要条件：整合性、被覆度と関連性

ケース	説明条件			結果	必要性のテスト			
	A	B	C	Y		整合性	被覆度	RoN
1	0.9	1	1	0.9	A	1	0.80	0.83
2	0.8	1	1	0.7	B	1	0.54	0.43
3	0.3	0.7	1	0.2	C	1	0.43	0.10
4	0.4	0.8	0.9	0.2				
5	0.1	0.2	0.8	0				

（substantive equivalence）と示されることも時にはあります。その場合には、**どれか1つの条件**（either of them）が存在すれば結果の発生に対して十分であると言えるでしょう。例えば、政党政治とEUの正統性に対する知覚の関係に関心があるとします。ここでの私たちの理論に基づくと、EUの正統性についての知覚を高めるためには、政党が（国ごとの選挙運動ではなく）ヨーロッパ全体の単位で組織化する形でキャンペーンを展開するか、あるいは選挙に先駆けてEUの指導的ポジションを占める共通の候補者についての合意を得る必要があります。これらのいずれもが一般市民の間でのEUの正統性に対するイメージを向上させることが期待されますが、**少なくともこれらのどちらか一方**（at least one of them）が存在しないと結果が生じることはありません。

QCAの（訳者補足）ソフトウェアでは、必要条件に対するこのような**論理和（選言）的な予想**（disjunctional expectations）を取り込んで、検証することができます。しかし、ここで注意が必要なポイントがあります。あらゆる種類の必要条件の組み合わせを探索すること自体は可能ですが、集合論的関係についての事前予想がない場合には、必要条件となる論理和を「漁る（fishing）」ようなことはすべきではありません。（ブール代数のORで結ばれた）複雑な条件組み合わせによって必要条件となるケースも見られますが、事前の理論なしにそのような発見事項の解釈をおこなって何らかの意味づけをしようとするのは困難です。既存知識や実体的解釈に重きを置かずに、データ駆動型で「機械的に（mechanically）」方法を適用することのないようにという先人たちの（訳者補足）アドバイスのとおりです（Ragin, 1987；Schneider and Wagemann, 2010）。

個々の説明条件を検証する手順の説明のために、1つの例を見てみましょう。表7.1には、3つの条件（A、B、C）と結果Yのそれぞれについての5つのケースのファジー集合スコアを挙げています。表の右側の3列には、第6章で紹介した公式を用いて算出した整合性と被覆度、そして必要性の関連性（RoN）のスコ

図7.1　必要条件：整合性、被覆度と関連性

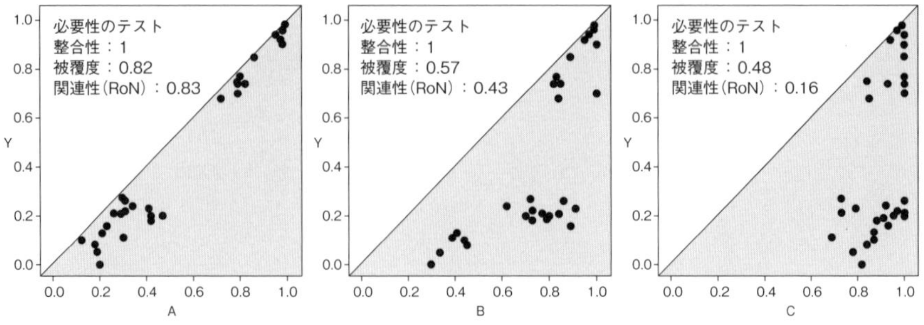

アが示されています。3つの条件の整合性は、いずれも形式的な閾値0.9を上回っています。実際、それぞれの条件とケースの集合帰属度は結果のそれと同じかそれを上回る値をとっているため、それぞれ**完全な整合性**（perfectly consistent）による集合論的必要性の関係にあることがわかります。つまり、条件A、B、Cのすべてが結果Yの上位集合ということになります。

一方で、これら3つの条件は必要条件の整合性のベンチマークをクリアしていますが、被覆度とRoNのスコアを見ると、条件間で重要性に差があることがわかります。条件Aについて言えば、被覆度とRoNの双方が1に近い（それぞれ0.8と0.83）ので、実体的な背景を考慮しなくても、これらの指標からこの条件が関連する必要条件であると見なすことができます。条件Bに関しては、被覆度がかなり低く（0.54）、RoNに至ってはさらに低い水準（0.43）となっています。したがって、条件Bは、条件Aと比較すると、**より関連性の低い**（less relevant）必要条件であることは明らかです。条件Bが取るに足らない必要条件であるか否かは、研究で適用する理論や研究のコンテクストを考慮した実体的解釈の問題となります。最後に条件Cについては、よりわかりやすいパターンが見られます。

条件Cの被覆度（0.43）は、Bと比べると若干低い水準にあります。この条件のRoNのスコア（0.16）はゼロに近いレベルとなっています。5つのケースの条件Cの値をみると、Cが**常に存在**（always present）しています（すべてのケースの集合帰属スコアが0.5を上回っています）。したがって、この設定での条件Cは定数であり、「CはYの必要条件である」と言ったところであまり得るものはありません。これらのデータに基づいて、条件Cは**取るに足らない**（trivial）必要条件として捉えます。

図7.1は、こうした必要性の関係を、より多くのケース（条件A、B、Cで30ケ

ース）が存在する場合において描いたものです。ここで、すべての条件についてのデータが主対角線上かそれより下に位置していることから、これら３条件はいずれも集合論的整合性の指標に適合していることがわかります。しかし、３つのX-Y プロットから読み取れるように、被覆度と RoN には条件間で相当大きな差があります。左の X-Y プロットに示す条件Ａは関連する必要条件と見なされますが、真ん中のプロットのパターンからは条件Ｂがあまり関連性のない必要条件であることが示唆されます。最後に条件Ｃは、被覆度が小さく、とくに RoN がゼロに近いことから、明らかに取るに足らない必要条件であることがわかります。

また、関連指標の特定の値が、データの特定パターンにどのように対応しているかも、これらのプロットから読み取ることができます。関連性のある必要条件では、対角線の近傍にケースが位置します。一方、右側の軸に近いケースが増えるほど関連性は低くなります。このことは、条件Ｃで顕著です。この条件では、0.7から１までの狭い範囲にケースが収まっているため定数と近似していますが、結果の値は広範に及んでいます。このことは、条件と結果の間に意味ある関係が存在しない証拠です。ですから、条件Ｃは、**取るに足らない必要条件**（trivial necessary condition）として捉えるべきです。

要約すると、まず必要性の分析は真理値表分析に**先行する**べきです。それぞれの条件とその否定について、結果の発生と未発生の双方に対する必要性の検証をおこなう必要があります。結果の説明に焦点を絞った研究では、結果の発生に対する必要性の検証結果を記述すれば十分です。しかし、因果非対称性を考慮すれば、結果の未発生についてもすべての条件とその否定をともなう別の検証を実施し、結果を報告することが推奨されます。

最も主要な適合性指標である**整合性**は、他の指標についての検証をおこなうか否かを決定する役割を果たします（整合性が低ければ、他の指標も意味がありません）。**少なくとも**0.9の整合性をもつ条件は、被覆度と RoN のスコアも十分高**ければ**、必要条件として捉えることができます。そうでない場合には、それらは些末なものと見なされ、必要条件として扱うべきではありません。

被覆度と必要性の関連性は、どの程度**高い**（high）必要があるのでしょうか。被覆度と RoN には厳格な基準があるわけではありませんが、経験則としては、被覆度と RoN が0.5を**下回る**場合、個々の必要条件は取るに足らないものと見なされることがあります[2]。このような背景から、**表7.1と図7.1**に例示したデータのパターンは経験的な関係を比較するための基準を提供することを意図したものです。ただし、他の指標と同じように、分析結果の意味を理解しようとする時、数値的な指標が**実体的な解釈**（substantive interpretation）や**ケース知識**（case knowledge）を代替することがあってはいけません。

2．真理値表をつくる

真理値表分析は、QCA の核心です。真理値表は**組み合わせ論理**（combinatorial logic）に根差した分析方法です。真理値表には、選択した条件数で論理的に可能な組み合わせが表されます。真理値表の各行は、特定の条件組み合わせ（configuration：**構成**）を示します。真理値表の行数は、論理的にあり得る組み合わせの数と一致します。組み合わせの数を算出するための公式は2^kです。ここでｋは分析に含まれる条件の数です。したがって、３条件による分析の場合には８行の、４条件の場合には16行の、そして５条件の場合には32行の組み合わせ、といった具合に組み合わせの数を求めることができます。条件が追加されるごとに真理値表が**指数関数的に大きく**（grow exponentially）なってゆくことがわかります。この点に従来の表計算のスプレッドシートと真理値表の違いがあります。スプレッドシートでは、各行に単一のオブザベーションあるいはケースが配置されるので、データ行列のサイズはオブザベーションや変数の数によって制限されます。

真理値表は、論理的に可能な組み合わせを示すだけでなく、ケースの経験的分布、およびそれらと結果との関連についての情報も提供する役割を果たします。したがって、真理値表のそれぞれの行は**十分性についての記述**（statement of sufficiencty）であると言えます。それらの中には、一貫して結果へと通じるものもあります。その場合、それぞれの組み合わせに該当するケースは、関心の対象となる結果を示します。一方で、真理値表の行の中には、結果を生じさせるケースが存在しないものも見られます。さらに、結果が発生するケースとそうでない（結果が未発生の）ケースが混在する、**矛盾を含む行**（contradictory raws）が生じる場合もあります（Rihoux and De Meur, 2009；Rubinson, 2013；Yamasaki and Rihoux, 2009）。

真理値表の作成方法をシンプルな例を用いて説明してゆきましょう。**表7.2**は、Ａ、Ｂ、Ｃの３条件と結果Ｙについての20ケースのクリスプ集合によるデータの真理値表です。先行研究にしたがうと、これら３つの条件は、単独あるいは組み合わせのいずれかで結果に対して十分となるという予想がなされます。この表には３つの条件から論理的に可能なすべての組み合わせを示しています。表中の行はそれぞれ特定の条件組み合わせに対応しています。$2^3=8$の計算から全部で８行です。

表7.2　単純な真理値表

行	条件			結果：Y	該当するケース数
	A	B	C		
1	1	1	1	1	4
2	1	1	0	1	5
3	1	0	1	1	2
4	0	1	1	0	1
5	1	0	0	0	3
6	0	1	0	0	2
7	0	0	1	?	0
8	0	0	0	0	3

例えば、6行目は、条件Aが不在、条件Bが存在、条件Cが不在であることを示しています。そして、この条件組み合わせを共有する経験的なケースは2つありますが、どちらも結果を生じさせません。また、表中の組み合わせのうちの1つ（7行目）には該当するケースがありません。つまり、この組み合わせに対して0.5を超える帰属スコアをもつケースが存在しないということになります。したがって、この行が結果の発生と関連しているのか、それとも結果の未発生と関連しているのかを判断することができません（その意味で、表中にクエスチョンマークが入力されています）。これこそが**限定的な多様性**（limited diversity）の問題です。これについては、あとで解項の説明をする際に改めて取り上げるようにします。

最後に、真理値表の上から3行目までの組み合わせは結果の発生につながるものであることがわかります。これらは、関心の対象となる現象を説明するうえで注視すべき真理値表の行になるでしょう。

真理値表は、ケースの経験的分布—この章の冒頭で引用したRaginの言葉を借りると「ケースの種類（kinds of cases）」—についての重要な情報を与えてくれます。理論的な予想を体系的に思考するうえでも、真理値表は助けになります。例えば、7行目の組み合わせはどうでしょうか。もし、この組み合わせの集合に対して0.5を上回る帰属スコアをもつケースがあったとしたら、このケースは結果を生じさせるでしょうか。また、4行目では、結果の発生につながると予想した3条件のうちの2つが揃っているにもかかわらず、結果が生じていません。

真理値表は、データを分析的に探索してこの種の問いを立てる際に役立ちます。考慮すべき条件や条件組み合わせがさらに多くある場合、真理値表はとくに有用です。QCAによる研究のリサーチ・デザインの初期段階で予備的な真理値表を用いれば、説明条件の選択をおこなううえでの基準が得られます。と言うのは、真理値表に含まれる条件が、観察されたケースを適切に峻別できる**差異を生み出す要因**（difference makers）であるか否かを示してくれるからです。多くのケースが真理値表の数行のみに集中し、その他の行に該当するケースが存在しないような場合には、いくつかの条件を再概念化したり、再度キャリブレーションをおこなったり、あるいはすでに除外していた条件に置き換えたりするなどの検討が必要になります。

この種のリサーチ・デザインの変更をおこなうことで、特定の組み合わせに集中したケースを区別しやすくなり、真理値表全体にわたって、より均等なケース分布が導かれます(3)。同様に、それぞれのケースに「専用の行（row of its own）」がある場合には、リサーチ・デザインにおいて過度に細かい条件の設定がおこなわれている可能性があります。そのような時には、例えば特定の条件を除外したり、あるいはいくつかの条件をマクロ・レベルの条件（第3章参照）に統合したりすることで状況の改善を図ることができます。

3．真理値表分析

真理値表はそれ自体、記述的なデータ分析のための貴重なツールです。真理値表の各行は十分性に関する記述なので、ブール代数による真理値表の最小化を通じて結果を生じさせる解項を導き出すことが可能です。これがQCAのすべてです。本節では、Ragin（1987, 2000, 2008b）の手によって開発され、とりわけSchneider and Wagemann（2012, 2013）たちによって統合化が進んだブール代数による最小化の手順を要約して説明してゆきます（Duşa 2019b；Oana, Schneider, and Thomann, 2021も参照）。この章の最終節では、**標準分析**（standard analysis）として知られる分析手順の改良点についても目を向けています。

真理値表分析はソフトウェアを介しておこなわれますが、この手順はブール代数に基礎を置くものですので、手計算で再現することができます。分析の技術的な手順は、本書のweb付録で紹介しているRマニュアルに記載しています。真理値表分析の説明のために、刊行された1つの研究に例をとってみましょう。ここでの目的に即してこの研究事例は単純化しています。Luis Felipe Mantilla（2012）は、宗教の政治学に関する論文の中で、どのような条件のもとでカトリック教会が南アメリカで民主化を推進したのかを探索しています(4)。**表7.3**のとおり、この研究では、8つの国をケースとし、説明条件として**資源**（resources）、**機会**（opportunity）、そして**文化的フレーミング**（cultural framing）

表7.3　データフレーム：宗教の政治学

国	資源（R）	機会（O）	文化的フレーミング（F）	結果（Y）
ブラジル	1	1	1	1
チリ	1	1	1	1
ペルー	1	1	0	1
エクアドル	0	1	0	0
ボリビア	0	0	1	0
ウルグアイ	0	1	1	0
アルゼンチン	1	1	1	1
パラグアイ	0	0	1	0

出所：Mantilla（2012）.

の3条件を用いて**民主化の支援**（democratization support）という結果の説明を試みています。

クリスプ集合のデータをもとに真理値表を作成することができます。**表7.4**は、論理的に起こりうるすべての組み合わせに対する経験的データの分布を示したものです。真理値表の5つの行には合わせて8ケースが該当していますが、そのうちの2行（上から2行）では一貫して結果が生じています。また、この真理値表の下部には3つの**空白行**（empty rows）があります。これらの条件組み合わせには、データの中で該当するケースが存在しないため、それぞれの組み合わせが常に結果の発生につながるのかどうかはわかりません（真理値表のこの種の行のことを**論理残余**［logical remainders］と言います）。QCAの利点の1つは、こうした論理残余の体系的な処理を通して反実仮想による推論をおこなうことができる点です。こうした事項は、**限定的な多様性**をめぐる問題ですが、これについてはQCAの解のタイプについて議論する際に改めて考えてゆきます。

真理値表**分析**（analysis）は、どのように進めるのでしょうか。手作業でおこなう場合、最初のステップは、結果の発生につながる組み合わせを書き出す作業です。ここで私たちが用いている例で言えば、**表7.4**の最初の2行がそれに該当します。どちらの行も結果を示すものです。これらの行に含まれる国を挙げると、1行目にはアルゼンチン、ブラジル、チリが、2行目にはペルーがあてはまります。

ここで、ブール演算のAND（・）を用いて個々の条件を結んで、これらの組み合わせを表現します。便宜上、この演算子を省略して、各条件を表わすアルファベットを隣り合わせて並べるだけでもよく、“ROF”とすれば1行目の組み合

表 7.4　真理値表：宗教の政治学

行	資源（R）	機会（O）	文化的フレーミング（F）	結果（Y）	該当するケース数	該当するケース（国）
1	1	1	1	1	3	アルゼンチン、ブラジル、チリ
2	1	1	0	1	1	ペルー
3	0	0	1	0	2	ボリビア、パラグアイ
4	0	1	1	0	1	ウルグアイ
5	0	1	0	0	1	エクアドル
6	1	0	1	?	0	—
7	1	0	0	?	0	—
8	0	0	0	?	0	—

わせを表現することができます。ここでの例では、それぞれが結果に対して十分な経路（組み合わせ）が複数存在しますが、そのことを示すために２つの組み合わせをブール演算子の OR（+）で結びます。**資源**（R）、**機会**（O）、と**フレーミング**（F）、そして結果としての**民主化支持**（Y）を形式的に表記すると次のようになります。

$$\mathrm{R \cdot O \cdot F \ + \ R \cdot O \cdot {\sim}F \ \rightarrow \ Y} \qquad (1)$$

これは、「資源**と**機会**と**フレーミング、**または**資源**と**機会**と**フレーミングの不在が、民主化支持の十分条件となる」と読みます。この表現を単純にするために、**ブール代数による最小化**（Boolean minimization）の法則が適用されます。

「*２つのブール式が１つの原因条件のみで異なっていながらまったく同じ結果を生じさせる場合には、２つの式を区別する原因条件は無関係なものと見なし、より単純で統合的な式を得るために除外することができます。*」
(Ragin, 1987)(5)。

このルールに基づいて、上記の１式からＦと～Ｆを削除することができます。どちらの組み合わせも（［**フレーミング**］という条件の有無とは無関係に）結果につながるからです。次のステップでは、重複しているＲ・Ｏの片方を取り除くことができ、以下の２式のようになります。

$$\mathrm{R \cdot O \ \rightarrow \ Y} \qquad (2)$$

この式からは、「資源と機会は、民主化支持に対して十分な条件組み合わせである」と解釈することができます。これを言い換えると、RとOがともに存在する時に結果Yが発生するということです。この解は真理値表（表7.4）上の情報と一致していることがわかります。R・Oという式を含む条件組み合わせは２種類のみ（１行目と２行目）で、いずれも結果を生じさせます。

これは単純な例にすぎませんが、ブール代数による最小化がどのように機能するかを解説するためには有用です。結果の発生に関連する真理値表の各行からは、**原始式**（primitive expression）を得ることができます。これは、それぞれの行に含まれる組み合わせをブール代数の形式で表記したものです。２つ以上の原始式（つまり、結果と結びつく真理値表の行）がある場合、最小化ルールを適用して、**主項**（prime implicants）から構成される、より単純な式を導き出すことができます。別のステップでは、原始式が複数の主項によってカバーされている可能性がある場合に、主項の中に**余分**（redundant）なものがないかを確認することでさらなる単純化をおこなうことができます。

この点を説明するために、条件A、B、Cによる４つの組み合わせが得られ、それらのいずれもが結果Yに対して十分である真理値表を思い浮かべてみましょう。

A・B・C ＋ A・B・～C ＋ ～A・B・C ＋ ～A・～B・C　→　Y　（3）

繰り返しになりますが、ここでもブール代数による最小化ルールによって、より簡潔な式を導出することができます。そのためには、これ以上の最小化ができなくなるところまで、それぞれの原始式をそれ以外の原始式のうちの１つないし複数と比較します。次の最小化手続きでは、より単純な式（５）の構文を導くために、式（４）で括弧で括った２つの原始式のうちのどちらが用いられたかを示しています。ここで紹介する手順は可能なすべての比較を網羅したものではない点に注意が必要です。ただし、いずれにしても、ここに示しているもの以外の解は得られません。

最小化をおこなうためは、それぞれの原始式を最低でも他の１つの原始式と比較するか、あるいは次の行に持ち越す必要があります。最初の原始式A・B・Cは、２番目の原始式A・B・～Cと３番目の原始式～A・B・Cの双方と比較されていることがわかります。

$$A \cdot B \cdot C + A \cdot B \cdot {\sim}C + {\sim}A \cdot B \cdot C + {\sim}A \cdot {\sim}B \cdot C \rightarrow Y \qquad (4)$$

$$A \cdot B + B \cdot C + {\sim}A \cdot C \rightarrow Y \qquad (5)$$

この最小化の最初のステップでは、解にとって**不要な**（superfluous）項を取り除きます。他にも複数の条件が存在する場面で、その存在と不在の双方が**どちらも**結果を生じさせるような条件は意味をなさないからです。このことは、例えば、式（4）の最初の2つの原始式のうちの条件Cと～Cがこれにあたります。これらはA・B・CとA・B・～Cの組み合わせの一部です。したがって、条件AとBがともに存在すれば結果が生じるので、あとはCあるいは～Cのどちらと組み合わさったとしても関係ありません。このようにして、式（5）のA・Bとして示す形に最小化することができます。式（4）から（5）の間の（訳者補足）もう2つの最小化も同様のロジックに従ったものです。

ブール代数による最小化手順の第2段階では、**主項表**（prime implicant chart）を作成します（Ragin, 1987）。このプロセスもソフトウェアに実装されていますが、一連の流れを見ておくとQCAによる解がどのように導かれるか理解しやすくなります。（例えば、fs/QCAソフトウェアやRで）主項表を使う場面もありますので、分析者は主項表に慣れておく必要があります。主項表では、結果に対して十分な真理値表のすべての行（**原始式**）が列として表示されます。**表7.5は**、上で用いた架空の真理値表のデータによる主項表です。

主項表の列には、結果を生じさせる条件組み合わせ（真理値表の行）が配置されます。表中のセルの×印は、それらの組み合わせがどの主項にカバーされているかを示しています。つまり、主項のそれぞれは、それらがカバーする×印のついた式の**上位集合**（superset）であるということです。この例では、それぞれの主項が2つの原始式の上位集合となっていますが、2番目の主項についてはカバーしている2つの原始式がどちらも他の2つの主項によってカバーされているため**余分**であることがわかります。手短に言えば、B・Cという式を解項として残しても得られる情報がまったくないので、より簡潔な解項を導くために**除外する**（deleted）ことができます。

$$A \cdot B + {\sim}A \cdot C \rightarrow Y \qquad (6)$$

なぜ、この解から式B・Cを除外することができるのでしょうか。**図7.2のべ**

表7.5　主項表

原始式					
A・B・C	A・B〜C	〜A・B・C	〜A・〜B・C		
×	×			A・B	主項（Prime Implicants）
×		×		B・C	
		×	×	〜A・C	

図7.2　ベン図：主項と冗長性

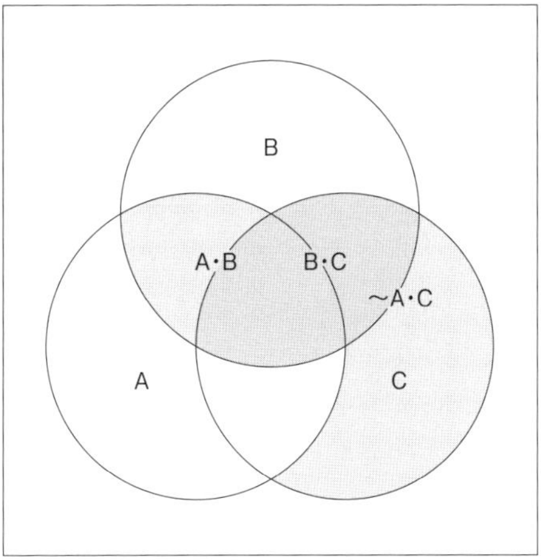

ン図を見ると、式（6）の簡略化された解が上の式（5）とまったく同じ内容を意味していることがわかります。非常に単純なことですが、ベン図のグレーに網掛けした領域はA・Bと〜A・Cという他の2つの主項によって**完全に被覆されている**（entirely covered）ので、B・Cを解に残すのは無意味です。したがって、この設定では「**AかつB、または、A以外かつC**（A and B or not-A and C）が、Yに対する十分条件となる」ということは、B・CもYに対して十分なことを示唆しています。このように、B・Cが余分な主項であることがわかります。

主項表が役立つもう1つの側面は、まったく同じデータからなぜ異なる解項が導かれるかを理解するのを助けてくれることです。この種の現象は**モデルの曖昧性**（model ambiguity）として知られています。これは、真理値表の構造や置かれた仮定に依存して、同一のデータから論理的に同義の複数の解項がどのようにして導出されるかを説明する概念です（Baumgartner and Thiem, 2017）。ここで重要なのは、複数の解項が存在する場合でも、真理値表に含まれる経験的情報に基づく厳密なブール代数の最小化手順の結果であるという意味で、それらの解項は原理的にはすべて等しく「正しい（correct)」ものであるということです。ただし、それらの中には**余分な要素**（redundant elements）を内包するものや、論理残余行に関して**支持できない単純化の仮定**（untenable simplifying assumptions）が置かれてしまっているものもあります（9章も参照)。

4．解項

前節で説明した2段階による最小化の手順は、QCA のソフトウェアの処理に組み込まれています。**真理値表アルゴリズム**（truth table algorithm）に基づいて式を最小化し、解を導出するものです。このソフトウェア手順は当初、Quine-McCluskey（QMC）アルゴリズムと改良版 Quine-McCluskey（eQMC）に依拠したものでしたが、最近のバージョンの QCA パッケージ（Duşa, 2019b）では Consistency Cubes アルゴリズムが標準的な最小化手法となっています。ソフトウェアのユーザーの観点からは、これらのアルゴリズムのどれを用いても同一の最小化結果を得ることができます。アルゴリズム間の違いは主に、アルゴリズムの性能とコンピューターリソースの信頼性に関連する部分となります[(6)]。

最小化をおこなう前に決めておく必要があるのは、真理値表のどの行を結果に対するポジティブなケースとして分析に取り込むかを示す**整合性の閾値**（consistency threshold）です。閾値を上回る場合は結果の欄を1とコード化し、下回る場合は0とコード化します。このステップで用いる標準的な整合性の閾値は、0.75です。例外的な理由がない限りは、この一般的な閾値に達しない行を分析に含めるべきではありません（Ragin, 2008；Rubinson et al., 2019；Schneider and Wagemann, 2012)[(7)]。整合性の閾値について理解しておくことが重要なのは、この閾値は真理値表のどの行を最小化の手続きに取り込むかの**下限**（lower bound）を規定するものに過ぎないという点です。また、より高い整合性スコアをもつ行も存在するため、最終的な解の整合性は、通常、整合性の閾値よりも**高い値**になります。

さらに、**度数の閾値**（frequency threshold）を設定して、集合への帰属スコアが0.5を上回るケースがいくつ以上あったら最小化手順に取り込むかを指定することもできます。通常、その値は1に設定します。該当するケースが1つあれば十分であるということです。ただし、分析対象が Large-N の研究では、度数の閾値の水準を上げ、個々の組み合わせに対する帰属スコアが0.5を上回るケースが一定数以上含まれる真理値表の行のみを最小化手順の対象とすることが望ましい場合もあります。

例えば、選挙を通じた独裁政権の存続に関するLarge-Nの研究（48の独裁政権にまたがる156件の選挙が対象）の中で、Carsten Schneider and Seraphine Maerz（2017）は、真理値表の１行あたり**少なくとも２件**（at least ２）の経験的ケースが存在するよう、度数の閾値の設定をおこなっています。これは、ケースの分類を誤った形でおこなってしまうことを防ぐ理由からです。注目すべき点は、彼らのQCAの結果は、度数の閾値による影響を実質的には受けなかったことです。

整合性と度数の閾値を指定すると、それらにしたがってQCAのソフトウェアによって、**保守解**（conservative solution）、**簡略解**（parsimonious solution）、そして**中間解**（intermediate solution）という３種類の解が析出されます。これらの解の違いは、それぞれの論理残余の扱いに起因するものです。

保守解

保守解（conservative solution）は、その名称のとおり、指定された整合性と頻度の閾値を上回る形で結果が生じている経験的な行のみを対象として最小化手順を実行するものです。**保守的**（conservative）という言葉が示すとおり、この方法による解の析出にあたっては、真理値表の空白行について何らの仮定も置かないので、反実仮想による推論を**おこないません**。実際、この保守解では、論理残余行はすべて偽（false）として扱います（Ragin 2008b；Schneider and Wagemann, 2012）。

このアプローチがもたらす結果の１つは、他のタイプの解と比較して析出される解が長く（訳者注：＝複雑に）なりがちである点です。それはなぜでしょうか。他の２つの解は何らかの形で論理残余行を最小化手順に組み込むのに対し、保守解はブール代数によるペアワイズ最小化を実行する際に一定の閾値を上回る経験的ケースが含まれる真理値表の行のみを用いるからです。こうしたことから、保守解は、**複雑解**（complex solution）とも呼ばれています（Ragin, 2008b）。ここで言う複雑さとは、解に含まれる条件と演算子の数が多いという意味で複雑であるということです。条件や演算子の数が多くなるほど、解の複雑性が高まります。Adrian Duşa（2019b）が指摘するように、「*保守解は３つのタイプの解の中で最も複雑になり得ます*」が、他の２種の解も**同様に**（similarly）複雑なものとなる場合があります[8]。

簡略解

簡略解（parsimonious solution）は、論理残余を含む真理値表の行のすべてを考慮し、その中からブール代数のペアワイズ最小化手順において、より複雑でない解を析出できる行を使用するものです。最小化の手続きで用いる論理残余は「単純化の仮定（simplifying assumptions）」と呼ばれます（Ragin, 2000, 2008b）。なぜそれらの論理残余が**単純化をうながす**（**simplifying**）かというと、ブール代数による比較を通じてさらなる最小化が可能となるからです。論理残余の中には最小化の役に立たないものもありますが、それらは単純に簡略解の析出のために用いません。

一方、最小化に用いる論理残余は、さらに**仮定**（assumptions）と呼ばれます。というのは、これらを使用すること自体が、もしそれらの組み合わせのそれぞれが存在したならば結果を生じさせるだろうという反実仮想による推論に依拠しているからです。簡略解では、すべての論理残余を考慮できるため、最も多くの条件組み合わせを扱うことが可能です。そのため、このアプローチからは最も複雑でない解を得られることが多くなっています。ただし、簡略解は、解を導くにあたって適用した単純化の仮定の**もっともらしさ**（plausibility）を考慮して**いません**。簡略解はその意味では架空のデータの非現実的な仮定に基づくものである可能性もあります。したがって、簡略解を用いる際には、計算に組み込まれた論理残余行を常に精査し、単純化の仮定を検証する必要があります（Ragin, 2008b）。この点については、次節で検討してゆきます。

中間解

最後に、**中間解**（intermediate solution）は、その名のとおり保守解と簡略解の中間に位置しています。このアプローチでは論理残余を考慮しますが、その範囲は目的に沿ったもののみに限定されます。中間解を用いる場合、論理残余のうちどれを最小化手順で使用し、どれをそこから除外するかを、研究者自身が決めることができます。Ragin（2009a）も言うように、中間解では、研究者が定義した「理論的・実体的知識と一貫性のある論理残余のみを取り込みます」。ここで、直感的なツールとして、**容易な反事実**（easy counterfactuals）条件と**困難な反事実**（**difficult counterfactuals**）条件の区分をおこないます（Ragin, 2008b；Ragin and Sonnett, 2005）。これらはいずれも、簡略解を導くための単純化の仮定です。容易な反事実条件とは、ケース知識に照らして理論的に意味のある妥当な仮定として定義されます。容易な反事実条件を評価するための手っ取り早い方法は、説明条件の有無とそのそれぞれと結果の関係についての「方向性期待（directional expectations）」を用いるものです（Ragin, 2003b）(9)。

例えば、比例代表制による選挙制度が**あれば**（presence）、多党制になることが理論的には予想されます。そのような選挙制度が存在する場合の論理残余は、通常、容易な事実条件として捉えられるはずです。これとは対照的に、**困難な反事実条件**は、理論的・実体的知識と噛み合わない性質の仮定です。例を挙げると、論理残余が、その存在によって結果を生じさせることが期待される条件の**不在**（absence）を伴う場合がこれにあたります。中間解の背景の基本的な考え方は、容易な反事実条件のみを分析に取り込む一方で、困難な反事実条件を分析から外すというものです（Ragin, 2008b）。

こうした手順は実際にはどのようにおこなうのでしょうか。中間解を導くための１つの方法は、真理値表の特定の行を**除外する**（excluding）というものです（Schneider and Wagemann, 2012）。この方法は、単純化の仮定がほとんどない場合には問題ありませんが、多くの空白行を含む大きな真理値表を用いる場面では煩雑になる可能性があります。もう１つの方法は、それぞれの説明条件に対して**方向性期待**を定式化するアプローチです（Schneider and Wagemann, 2012）。各条件に方向性の情報を与えることで、ソフトウェアのアルゴリズムが、定式化した期待に沿った単純化の仮定を選択します（Duşa, 2019b）。

ただし、ソフトウェアが方向性期待を考慮した処理をおこなうといっても、条件を満たすすべての反事実条件が中間解の項の算出にあたって使用されるわけではありません。中間解の範囲は、他の２つのタイプの解によって**制約を受けます**。最小化の手続きでは、まず経験的ケースのみに完全に依拠した保守解が出発点となります。簡略解は単純な解を導き出すことを目指しますが、特定の論理残余行について非現実的な仮定が置かれてしまう場合もあります。中間解では、**もっともらしい反事実**（plausible counterfactuals）条件を最小化手続きに適用することができるので、原則的に、複雑さという意味において保守解と簡略解の中間に位置する解項を得られるということです（反実仮想分析については、次節も参照）(10)。

5．解項の説明

QCAの３つのタイプの解の関係は、例を用いると非常にわかりやすく説明できます。**表7.6**は、３条件と26ケースにわたるファジー集合データの真理値表で

表7.6　真理値表の例

行	条件A	条件B	条件C	結果	該当するケース数	整合性	PRI
6	1	0	1	1	6	0.95	0.95
4	0	1	1	1	5	0.95	0.94
7	1	1	0	1	5	0.95	0.94
2	0	0	1	0	5	0.37	0.16
5	1	0	0	0	5	0.26	0.14
1	0	0	0	?	0	—	—
3	0	1	0	?	0	—	—
8	1	1	1	?	0	—	—

す。真理値表の各行には、ソフトウェアによりインデックスが付けられています。これらのインデックスは分析のプロセスを通じて保持されます。真理値表は整合性と度数で降順に並べ替えられているので行番号は順番になっていませんが、分析のプロセス全体にわたって、この行番号は**ユニークな識別子**（unique identifier）としての役割を果たします。このことは、例えば最小化の手順から除外しようとする場合に重要になることがあります。

表7.6を見ると、３つの行が結果の発生と関連していることがわかります。これをブール表記で整理すると次のようになります。

$$A \cdot \sim B \cdot C + \sim A \cdot B \cdot C + A \cdot B \cdot \sim C \rightarrow Y \qquad (7)$$

さらに、この真理値表には、該当する経験的ケースが存在しない３つの論理残余行があります。これらについて何が言えるでしょうか。最初の３行のパターンと説明条件のキャリブレーションの仕方から予想すると、３つの条件がすべて揃った組み合わせも、該当するケースがあれば結果を生じさせる可能性があります。真理値表の８行目の論理残余（A・B・C）にあてはまりますが、これは**容易な反事実条件**と言えます。

それでは、行番号１（～A・～B・～C）と行番号３（～A・B・～C）は、どうでしょうか。条件が「間違った（wrong）」方向に向いているので、これらはいずれも**困難な反事実条件**と考えられます。また、結果の発生と関連する行を見ると、３つのうち少なくとも２つの条件が結果を生じさせるために必要と思われることがわかるので、３条件すべてが不在の場合（行番号１）や２条件が不在の場合（行番号３）には、結果が生じない可能性があります。

ここで、真理値表から３つの解項を導き出すことができます。この例では、論理残余を用いないとこれ以上の最小化をおこなうことができないので、**保守解**は、真理値表の上から３行目までとまったく同じものになります。

$$A\cdot{\sim}B\cdot C + {\sim}A\cdot B\cdot C + A\cdot B\cdot{\sim}C \rightarrow Y \qquad (8)$$

次に、**簡略解**を求めます。ソフトウェアがすべての論理残余を考慮に入れ、それらを用いて、より単純で簡潔な解項を析出します。このプロセスにより、次の解が得られます。

$$A\cdot C + B \rightarrow Y \qquad (9)$$

この簡略解は、論理残余行となる行番号３（～Ａ・Ｂ・～Ｃ）と 行番号８（Ａ・Ｂ・Ｃ）についての単純化の仮定に依存しますが、ここではいずれも結果に対して十分であると仮定されています。この簡略解はどのようにして導かれるのでしょうか。論理残余行に２つの式を加えることで、簡略解の最小化手順を手作業で再現することができます。以下は、簡略解の析出の過程で**効果的に**（effectively）実行されていることを説明するために、アルゴリズムによる手順を単純化した**形式的な例**（stylized example）**であることを強調しておかねばなりません**。まず、ここでは、式が登場する順序は説明の便宜のためにあらかじめソートしてあります。

ペアワイズのブール比較によって、式（10）に示す元の解の５つの項が、式（11）に示す４つの項に縮減されます。ここからさらに、Ｃと～Ｃを除外すると、式（12）の３項が得られます。最終段階はブール論理に則るもので、式（12）の～Ａ・Ｂが単一条件Ｂでカバーされることによる最小化です。このことは、主項表やベン図を用いて確認することができます。これらの結果、それ以上の最小化が不可能な解として式（13）の簡略解が析出されます。

$$A \cdot {\sim}B \cdot C + A \cdot B \cdot C + A \cdot B \cdot {\sim}C + {\sim}A \cdot B \cdot C + {\sim}A \cdot B \cdot {\sim}C \rightarrow Y \quad (10)$$

$$A \cdot C \ + \ A \cdot B \ + \ B \cdot {\sim}C \ + \ {\sim}A \cdot B \rightarrow Y \quad (11)$$

$$A \cdot C \ + \ B \ + \ B \cdot {\sim}C \rightarrow Y \quad (12)$$

$$A \cdot C \ + \ B \rightarrow Y \quad (13)$$

しかし、前述のとおり、この簡略解は、困難な反事実条件（行番号3）を含む最小化手順に基づくものです。そのため、論理残余行の特定行のみを最小化手続きに取り込むことのできる**中間解**を算出します。ここでは、すべての条件が存在する行番号3は**容易な反事実**条件として扱いますが、行番号3は1つの条件しか揃っていない困難な反事実条件となるため、ソフトウェアの最小化ルーティンから**除外する**よう指定します。これらの条件をソフトウェアに指示すれば、以下の中間解が析出されます。この中間解は、単一の論理残余（行番号8）のみを取り込んだものです。

$$A \cdot C + B \cdot C + A \cdot B \rightarrow Y \quad (14)$$

表7.7は、QCAの3つのタイプの解とその適合性指標をまとめたものです。この表を見ると、簡略解が他の2タイプの解の**上位集合**（superset）となっていること、そして保守解が中間解と簡略解の**下位集合**（subset）となっていることがわかります。これら3つのタイプの解の間の一般的関係は常にあてはまります。例外となるのは同一解が生じる時のみです。

この例では、保守解を構成する3つの経路は、簡略解の2つの経路に完全にカバーされています（A・～B・CはA・Cによってカバーされ、～A・B・CとA・B・～CはともにBにカバーされます）。これと同じ原理は、保守解の**上位集合**かつ簡略解の**下位集合**である中間解にも適用されます。

適合性の指標に関しては、この例では中間解と保守解でほぼ一致したスコアが得られています。一方、他の2タイプと比べると簡略解では被覆度がわずかに高く、整合性はわずかに低めになっています。この種の適合度の差異は、どのような経験的データを用いるかによって、より顕著になることもあります。一般的に

表7.7　保守解、中間解と簡略解

解のパス（解の経路）		関係	整合性	PRI	素被覆度	固有被覆度
保守解（Conservative solution）			0.97	0.97	0.87	—
1	A・～B・C	＋	0.95	0.95	0.37	0.29
2	～A・B・C	＋	0.95	0.94	0.32	0.24
3	A・B・～C	→ Y	0.95	0.94	0.32	0.24
中間解（Intermediate solution）			0.97	0.97	0.88	—
1	A・C	＋	0.96	0.95	0.4	0.29
2	B・C	＋	0.96	0.95	0.35	0.24
3	A・B	→ Y	0.95	0.95	0.35	0.24
簡略解（Parsimonious solution）			0.96	0.96	0.9	—
1	A・C	＋	0.96	0.95	0.4	0.29
2	B	→ Y	0.96	0.95	0.61	0.51

図7.3　複雑 簡略のスペクトラム

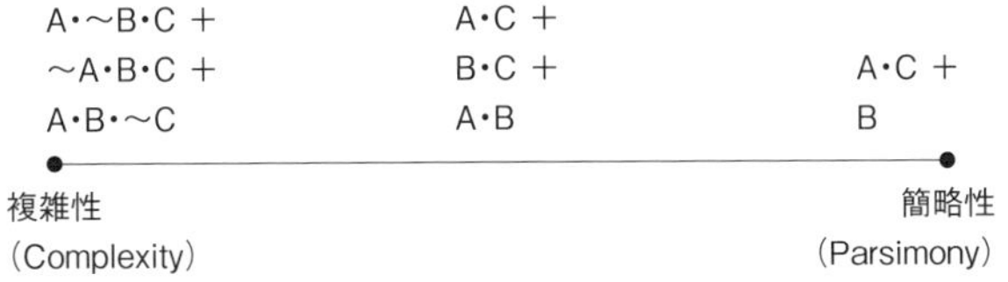

図7.4　保守解、中間解と簡略解

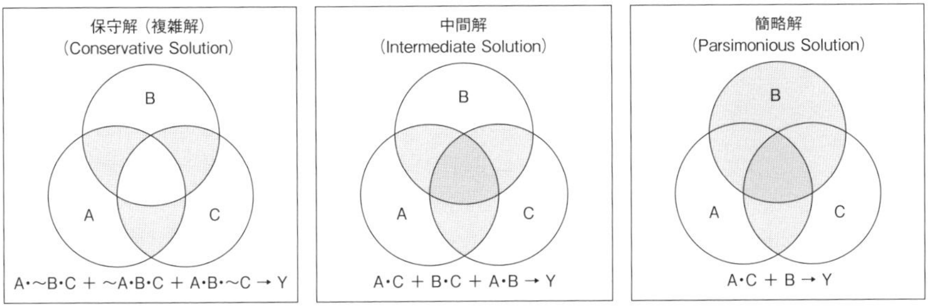

は、簡略解の被覆度が最も高くなり、保守解の整合性が最も高くなります。

QCA の解の３つのタイプの関係を**複雑さ**（complexitty）—**簡略さ**（parsimony）という一次元のスペクトラム上で要約すると**図7.3**のようになります。一方、**図7.4**のベン図は、これら３タイプの解の関係を支配する下位—上位集合関係を描いたものです[11]。図の中で最も大きな面積をカバーしていることから、簡略解が**最も一般化された**解であることがわかります。ただし、この簡略解が困難な反実仮想に基づくものである点にも注意が必要です。そのため、前述のとおり、解を精査するとともに他の２タイプの解と比較することが常に求められます。保守解と中間解は簡略解の下位集合なので、それらは**より具体的・局所的（more specific）**であると言えます。このことは、ベン図の中でカバーする領域がおのずと小さくなることにも反映されています。

QCAの３つのタイプの解のうち、どれを選ぶのがよいのでしょうか。本節でも検討してきたとおり、これらの関係は階層的な順位づけが存在するものではなく、**相互に依存する関係**（interdependence）によって特徴づけられています。

一般的に、**３つのタイプの解のすべて**（all three solutions）を析出し、検討することが望ましいでしょう。論文を出版する際には、これら３種の解を本文あるいはオンライン付録のいずれかで報告することが理想的です。とはいえ、刊行された研究を見ると、通常、特定のタイプの解が結果の実体的解釈の中で強調されています。ほとんどの場合、それは**中間解**です。研究領域の理論的期待や実体的知識をもとに、論理残余の扱いについて研究者が意思決定をおこなうことができるからです。QCAの代表的な文献（Ragin, 2008b；Schneider and Wagemann, 2012）で中間解が強調されてきたのも、この理由によるものです。

一方で、簡略解では反実仮想の仮定に無理がないかをチェックする必要があるという前提がありますが、**保守解**と**簡略解**も、中間解と同様に有効です。結局のところ、実体的な解釈のためにどのタイプの解に注目するかは、研究の目的、分析の複雑さ、そしてその研究がおこなわれる領域での論理残余による推論の難易度にも依存していると言えます。次節では、論理残余と反実仮想による分析を検討してゆきます。QCAの解のさらなる次元については、第９章で取り上げます。

表7.7のレイアウトはQCAの異なるタイプの解の比較には適していますが、表中のブール表記はかなり抽象的で、集合論的方法にあまり慣れていない読者の皆さんにとっては難解かもしれません。したがって、論文を発表することを視野に入れると、説明条件を単語で明記しそれらの集合への帰属の有無（程度）を記載した、より読者に親切なレイアウトを使用することが推奨されます。これらの工夫によって分析結果がより伝わりやすくなります（このトピックは、改めて第10章で再度検討します）。

表7.8は、Tobias Ideらによる最近の研究（Ide et al., 2020）から抜粋した例です。中東と北アフリカにおける水に関係する紛争につながる条件に関する彼らの研究を通して、紛争発生には２つの条件組み合わせによる経路が存在することが明らかになりました。Charles Ragin and Peer Fiss（Fiss, 2011；Ragin and Fiss, 2008）が考案した表記法にしたがうと、黒丸（●）は条件の存在を、斜線の入っ

表7.8　例：解と解のパス（解の経路）

解項	解のパス（解の経路）	
	1	2
亀裂（Cleavages）	●	●
独裁政権（Autocratic regime）	●	
常夜灯の発光 （Nightlight emissions）		
断水（Water cuts）		●
整合性	1.00	0.91
素被覆度	0.53	0.59
固有被覆度	0.18	0.24
被覆されるケース（該当するケース）／固有に被覆されるケース（下線を引いたもの）	アイン・ベルダ（AinBerda） アンナーバ（Annaba） バトナ（Batna） ダマスカス（Damascus） ダムル（Damru） エル・ブルルス（El Burullus） エル・シャット（El Chatt） ゲルシフ（Guercif） ワルグラ・シティ（Ouargla City）	アイーダ（Aidah） アイン・ベルダ（AinBerda） アンナーバ（Annaba） アラムタ（Aramta） バトナ（Batna） ダムル（Damru） ディヤルバクル（Diyarbakir） エル・ブルルス（El Burullus） エル・シャット（El Chatt） ナブルス（Nablus）
解整合性	0.93	
解被覆度	0.77	

出所：Ide et al.（2020）.

た丸（⊗：cross-out circle）は条件の不在を表わします（ここでの単純な例では説明条件が存在するケースのみが含まれています）。

この研究で用いられている4つの条件を表の左上に示していますが、紛争を生じさせる第一の経路は社会集団間の**亀裂**（cleavage）と**独裁政権**（autocratic regime）という2条件の組み合わせによるものです。そして、もう1つの経路は社会集団の亀裂と**断水**（water cuts）の組み合わせであることがわかります。**常夜灯の発光**（nightlight emissions）という条件は、これら2つの経路のいずれにも含まれません。

表の中央部を見ると、整合性や2つの経路それぞれの素被覆度（経路間の重複を考慮しないもの）、さらにはそれらの固有被覆度といった整合性指標に関する情報が記載されています。表の下部には、それぞれの経路に帰属するケースがリストアップされています。紛争を生じさせる2つの経路の両方に重複して被覆される６つのケースがあることがわかります（下線のないケース）。一方、下線の引かれた７つのケースは２つの経路のうちの何れかに固有に被覆されています。全体としての解整合性と解被覆度は、表の最下部に明記されています。

このレイアウトは、例えば、解に含まれないため**説明のつかない事例**（unexplained cases）や、解に含まれるものの結果を示さない**逸脱事例**（deviant cases）などについてのさらなる情報を織り込むために、簡単にカスタマイズすることができます（第10章参照）。このレイアウトを用いてQCAの結果を報告することで、すべての説明条件を正確に言語で表記できる利点を得られるだけでなく、条件組み合わせを視覚的に捉えやすくするという効果も発揮されます。さらには、極端にケースが多くない限りは、解となる経路が被覆するケースをリストアップし、特定の経路が固有に被覆するケースを際立たせることもできます。これによって、QCAのケース指向の性格と他方での抽象度の高い分析側面との連動性を高めることができます。

6．反実仮想による分析

QCAの強みの１つは、社会現象における限定的な多様性を明らかにする点です。このことは、**反実仮想による分析**（counterfactual analysis）をおこなう機会を生み出していると言えます（Ragin, 2008b）。真理値表は、経験的ケースを包摂する条件組み合わせをはじめ、一貫して結果を生じさせる行、矛盾を含む行、そして該当するケースが存在しない論理残余行を識別するツールです。論理残余は、**潜在的な**（potential）反事実のケースです。また、該当する経験的ケースが存在しない条件組み合わせであることから、結果に対するそれらの妥当性については研究者が評価することができます。

因果関係の理論についての議論（第４章）の中でも述べたように、反実仮想による分析は社会科学領域において確立された系譜をもち、質的アプローチ（例：Fearon, 1991；Harvey, 2012；Levy, 2008；Tetlock and Belkin, 1996）と量的アプローチ（例：Emmenegger, 2011；King and Zeng, 2007, Morgan and Winship, 2007）の双方に浸透しています。QCAによる分析で論理残余を含むのは簡略解ですが、このタイプの解の析出ではアルゴリズムが主導権を握っています。というのは、ソフトウェアのアルゴリズムは、最も複雑でない解を見出すうえで、さらなる最小化が可能か否かにのみ基づいて最小化手順に取り込む論理残余行を決定するからです。したがって、簡略解には反実仮想による**推論**（reasoning）が含まれないということになります。

中間解は、論理残余を取り込むための反実仮想による推論を可能にすることで、このような簡略解の欠点を改善するアプローチです。では実際にその作業はどのようにおこなうのでしょうか。第一の基準は、容易な反実仮想と困難な反実仮想とを区別することです（Ragin, 2008b；Ragin and Sonnett, 2005）。**容易な反事実**（**easy counterfactual**）とは、理論的・実体的知識に基づいて結果の発生が予想できる単純な論理残余のことです。**困難な反事実**（**difficult counterfactual**）とはそのような知識と相反する単純化の仮定をいいます。これら２つのタイプの反事実の概念的な違いから、反実仮想による推論をおこなうための前提条件としての理論的期待やケースに精通していることが重要であることがよくわかります（Mendel and Ragin, 2011も参照）。

しかし、実際に研究を進める場面になると、容易な反事実と困難な反事実の線引きを**どのように**（how）おこなうべきかを疑問に思うこともあります。どのような根拠をもって、論理残余を用いるか否かの判断を正当化できるのでしょうか。Charles Ragin（2000）は、著書*Fuzzy-Set Social Science*の中で単純化の仮定の背景の核心にある考え方について簡潔に述べていますが、そこで彼が強調したもう１つの点が記録の透明性です。

> 「*究極的には、因果関係の一般化のために単純化の仮定を選択するにあたっては、できる限り理論的・実体的知識に依拠することが不可欠です。それらに対する評価、つまり思考実験をおこなう目的は、実際には存在しない条件組み合わせの単純化の仮定としての妥当性を評価する*（*assess the plausibility of a nonexistent combination of conditions as a simplifying assumption*）*ことです。研究者は自問自答します。この条件組み合わせが経験的に存在したら、結果は生じるでしょうか？その答えが「イエス（Yes）」であれば、単純化の仮定は許容されます。もちろん、単純化の仮定を因果関係の一般化に組み込む場合には、注意深く文書に記録し、研究のオーディエンスによる評価が可能なよう公開しておく必要があります。*」（強調：筆者）。

このような背景から、その後の研究では反実仮想と単純化の仮定に関する研究が精緻化されました（Rihoux and De Meur, 2009；Schneider and Wagemann, 2012, 2013；Yamasaki and Rihoux, 2009）。これらをはじめとする研究を通じて、論理残余に関する議論が深まりQCAの分析ツールが充実したことは明らかです。その一方で、研究の進展によって論理残余に関連するさまざまな用語が生まれ、入門者はもちろん、集合論的方法に慣れ親しんだ人たちも容易に混乱してしまうような、あたかも「論理残余のごった煮（logical remainder soup）」とでも呼ぶべき状況が発生するに至っています。本節では、そうした状況を克服し、反実仮想とその分析手法としての可能性、さらには根拠がなく正当化の難しい仮定を置くことの危険性について**簡潔に**説明することを目的とします[(12)]。

そもそも、論理残余には3つの種類がありますが、このことで、容易な反事実と困難な反事実の違いが理解しにくくなっています。3種の論理残余のうちの1つ目は、**矛盾する反事実（contradictory counterfactual）**です。これは、結果の発生と未発生の双方に十分であるかのように扱われる論理残余として定義されます（Rihoux and De Meur, 2009；Yamasaki and Rihoux, 2009）[(13)]。QCAでは結果が生じる場合と生じない場合を別々に分析するので、無意識のうちに同一の残余を用いて両者の解を導き出してしまうことが起こり得ます。これは解決すべき**論理矛盾**です。

矛盾を解くためには、論理残余の使用を妥当な分析（結果の発生または結果の未発生）に限定するか、論理残余を完全に除外するか、あるいはリサーチ・デザインの変更によって根本的な問題に対処するかのいずれかが求められます。これらのうち、最初の2つは分析の過程で導入する技術的な解決策ですが、3つ目の方法は、原点に立ち返ってこのような矛盾の発生を防ぐためにリサーチ・デザインを改善する方法を探索するというものです（第2章参照）。

回避すべき論理残余の第二の類型は、**ありえない反事実（impossible counterfactuals）**です。この種の残余は、物理的・社会的世界についての私たちの知識から、単純に**不可能**なものを言います（Schneider and Wagemann, 2012）。個々の条件組み合わせが一般的にありえないものであるか、または、（将来発生するかどうかとは無関係に）単純に歴史上一度も発生したことがないことを意味します。粗雑ですがよく用いられる例として、**妊娠している人々（pregnant people）**かつ**女性ではない人々（nonwomen）**の集合—「妊娠した男性（pregnant men）」—が挙げられますが、これはあり得ないものなので空集合になります。

この2番目のタイプの論理残余のもう1つの例として、国連加盟国の紛争への関与を探る研究があったとしましょう。説明条件には、国連安保理の**常任理事国（permanent membership）**であること、そして**核兵器保有国であること（possessing nuclear weapons）**が含まれます。これら2つの条件はどちらも適切であると考えられますが、この設定では国連安保理の常任理事国であることと核兵器を**所有していない（absense）**ことの組み合わせが必然的に論理残余となります。将来、国連安保理の常任理事国に核兵器非保有国が登場する可能性はありますが、本書を執筆している時点においてはこの組み合わせは存在しえないものです。

ありえない反事実は、説明条件の選択の結果、起こりえない条件組み合わせが許容され、それらが真理値表の論理残余行として出現する場合に生じうるものです。したがって、そのようなあり得ない反事実が簡略解の析出の仮定で用いられてしまうこともあります。こうした状況を打開するための最善の策がリサーチ・デザインの改善であることは明らかです。QCA では、限られた数の条件しか分析に含めることができないので、他のすべての条件との組み合わせが可能となるような形で個々の条件を設定することが原則です。これは、ケース選択のガイドラインを反映していると言えますが、ケース選択で決定的に重要な基準とはケースが結果を生じさせる**可能性**です（Mahoney and Goertz, 2004）。リサーチ・デザインの改善が実行不可能な場合には、ありえない反事実を簡略解と中間解の析出のために取り込まないようにするのが賢明です。

最後に、回避すべき第三のタイプの論理残余は、支離滅裂な**反事実**（incoherent counterfactuals）です。これは、QCA による分析の初期段階で得られた必要性に関する記述に矛盾する仮定のことを言います（Schneider and Wagemann, 2012）[14]。例えば、集合論による分析の初期段階で関連性のある（取るに足らないものではない）必要条件を特定したとしましょう（第6章参照）。ここで、その必要条件を含**まない**（not）論理残余を結果に対して十分なものとして扱うと、論理矛盾と見なされる可能性があります。したがって、分析の最初のステップで見出された必要条件は、簡略解や中間解に用いられる論理残余の集合に制約を課しているということになります。原則的には、それらの必要条件が存在する論理残余のみを最小化手順に取り込むべきです。

ただし、この原則に無条件にしたがうことには注意が必要です。経験的な設定によっては、必要条件を含まない論理残余だったとしても、理論的・実体的知識をもとに結果の発生を期待することが合理的であると判断できるものもあります。少なくとも、論理残余をくまなく確かめ、それらの妥当性を評価することなしに、こうした可能性を**排除するべきではありません**（not be ruled out）。

このことは、分析にとってどのような意味合いをもつのでしょうか。真理値表分析にとって重要なポイントは、反事実が**図7.5**の中央の網掛け部分に位置することです。私はこれを**もっともらしい反事実**（plausible counterfactuals）と呼んでいます。この種の論理残余は、以下のすべての基準を満たします。

（1）理論的・実体的知識によって結果の発生が示唆される。
（2）それぞれの条件組み合わせに矛盾がない。
（3）経験的に可能である。

図7.5　反事実の類型

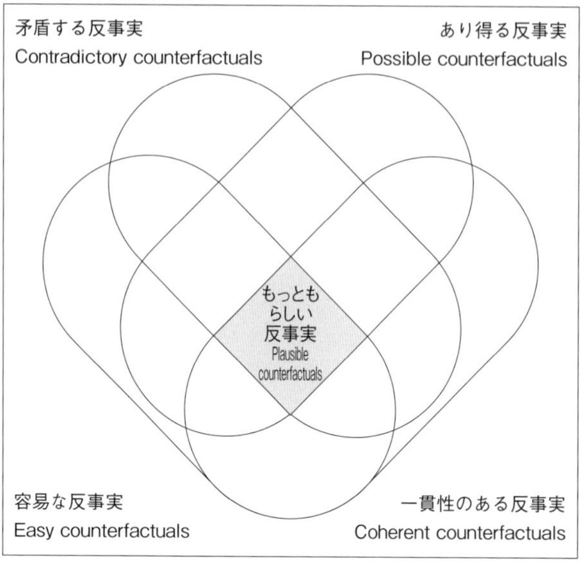

（4）必要条件の記述と矛盾しない[15]。

QCAで反実仮想による推論をおこなう際には必ず、もっともらしい反事実条件のみを分析に適用することが望まれます。この手順をソフトウェアを用いて実際にどのように進めるかについては、本書の**web付録**の中で紹介しています。

上述のガイドラインとは別に、論理残余の取扱いを洗練させるために、2つの具体的なアプローチが開発されてきました。Carsten Schneider and Claudius Wagemann（2012）による**改良標準分析**（**enhanced standard analysis：ESA**）は、真理値表の最小化手順において、矛盾や一貫性の欠如、あるいは非現実性に基づく「支持できない仮定（untenable assumptions）」を避けるためにつくられた手順です。この手順を用いることで、いわゆる**改良版の**（**enhanced**）簡略解と中間解を導出することができますが、これらは標準分析から得られる解と比べて複雑になる傾向があります。ESAの手順は、Schneider and Wagemann（2012）とDuşa（2019b）の中で詳細に説明されています。

第二のアプローチである、**理論準拠改良標準分析**（**theory-guided enhanced standard analysis：TESA**）（Schneider and Wagemann, 2012）は、ESAを補完する役割を果たしていますが、その具体的な特徴は非単純化の論理残余を分析に組み込むことができる点にあります。TESAが重視するのは、簡略化よりも**理論的**

親和性（theoretical resonance）です。そのため、TESA で生成される解は、他のアプローチによって得られたものと比べるとより複雑になる傾向にあります。

Schneider and Wagemann（2012, 2013）は、説得力に重きを置き、簡略化にとどまらない分析の狙いをもって、QCA における論理残余の取扱いに関する理論的議論を進展させてきました。注目すべきは、集合論による分析に必要とされるさまざまな高度な機能がRの SetMethods のパッケージに実装されていることです（Oana and Schneider, 2018；Oana, Schneider, and Thomann, 2021）。一方で、ESA における論理残余の取扱いに関して推奨されている分析手順に対しては、批判も寄せられています。

Barry Cooper and Judith Glaesser（2016）は、ESA では事前に特定された必要条件を含まない論理残余を除外する際に「利用可能な根拠の範囲を逸脱している」と主張しています。Alrik Thiem（2016）は、事前に見出された必要条件による制約を受けることから、ESA は効果的に保守解を導き出すという見解を示しています。これらに対する回答として、Schneider and Wagemann は必要性の関連性（RoN）についての意味ある基準の重要性を強調し、「結果の上位集合となるあらゆる条件が必要条件であると宣言する」ことを ESA が研究者に強要するわけではないとしています（Schneider, 2018；Schneider and Wagemann, 2016）。このことは、本書を通して指摘している点、つまりケース知識や理論的期待に照らして分析の選択をおこなうのは研究者の責務であり、機械的なルーティンに代替されるものではないことを明確に示しています。

反実仮想による分析は、広い意味で現在、QCA 研究の中で最もダイナミックな領域となっています。というのは、反実仮想による分析は、理論と実証分析の関連性や QCA の解の前提となる仮定、さらにはこれらの手続きの技術面での実装に関わっているからです。論理残余の扱いの新たな手順も提案されるなど、この領域が今後さらに発展してゆくことは間違いありません。このテーマについては、QCA の異なるタイプの解の妥当性をめぐる現在の議論を第9章で精査する際に再度検討の対象としたいと思います。

(1)　ある段階では、必要だと判明した条件は以降の真理値表の手続きから**除外**し、その一方で実体的な解釈のためにとっておくという方法が推奨されてきました（Ragin, 2009a）。しかし、必要条件を分析から外すことで、推論上の利点を弱めてしまう可能性があります（Mello, 2013）。ここで特筆すべきなのは、Ragin 自身がこの点についての考え方を変えていることです（Mendel and Ragin, 2011）。

(2)　必要条件の整合性のベンチマークを0.9とすることは、現在では広く受け入れられています。しかし、Ragin（2000,2003a）は、自身の初期の研究の中でファジー集合のデータから得た、言語的区分を必要条件の分析に適用していることも指摘しておきます（「more in than out［どちらかというと集合に帰属している］」や部分的な集合帰属を特徴づける他の言語的表現がそれらの代表的なものです。第５章参照）。したがって、少なくとも0.8の整合性をもつ条件は、結果に対して「ほとんど常に」必要であると見なされました（Ragin, 2003a）。必要性の関連性については、Schneider and Wagemann（2012）によると、「低い値をとる場合は些細であることを示し、高い値をとる場合には関連性が高いことを示す」と指摘しています。Oana et al.（2021）は、条件に関連性があると判断できる閾値を0.6とすることを提案しています。

(3)　QCA における除外された条件については、Radaelli and Wagemann（2019）を参照してください。

(4)　ここでは手順の説明が目的のため、研究事例は簡略化しています。また、それ以外にも、Mantilla（2012）はファジーセット QCA を使用し、（異なる期間の）ペルーについての２つの観測も含む点で、ここで用いる例示とは異なっています。

(5)　Schneider and Wagemann（2012）は、削除（除外）される条件は、残りの条件が存在するもとでのみ「無関係」と見なされるべきであると、はっきりと強調しています。

(6)　これらのアルゴリズムの違いに関する詳細な技術的議論については、Duşa（2019b）を参照してください。

(7)　整合性の水準が全般的に低い真理値表の場合、または経験的なウェイトが大きく、なおかつ整合性スコアが0.75の水準付近に達している行の場合（例えば、整合性が0.74で真理値表分析に組み込むべきケースなど）には、例外的な扱いが許容されることがあります。ただし、整合性の閾値を下げるよりも、より整合性の高い真理値表を構築するためにリサーチ・デザイン（第２章）や説明条件のキャリブレーション（第５章）を見直すことをお勧めします。

(8)　Duşa（2019b）の主張は「何らの仮定も置かれていない式が必ずしも最も複雑なわけではない」とする Schneider and Wagemann（2012）の立場とは隔たったものです。こうした見解の相違はさておき、Schneider and Wagemann（2012）が提案するように、この種の解はで反実仮想を用いていないため、**保守（conservative）**解という用語が用いられることが多くなっています。

(9)　中間解は、時として、こうした「方向性のある期待」のみに還元されることがあります。しかし、Ragin はこの言葉を自身のワーキングペーパー（Ragin, 2003b）でしか用いていないようです。一方、彼の簡略化の仮定に関する議論の多くはこの言葉に言及していませんが、**もっともらしさ（plausibility）**を重要な基準として強調した、より広く抽象的な立場を示しています（Ragin, 2000, 2008a, 2009b）。Ragin（2008b）が指摘するように、容易な反事実と困難な反事実は「厳格な二分法ではなく、むしろもっともらしさの連続体」であり、「主として社会科学の研究コミュニティ全般における既存の理論的・実体的知識の状態」に基づくものです。経験的応用における中間解のより広い概念については、とくに Maggetti and Levi-Faur（2013）、Mello（2020）、そして Vis, Woldendorp, and Keman（2013）を参照してください。

(10)　**まったく同じ（identical）**解項が導き出されることが時々あります。論理残余行が存在しない完全な真理値表（ほとんど見られません）は別として、同一の解項が生じるのは、論理残余がさらなる最小化を許容しない場合や、中間解の仮定が他の2つのタイプの解の仮定と事実上一致している場合です。

(11) ここでのベン図は、QCAの3つタイプの解の間の関係を説明するためのものです。この事例で用いているファジー集合への帰属度の度合いは、ベン図には反映されません。

(12) この目的を達成するために、私は用語の整理をおこない、さまざまな研究者が用いる概念のうち、相互に本質的な違いがあると認識されるものだけに絞り込みました。補足的な説明については、引用元の各文献を参照することをお勧めします。

(13) これらは「矛盾した単純化の仮定」(Yamasaki and Rihoux, 2009)とも呼ばれ、「支離滅裂な反事実」(Schneider and Wagemann, 2012)というカテゴリに包含されます。曖昧さを避けるため、後者の用語を必要条件と対立する論理残余にのみ使用します。

(14) Raginは Jerry Mendelとの対話を通じてこの問題を指摘し、特定された必要条件を示さない論理残余を除外することを推奨しています(Mendel and Ragin, 2011)。

(15) 私が**もっともらしい反事実(plausible counterfactuals)**という言葉を使うのは、反実仮想による推論における「もっともらしさ」の中核となる考えと密接に関連しているからです(Ragin, 2000, 2008a, 2009b)。これと関連して、より広義な用語に「良い反事実(good counterfactuals)」というものがありますが、これはさらに非単純化の論理残余を伴うものです(Schneider and Wagemann, 2012)。

第8章　さまざまなQCA

この種類の一連の方法の他のすべての特徴は、集合論の基礎から派生する。
— Carsten Schneider and Claudius Wagemann

本書は、クリスプ集合によるQCA（csQCA：クリスプセットQCA）とファジー集合によるQCA（fsQCA：ファジーセットQCA）の2種類に焦点を当ててきました。QCAを適用した経験的研究の分野横断的なオーバービュー（第2章参照）からもわかるように、これら2種のQCAは最も一般的で広く利用されているものです。その一方で、本章冒頭のSchnerider and Wagemannからの引用（Rihoux and Ragin, 2009も参照）[(1)]にもあるように、QCAには**集合論的方法**（**set-theoretic methods**）という大きな傘のもとに多様なタイプがあり、それらがQCAファミリーを構成しています。この章では、それらのうち4つの主要なタイプのQCAのアプローチを紹介し、本書のここまでの議論を補足するとともに、新たにQCAを用いようと考えている読者の皆さんに対しては、それぞれのアプローチの強みと限界についてのアイデアを提供したいと思います。

本章で取り上げる4種のQCAとは、マルチバリューQCA（multivalue QCA：mvQCA）、テンポラルQCA（temporal QCA：tQCA）、ファジーセット理念型分析（fuzzy-set ideal type analysis）、そして2段階QCA（two-step QCA）です。これらのアプローチの中には、すでに膨大な文献が蓄積されているものもあります。ここでは、長年にわたっておこなわれてきた研究を網羅した要約をおこなうのではなく、読者の皆さんが特定の研究目的のために何を追究すべきかについて正しい情報を得たうえで選択できるよう、簡潔な導入をおこなうことを狙いとしています。この章の締めくくりの部分では、必要条件分析（Necessary Condition Analysis：NCA）やMDSO-MSDOアプローチ（MDSO-MSDO）、そしてコインシデンス分析（Coincidence Analysis：CNA）など、QCAのその他のバリエーションあるいはQCAの代替手法についても手短に触れておきます。

1．マルチバリューQCA（mvQCA）

QCAによる研究のリサーチ・デザインをおこなう際、クリスプ集合とファジー集合に関して繰り返し問われる問題があります。その問題とは、クリスプ集合ではデータが二値に変換されることが必要であること、ファジー集合ではデータが対象となる集合の**内側**（inside）にあるか、それとも**外側**（outside）に位置するかについてのクロスオーバー・ポイントを定義することが求められることです。ファジー集合を用いる場合、データの集合帰属度をグラデーション（帰属程度）で捉えてはいるものの、実質的にはクロスオーバー・ポイントを基準とする2種の質的状態を効果的に示すにとどまっています。こうした制約の克服が原動力となり、Lasse CronqvistがmvQCAを開発しました。CronqvistはmvQCAの付帯ソフトウェアとしてTosmanaも開発しています（Cronqvist, 2004；Cronqvist and Berg-Schlosser, 2009）(2)。

その名称が示すように、mvQCAの背景となる考え方は、説明条件が複数の異なる値をとることを許容していることです。つまり、3つ以上の異なる値をとる**カテゴリカル・データ**（categorical data）（訳者注：名義尺度または序数尺度によるデータ）を分析に使用することができます。この種のデータは、分類のために多くのクラス（グループ）やパーツに分けられるという意味で、**多値**（polychotomous）データと呼ばれることもあります。mvQCAの利点は、クリスプ集合の二値による閾値やファジー集合のキャリブレーションによる経験的基準点のような閾値を用いる必要がなく、多値データをほぼ**そのまま**（as they are）の形で使用できることです。

例えば、個人の雇用形態と生活満足度の関係について研究したいとしましょう。この場合、**被雇用者**（employed）と**失業者**（unemployed）に完全に二分するのではなく、**最低賃金による被雇用者**（employed at minimum wage）を独立したカテゴリに含めたいと思うかもしれません。というのは、このグループに帰属する人々は最低賃金を上回る一般的な給与水準で働く人々とは異なる特性を示すことが予想されるからです。mvQCAを用いれば、**失業者**（unemployed）、**最低賃金による被雇用者**（employed at minimum wage）、そして**最低賃金を上回る賃金水準の被雇用者**（employed above minimum wage）という異なる値をとる条件を分析に取り込むことができます。

もちろん、これらの違いは、クリスプ集合条件を2つ（訳者注：雇用状態と賃金水準のそれぞれに関するもの）とり入れれば把握することが可能です。条件を追加しなければいけないことは別として、そのようなアプローチの欠点は、**最低賃金での無職**（unemployed at minimum wage）といった、現実には起こりえない組み合わせを容易に生み出してしまう点にあります（第７章の「支持できない仮定」の議論を参照）。

mvQCAは、必要条件の分析と真理値表の最小化手順に関してはクリスプセットQCA（csQCA）とファジーセットQCA（fsQCA）と同様の手順を踏みますが、以下の３つの重要なポイントにおいてそれらと比べて異なる特徴をもっています（Cronqvist and Berg-Schlosser, 2009）。第一に、mvQCAではそれぞれの条件がとる値、または**程度**（level）を明示する必要があるため、**表記方法**（notation）が異なったものになります。慣例的には条件の名称のあとに値を中カッコに入れて表記します。ここでの例では、**employment ｛2｝** が最低賃金を上回る賃金水準での被雇用者を、**employment ｛1｝** が最低賃金による被雇用者を、そして **employment ｛0｝** は失業者を意味します[3]。

第二の違いは、**真理値表**（truth table）の大きさによるものです。多値条件のデータは、データのとる値によって異なるレベルにあるため、他の条件と結合する際には、それぞれのレベルで他の条件と論理的に組み合わさります。つまり、説明条件の取りうる多値のカテゴリが増えるごとに真理値表は**指数関数的に大きくなります**（grows exponentially）。論理的に可能な組み合わせの総数を計算するには、それぞれの条件に設定した**レベルの数**（number of levels）を掛け合わせます。例えば、４つの条件（A, B, C, D）があり、A、B、Cにはそれぞれ３つのレベルが、クリスプ集合を用いたDには２つのレベルが設定されているケースでは、真理値表の大きさを計算すると54行となります。

$$3_A \times 3_B \times 3_C \times 2_D = 54\text{行}$$

一方、同じ例でクリスプ集合あるいはファジー集合のみを用いたとすると、真理値表はわずか16行で構成されることになります。

$$2^{(A, B, C, D)} = 2^4 = 16\text{行}$$

第三の相違点は、**ブール代数による最小化**（Boolean minimization）と条件の多値性に関連するものです。mvQCAでは、第７章で紹介したブール代数による最小化ルール（Ragin, 1987）の応用版が必要となります。

「*ある特定の条件のみにおいて異なる多数の論理式が全く同じ結果をもたらし、* ***その条件のとり得るすべての値がそれらの論理式に含まれる場合***、*その条件は無関係なものと見なすことができます。*」(強調は筆者による)
(Cronqvist and Berg-Schlosser, 2009)。

このことは、最小化手順にどのような影響を与えるのでしょうか。そのプロセスの説明のために、クリスプ集合による条件Cと多値をとる条件M(3レベル)、そして結果Oを例にとって考えてみましょう。ここでの真理値表には必ず結果をもたらす3つの行が含まれていると仮定します。それらの行は共通してクリスプ集合の条件Cととり得る3レベルのそれぞれにおける多値条件Mとの組み合わせを含んでいます。

$$C\{1\} \cdot M\{0\} + C\{1\} \cdot M\{1\} + C\{1\} \cdot M\{2\} \rightarrow O \qquad (1)$$

このような状況では、条件Cが存在すれば条件Mの値のとるレベル(3レベルすべてがカバーされています)とは無関係に必ず結果が生じるため、条件Mは**無関係**(irrelevant)と見なすことができます。したがって、式(1)から原始式を最小化し、より単純な式(2)を導くことができます。

$$C\{1\} \rightarrow O \qquad (2)$$

この単純な例から、多値条件を用いるとブール代数による最小化における**要件**(requirements)が**増える**(increase)ことがわかります。複雑な論理式から多値条件を消去するためには、多値条件の各レベルに帰属する経験的ケースが必要となり、それらのすべてが残余の組み合わせと結果を共有する必要があります。

2. mvQCAの応用例

mvQCAは実際にどのように用いられているのでしょうか。他のQCAのアプローチとの主な相違点と共通点を説明するために、既存研究の例を見てみましょう。Pablo Castillo Ortiz (2017) の司法の独立に関する論文は、裁判官の間で司法審議会が司法の独立の阻害要因として認識されている状況を検証したものです(web付録の研究事例コラム8.1参照)。この論文は、欧州司法評議会ネットワーク(the European Netowork of Councils of the Judiciary)が実施した多国間調査の結

表8.1　多値条件と結果

多値条件／結果（一部抜粋）	多値条件の操作化	データソース
結果：司法の独立が軽視されているという強い不信感	$\{2\} = X_i > 9.5\%$ $\{1\} = 4.5\% \leqq X_i \leqq 9.5\%$ $\{0\} = X_i < 4.5\%$	欧州司法評議会ネットワーク(European Network of Councils of the Judiciary)によるアンケート調査の結果から、司法の独立が司法審議会によって尊重されていないと回答した人の割合
条件：司法審議会構成員の任命のあり方	{2} = 専ら政治的 {1} = ハイブリッド {0} = 専ら政治とは関係なく、司法的理由	EU司法スコアボード(EU Justice Scoreboard)と欧州司法評議会ネットワーク(European Network of Councils of the Judiciary)のウェブサイト(加盟国のファクトシート)、二次資料

出所：Castillo Ortiz（2017).

果を利用し、mvQCAによる分析に用いた条件のいくつかも同調査から抽出したものです。

この調査では、ヨーロッパのさまざまな司法管轄区域を代表する17のケースが取り上げられています。4つの説明条件のうち、3つはクリスプ集合によるもので、残り1つに多値条件が設定されています。一方、結果についても多値カテゴリが適用されています（多値条件と結果のキャリブレーションについては、**表8.1**に整理しています）。

敬意を欠いた司法審議会（desrespectful council）として設定されている結果は、司法の独立が司法審議会によって尊重されていないと回答した人の割合に基づく多値条件です。この値が9.5％を上回るケースはレベル2に、4.5％〜9.5％のケースはレベル1に、そして4.5％を下回るケースはレベル0に区分されます。多値の説明条件として設定された司法審議会構成員の**任命手続き**（appointment）については、政治的影響を受けることなく司法自身によってコントロールされているケースはレベル0に、政治的アクターによってコントロールのもとにあるケースはレベル2、そして両者の関与がそれぞれ認められるハイブリッド的手続に該当するケースはレベル1に配属されます。

前述のとおり、mvQCAの分析手順は第7章で取り上げた標準的な手続きにしたがいます。しかし、Castillo Ortiz（2017）の研究では、多値をとる結果が設定されているため、それぞれのレベルで個別に分析をおこなう必要があります。そのため、この論文には、**司法審議会に対する高い不信感**（high perception of desrespect：outcome {2}）、**司法審議会に対する低い不信感**（low perception of desrespect：outcome {0}）、そして**司法審議会に対する中程度の不信感**（moderate perception of desrespect：outcome {1}）という結果のそれぞれのレベルでおこ

表8.2　多値条件の真理値表

説明条件				OUT結果	該当するケース数	整合性	PRI	ケース{結果の値}
A つながり	P パワー	C 腐敗	T 任命					
0	1	1	1	1	1	1.00	1.00	ブルガリア（BGR）{2}
0	1	1	2	1	1	1.00	1.00	ポルトガル（PRT）{2}
1	1	0	0	1	1	1.00	1.00	イタリア（ITA）{2}
1	1	0	2	1	1	1.00	1.00	スペイン（ESP）{2}
1	0	0	0	0	3	0.33	0.33	ラトビア（LVA）{1}、英国-北アイルランド（GBR-NIR）{2}、英国-スコットランド（GBR-SCO）{0}
0	0	0	0	0	3	0.00	0.00	アイルランド（IRL）{0}、ポーランド（POL）{0}、英国-イングランド（GBR-ENG）{0}
0	0	0	1	0	2	0.00	0.00	ベルギー（BEL）{0}、デンマーク（DNK）{0}
0	1	0	1	0	2	0.00	0.00	ルーマニア（ROU）{1}、スロベニア（SVN）{1}
0	0	0	2	0	1	0.00	0.00	オランダ（NLD）{0}
0	0	1	1	0	1	0.00	0.00	スロバキア（SVK）{1}
0	1	1	0	0	1	0.00	0.00	リトアニア（LTU）{1}
0	0	1	0	?	0	—	—	—
0	0	1	2	?	0	—	—	—
0	1	0	0	?	0	—	—	—
0	1	0	2	?	0	—	—	—
1	0	0	1	?	0	—	—	—
1	0	0	2	?	0	—	—	—
1	0	1	0	?	0	—	—	—
1	0	1	1	?	0	—	—	—
1	0	1	2	?	0	—	—	—
1	1	0	1	?	0	—	—	—
1	1	1	0	?	0	—	—	—
1	1	1	1	?	0	—	—	—
1	1	1	2	?	0	—	—	—

出所：Castillo Ortiz（2017）.
　注：A：つながり；P：パワー；C：腐敗；T: 任命

なった独立した分析が含まれています。

表8.2は、結果のレベルが**「司法審議会に対する高い不信感」**（OUT）となるケースについての真理値表です。この表には説明の便宜のため、論理残余行も含

表8.3　mvQCA：中間解

Path	関係	整合性	PRI	素被覆度	固有被覆度	ケース
中間解		1.00	1.00	0.80	—	—
1　A{1}・P{1}・T{2}	+	1.00	1.00	0.20	0.2	スペイン
2　A{1}・P{1}・T{0}	+	1.00	1.00	0.20	0.2	イタリア
3　P{1}・C{1}・T{1}	+	1.00	1.00	0.20	0.2	ブルガリア
4　P{1}・C{1}・T{2}	→ OUT	1.00	1.00	0.20	0.2	ポルトガル

出所：Castillo Ortiz（2017）.
注：A：つながり；P：パワー；C：腐敗；T：任命．方向性期待：A｛1｝, P｛1｝, C｛1｝, T｛2｝.

まれています。また、真理値表の各行に該当するケースの結果の値を表の右端の列の中括弧に示しています。多値条件を分析に取り込むことで真理値表の行がさらに細分化することがわかります。表の上から２つの行に含まれるブルガリアとポルトガルの条件組み合わせはほぼ一致していて、結果のレベルも同一です。しかし、多値条件である**任命手続き**（appointment）について各々がとる値が異なるため、両国は別々の真理値表の行に配属されます。

この例では多値条件１つとクリスプ集合による３つの条件が用いられていることから、真理値表の行数は３×２×２×２=24行になります。そのうち11行には該当する経験的ケースが存在しますが、残り13行は論理残余です。比較のために、同じデータセットを用いてすべての条件をクリスプ集合またはファジー集合によるものに設定すると、真理値表の行数は16行（2^4）にとどまり、そのうちの９行に経験的ケースが観察されることになります。この研究事例では多値条件が１つ設定されているだけなので、mvQCA と csQCA および fsQCA との間の真理値表の行数の差は決して大きくありません。しかし、ここでの計算例は、多値条件を導入することで限定的な多様性が指数関数的に増大することを物語っています。

最後に、この研究の結果の一部を**表8.3**にまとめて見ることにしましょう。この表は、Castillo Ortiz（2017）が論文で報告した、クリスプ集合による条件の存在と多値条件のレベル２が結果の発生に関連するという方向性期待に基づく**中間解**（intermediate solution）を示しています。この解から、結果を生じさせる４つの経路が得られます。そのうち最初の２つに該当するのがスペインとイタリアです。両者はA・Pの組み合わせを共有していますが、多値条件である任命手続き（多値条件T）の値（レベル）が異なっています。同様に、ブルガリアとポルトガルの間にも条件組み合わせP・Cが共通に見られますが、多値条件Tのとる値に違いがあります。

表記上の違いを除けば、mvQCA による分析結果も他の QCA のアプローチによるものと同じように報告することができます。ただし、多値条件を用いることによって複数のレベルを含める必要が生じるため、分析結果の表現はより複雑になり、直感的な解釈が難しくなります。

要約すると、mvQCAは、条件のクリスプ集合に適切に変換できない研究やファジー集合では表現することのできない条件において2つ以上の質的レベルを区別しておくことが望ましいと思われる研究をおこなううえでの有効な代替手法です。さらに、RのQCAパッケージにmvQCA機能が統合されていること（Duşa, 2019b）やmvQCA専用のソフトウェアであるTosmana（Cronqvist, 2019）が開発されていることから、mvQCAを利用することは極めて簡単です。mvQCAの分析手順が他のQCAアプローチのそれとほぼ同様であることも、mvQCAの活用を後押しする要因です。また、以前は多値をとる結果を設定することはできませんでしたが（Cronqvist and Berg-Schlosser, 2009）、現在ではその制約も近年のソフトウェア開発の結果、克服されています（Duşa, 2019b）。このことは、上の例からも明らかです（Castillo Ortiz, 2017）。

とは言え、mvQCAの利用によって**高まる複雑性（increased complexity）**の問題は、そう簡単には乗り越えられない障壁となります。多値条件を1つ追加するだけでも真理値表の大きさは著しく増大します。こうした理由から、mvQCAを用いた研究の場面では、実際の多値条件の数は抑えて、ほとんどの条件をクリスプ集合によるものに設定します。これは、研究に取り込む全体の条件数に関係なく、多値条件は**最大2から3（a maximum of two to three multivalue conditions）**を用いるのが望ましいとするmvQCAに関する推奨事項（Cronqvist and Berg-Schlosser 2009）とも一致しています。

ここで議論の対象となるとともにweb付録の研究事例コラム8.1で筆者自身が解説をおこなっているPablo Castillo Ortiz（2017）の研究以外にも、例えばFeliciano de Sá Guimarães and Maria Hermínia Tavares de Almeida（2017）、Tim Haesebrouck（2018）、Giulia Mariani（2020）による研究をはじめ、mvQCAを用いた多くの論文でも同様のことがあてはまっています。これらの論文では一様に、1つないし2つの多値条件を使用するにとどめ、残りの説明条件はクリスプ集合によるものを用いています（Alrik Thiem, 2013によるレビューも参照）。

mvQCAに関する課題や批判的な観点は、このアプローチの相対的な利点に関わる議論に反映されています。mvQCAに批判的な立場をとる論者の間では、クリスプ集合やファジー集合による条件への帰属と多値条件への帰属は「本質的に異なる」ため、多値条件の論理を集合論と調和させることは難しいと指摘されています（Vink and van Vliet, 2009；2013）。Schneider and Wagemann（2012）が主張するように、「非帰属というカテゴリ（訳者補足）がなければ、実際には多値変数は集合ではないことを示しています」。

さらに、mvQCA を用いることで限定された多様性が増幅し、とくに標準的な簡略解のオプションを使って論理残余を用いた真理値表の最小化がおこなわれる場合には、**支持できない仮定**（untenable assumption）という問題を生じさせます（Schneider and Wagemann, 2012）。この問題は、「意味のある結果を得るために、より大きなデータセットには論理残余を含める必要がある」（Cronqvist and Berg-Schlosser, 2009）とする mvQCA における推奨によってさらに増幅します。mvQCA を支持する立場の論者たちは、既存の研究事例（Haesebrouck, 2016）を挙げて csQCA や fsQCA ではなく mvQCA を用いることで得られる付加価値を示し、mvQCA に対する批判の中には見当違いなものもあるとして反論しています（Thiem, 2013）。

結論としては、mvQCA を使用するか否かの決定は、研究に用いる概念がどのようなものであるかに主に依存しています。クリスプ集合やファジー集合で適切に表現することの難しい概念を用いる場合には、mvQCA を適用することを考慮すべきです。いずれにしても、多値条件を使用する際にはその数を最小限にとどめ、最小化の仮定を検討するために常に解を精査する必要があります。論理残余はすべてのタイプの QCA のアプローチに共通する問題ですが、多値条件の導入によって真理値表がより大きくなることから、mvQCA は多数の論理残余の発生による影響をとくに受けやすい手法です。

3．テンポラル QCA

第2章のリサーチ・デザインに関する節で述べたように、QCA に特徴的な制約の1つは**静的な**（static）アプローチである点です。QCA による研究ではすべての条件が一様に扱われ、分析においては、それぞれの条件が出現したタイミングや順序は考慮されないということです。多くの研究の目的のうえで、このことは問題にはなりません。しかし、研究テーマによっては、**時間**（timing）が重要な役割を果たすものもあり、分析上、最も大切な部分となることもあります（Büthe, 2002；Sewell, 1996）。

例えば、民主化の研究者の多くは、民主化への移行が首尾よく運ぶためには、必要最低限の平和と安定、国家機構の機能、自由で公正な選挙、そして独立した司法が必要であることに同意するでしょう。しかし、これらの要因のうち、どれが先行するのかについては合意が得られていません。民主的な選挙ができるだけ早い段階で実施されるべきなのでしょうか。それとも、政治体制の整備がその他の要因に先行するべきなのでしょうか。通常のQCAによる分析では、これらの要素は静的な条件として比較されるだけで、ある事象が**いつ発生したのか**（timing）、また、どの条件が他の条件に先行しているのか その**順序**（sequence）を明らかにすることはできません。

とは言え、QCAによる研究の**リサーチ・デザイン**（research design）には、時間と順序の概念を取り込む適切なアプローチが存在します。そのための最もわかりやすい方法は、異なる時点の観察（ケース）を採り入れるアプローチです。例えば、1つの国について1ケースを観察するのではなく、同じ国でも政府を構成する内閣を観察単位にすれば別々の複数のケースとすることができます。あるいは、（年・月・日といった単位での観察などの形で）事前に定義した時間区分のそれぞれをケースとして観察することも可能です。実際、QCAを用いた多くの研究では、**ケースの定義づけをおこなう作業**（casing）を通じて**間接的に時間の概念を組み込む**（indirectly incorporate time）ためにこのようなアプローチを使用しています（例：Fagerholm, 2014；Mello, 2020；Vis, 2011；Wurster and Hagemann, 2018）。

QCAによる分析で時間と順序の概念を考慮するためのもう1つの選択肢は、**条件の概念化とキャリブレーション**（conceptualization and calibration）を通じたアプローチです。この文脈では、（年次統計に沿って）ある時点における国内総生産（GDP）に基づいた「経済力（economic strength）」の集合のキャリブレーションをおこなうのではなく、ある時点から別の時点にかけての「経済成長（economic growth）」を概念化します。その結果として得られる成長率のパーセンテージは、キャリブレーションの手順の基礎として用いることができます。

最後に、**時間の概念を含む集合への帰属スコア**（time-sensitive membership scores）をケースに割り当てることで、時間を考慮したQCAによる分析をおこなうこともできます。ある出来事が先に発生したか、それとも遅れて発生したかによって異なる帰属スコアが割り当てられます。この種の方法は、Mello（2012）が採用しています。イラク戦争における「軍事参加（military participation）」という結果の集合に対しては、軍事作戦の法的な位置づけが時間の経過とともに変化し間違いなく政治的打算に影響を与えたことから、**展開の時期**（time of deployment）を考慮し、遅れたタイミングでの軍事展開には低い帰属スコアを割り当てています。

QCAで時間の概念を組み込むためのさらなる方法は、QCAによる分析をおこなった後に出来事の発生の**歴史的順序を再構築する**（reconstructing the historical sequence）アプローチで、Stefan Lindemann and Andreas Wimmer（2018）が紛争拡大の研究で用いています。２人による研究で注目すべきは、彼らが得た解がカバーする21のケースにわたって「民族戦争へと至る時間的順序はたった１つしかない」ことを発見した点です。これらはすべて、時間と順序の概念をリサーチ・デザインの段階で組み込むことができる複数の実現可能な方法の例です。

リサーチ・デザインを通じて時間と順序を考慮するこれらのアプローチとは別に、QCA の分析手順そのものに時間の概念を正式に組み込むための試みも見られるようになっています（Caren and Panofsky, 2005；García-Castro and Ariño, 2016；Hino, 2009；Pagliarin and Gerrits, 2020；Ragin and Strand, 2008）。それらの例の１つが、Neil Caren と Aaron Panofsky が開発したテンポラル QCA（temporal QCA：tQCA）です。tQCA は、順序の分析と QCA を手作業で組み合わせるアプローチです。Charles Ragin and Sarah Strand（2008）は、これを受けて既存のソフトウェアに tQCA を実装する方法を考案しましたが、それと同時に tQCA の分析手順に見られる陥穽についての指摘もおこなっています。tQCA の発展版として注目すべきは、Airo Hino（日野愛郎）の手による時系列 QCA（time-series QCA：T/S QCA）です。

tQCA の最も基本的な特徴は、（**A before B「条件Aが条件Bに先行している」**あるいは**B before A「条件Bが条件Aに先行している」**のように）ある条件が他の条件に先行したものであるかを示すために、論理演算子を１つ追加する点です。これにしたがって、分析に用いるケースのコード化をおこないます。条件Aが条件Bに先行して発生しているケースにはスコア１を、条件A、Bの双方が存在するものの条件AがBに先行していない場合にはスコア０を、そして**関係のないケース（don't care cases）**にはダッシュ記号（「-」）を付与します。関係のないケースとは、条件A、Bのいずれも存在しないため、どちらの条件が先行しているかの判断ができないもののことを言います。

この手順を説明するために、簡単な例を用いましょう。**表8.4**にA、B、Cという３つの条件があります。これらが経験的データの中で出現しうる論理的に可能な順序には、この表に示す６つのパターンがあります。ここで注意すべき点は、こうした順序は、（**AがBよりも先に起こって、それらがCに先行して発生して［A happend before B, which happened before C］**…といった具合に）条件の発生としても理解される、条件の**存在（presence）**があって初めて成立するという前提に立っているということです。そうでなければ、この例でも（訳者補足）もっと多くの条件の組み合わせが存在するはずです。

表8.4　3条件を用いた場合の論理的に可能な順序

順序	1番目	2番目	3番目
1	A	B	C
2	A	C	B
3	B	A	C
4	C	A	B
5	B	C	A
6	C	B	A

これら6通りの順序による組み合わせは、真理値表に追加する必要があります。この例の真理値表では、A、B、Cの3条件のすべてが揃った組み合わせによる1行だけでなく、これら3条件の順序が異なる6つの行（six rows）が存在することになります。この論理にしたがうと、tQCAを用いると真理値表のサイズが爆発的に増加することがわかります。そのため、tQCAを採用する際には、非常に少数の説明条件のみを用いるべきです。繰り返しになりますが、これはある種のトレードオフです。つまり、（研究目的の上で不可欠ならば）2つか3つの条件に絞り込んでそれらの順序を探るか、あるいは、より包括的な説明をするために、より多くの条件を取り込むかを選択することができますが、後者の場合にはtQCAを通じた公式な方法で時間の概念を分析に加えることができなくなります。

時間をめぐる問題は、常に興味深い研究領域であり続けています。その延長線上で、Roberto García-Castro and Miguel Ariño（2016）は、横断面的な観測値をもつパネルデータの集合論的分析のためのツールを開発しています。最近では、Sofia Pagliarin and Lasse Gerrits（2020）が日野（2019）の提唱したアプローチをもとに、同一ケース内での時点間での変動を説明するための軌道ベースのQCA（Trajectory-Based QCA：TJ-QCA）を提案しています。時間と順序の概念を考慮したQCAのアプローチについてのさらなる議論については、De Meur, Rihoux, and Yamasaki（2009）、Schneider and Wagemann（2012）、Duşa（2019b）、そしてKahwati and Kane（2020）などを参照してください。比較公共政策における政策過程に注目した時間性の議論に関しては、Fischer and Maggetti（2017）の研究が参考になります。

4．2段階QCA

比較研究をおこなううえでの根強い課題の1つは、**限定的な多様性**（limited

diversity）です。集合論のコンテクストでは、論理的にありうる組み合わせの数が経験的ケース数を上回る場合が、限定的な多様性の生じた状況に該当します（第2章参照）。限定的な多様性による問題は、分析に用いる説明条件を増やすたびに大きくなります。いずれのタイプのQCAでも一般に適度な数の条件を設定するにとどめるべきですが、その理由の1つはこの点にあります。もう1つの理由としては、条件が多くなると解がだんだん複雑になり、解釈が難しくなりがちである点を挙げることができます。

こうしたことが出発点となって、Schneider and Wagemann（2006）はQCAの**2段階アプローチ**（two-step approach）を提唱するに至りました。このアプローチでは、**リモート条件**（remote conditions）と**近接条件**（proximate conditions）を区別し、別々の真理値表に分けて分析をおこないます。分析の第1段階では、リモート条件のみで分析を実行します。リモート条件は、結果に影響を与えると予想される「コンテクスト」あるいは「構造」に関わる条件として認識することができます。リモート条件は、アクターや制度、組織などを通して**間接的に**（indirect way）結果に影響を及ぼします。

ここで登場したアクターや制度、組織などは近接条件の例ですが、近接条件とは結果に対して**因果的により近く**（causally closer）、関心の対象となる現象に即座に影響しうる要因として捉えることができます。例えば、動議に対して投票する政治家や何らかの指針を策定する官僚、政策実施を担う機関、あるいは判決を下す裁判官などがこれにあたります。

2段階QCAの最初のステップでは、リモート条件のみを用いた分析を実施し、「結果の発生を可能とする条件（outcome-enabling conditions）」（Schneider and Wagemann, 2006）の特定を試みます。この段階の分析は、意図的に「厳密さを求めていない（underspecified）」ので、整合性の閾値が低い場合でも許容できると考えます（Schneider and Wagemann, 2012）。2段階QCAの第2段階では、最初の段階から得られた結果をもたらす経路の解をすべての近接条件とともにQCAによる分析にかけます。実際には、第1段階で得たそれぞれの解について新たな条件をつくり、第2段階で別途おこなう真理値表による手続きに取り込むことになります[4]。

2段階QCAは実質的には、このように分析手順を2段階に分けることで、それぞれの段階で使用する説明条件の数を減らし、第1段階のあとにリモート条件のうちのいくつかを除外することで限定的な多様性を低減します。それに加えて、結果の発生をうながす異質なコンテクスト間の比較をおこなうことが可能です。2段階QCAが受け入れられているもう1つの理由としては、リモート条件と近接条件という概念の適用しやすさがあります。これらは社会科学領域の理論の多くに通底する概念であることから、多様な研究分野でのリサーチ・デザインに容易にあてはめることができます。

２段階 QCA を採用した研究課題は多岐にわたり、政治的リーダーの地位にある女性（Inguanzo, 2020）、政策決定における規制当局（Maggetti, 2009）、民主主義の後退と崩壊（Tomini and Wagemann, 2018）、森林破壊に対処するための政策（Brockhaus et al., 2017；Korhonen-Kurki et al., 2014）[(5)]、同一賃金法とその制度化（Laux, 2016）、国連の平和維持活動への貢献（Haesebrouck, 2015a）、巨大ダム事業と再定住（Kirchherr, Ahrenshop, and Charles, 2019）、そして e- モビリティ政策（Held and Gerrits, 2019）の研究事例を挙げることができます。

次節では、Tomini and Wagemann（2018）による研究事例を通じて、２段階 QCA のプロセスを見てゆきます。もう１つの研究例として、web 付録の研究事例コラム8.2では、Maria Brockhaus と彼女の共同研究者の皆さんが、彼女らが取り組んでいる QCA による研究課題の背景にある洞察を共有するとともに、なぜ２段階 QCA を採用したかを説明しています。

5．２段階 QCA の応用例

２段階 QCA による分析はどのようになっているのでしょうか。例を用いながら見てゆきましょう。Luca Tomini and Claudius Wagemann（2018）の研究は、民主主義の組み合わせ体制や独裁政権への変容として理解される**民主主義の崩壊（democratic breakdown）**がどのような条件のもとで発生するかを説明するために２段階 QCA を採用しています。彼らの分析には、民主主義の機能がネガティブな方向を辿っている民主主義後退の59ケースが含まれています。この研究では合計９つの説明条件が設定されていますが、そのうちの６つはリモート条件、残りの３つが近接条件です。

リモート条件（remote conditions）は、（１）経済発展、（２）経済的不平等、（３）政党システムの分裂、（４）民主主義体制の持続期間、（５）民族・言語的細分化、（６）近隣諸国の政治システムに関連する外部環境です。**近接条件（proximate conditions）**には、（７）権力の集中、（８）政党システムの変動性、（９）社会の不安定性が設定されています。このように、これらの条件は、民主主義の崩壊に影響を与えると予想される経済、政治、そして社会的側面を広くカバーしています。しかし、これらの条件すべてを単一の分析に用いると真理値表の行数は512行（2^9）に上り、それらの大部分が論理残余となります。

表8.5　２段階 QCA；リモート条件の分析

２段階分析（第１段階）	Path		
	1	2	3
リモート条件（Remote conditions）			
経済発展（Economic development）		⊗	●
経済的不平等（Economic inequality）	●		
政党システムの分裂（Party system）			
民主主義体制の持続期間（Duration of democracy）			
民族・言語的細分化（Ethnolinguistic fractionalization）		●	
近隣諸国の政治システムに関わる外部環境（External context）			⊗
整合性	0.77	0.65	0.77
素被覆度	0.67	0.75	0.25
固有被覆度	0.10	0.23	0.02
解整合性		0.66	
解被覆度		0.92	

出所：Tomini and Wagemann（2018）.
注：●は条件の存在を、⊗は条件の不在を示す。

そこで、２段階 QCA を用いて分析を２つの部分に分けておこなうことで、管理可能なレベルまで条件数を減らしやすくなります。第１段階では、６つのリモート条件で独立した分析をおこなっていますが、その結果は**表8.5**に整理しています。６つのリモート条件のうち、４条件が解に含まれており、結果の発生に至る３つの固有の経路が析出されていることがわかります。これは、第２段階の分析で用いる文脈条件を確立するための**予備的な**（**preliminary**）解に過ぎません。このことも理由で、0.656という低水準の整合性をこの段階では許容しています。第２段階の分析にあたって、Tomini and Wagemann（2018）は、**表8.5**に示す３つの経路のそれぞれについて新たな条件を作成し、３つの近接条件を補完する条件として使用しています(6)。

第２段階の結果は**表8.6**のとおりですが、ここでは解の整合性と被覆度のスコアが確かな水準に達していることがわかります。ここでの４つの経路は実質的には、２つの異なるコンテクスト（表中の左から３つの経路［経路１、２、３］では経済未発展［経済発展の否定：訳者補足］かつ民族・言語的細分化、経路４では経済的不平等）のもとで生成しています。

要約すると、２段階 QCA のアプローチを用いれば、原因条件が多すぎて論理残余が生じてしまうという QCA の大きな問題点に対処し、Schneider and Wagemann（2006, 2012）が目指したように、効果的に「複雑さを軽減する」こ

表8.6　2段階QCA: リモート条件と近接条件の分析

2段階分析（第2段階）	Path			
	1	2	3	4
リモート条件（Remote conditions）				
経済発展（Economic development）	⊗	⊗	⊗	
経済的不平等（Economic inequality）				●
民族・言語的細分化 （Ethnolinguistic fractionalization）	●	●	●	
近接条件（Proximate conditions）				
権力の集中 （Concentration of executive power）	●		●	●
政党システムの変動性 （Volatility of the party system）	●	●		
社会の不安定性（Social instability）		●	●	●
整合性	0.88	0.86	0.82	0.88
素被覆度	0.45	0.37	0.46	0.49
固有被覆度	0.14	0.05	0.06	0.13
被覆（カバー）されるケース	BO2; BR; DO1; GM1; MR1; NG; PE; PH2; SE; VE2	BO1, 2; BR; DO1; EC2; ML2; PG1; PE	BO2; BR; CO2; DO1; IN1, 3; MW; PG2; PE; PH1; TH; VE1	AR2; BO2; BR; CO2; DO1; LS; MW; MX; PG2; TR
解整合性	0.83			
解被覆度	0.79			

出所：Tomini and Wagemann（2018）.
注：●は条件の存在を、⊗は条件の不在を示す。

とができます。また、2段階QCAによって得られるポジティブな副次的効果は、リモート条件と近接条件の概念的区分をおこなっている点です。これは社会科学の理論と親和性の高い考え方です。そのため、実際の研究においても、研究に適用する理論的枠組みを2段階QCAのリサーチ・デザインに落とし込むことが容易であると感じられます。

しかしながら、2段階QCAに欠点があることにも注意が必要です。順次分析をおこなうことで、それぞれの真理値表分析で用いる条件数は減少します。一方で、順次分析によって真理値表の数も増え、得られる解項の数も増加するため、複雑性が**増幅する**（increase）ことになります。そのことは、QCAによって得られた結果の実体的な解釈とその効果的な報告の妨げとなります。

例えば、第1段階の分析を通じて、結果を可能とするコンテクストが3つ得られたとしましょう。つまり、3つの真理値表分析を追加的に実行する必要があるということです。これらのそれぞれから3つの解が析出されたとすると、合計9つの経路が議論と解釈の対象になります。学術雑誌に掲載する場合、結果の一部を選択的に報告するにとどめない限り、誌面に収めることができません。ただし、そのような方法をとると、プロセスの不透明性が生じるため、批判を受ける可能性があります。

この点については、上の研究例の中でTomini and Wagemann（2018）が採用したように、第1段階で得られたすべての解の経路を第2段階の単一の真理値表分析に投入する方法を採ったとしても、依然として払拭できるものではありません。さらには、リモート条件と近接条件の概念は理論的親和性は高いものの、実際の研究の場面では、なぜ、ある条件をリモート条件とし、他の条件を近接条件とするかの理由について、必要な理論的**根拠**（reasoning）が常に提示されるとは限りません。しかし、両者の区別を正当化する確固とした根拠がなければ、2段階QCAを用いた研究はあまりにも「不安定なもの」になってしまいます。というのは、条件の設定や順序が変わると異なる結果が生じることが考えられるからです。ここで、両者の区別がもっともらしく、必要であることを正当化する責任が研究者の肩にのしかかります。なぜ、より少ない条件を用いた単一の真理値表分析ではなく、2段階QCAを採用するのかということにもなります（条件選択のアプローチについては第2章参照）。

Schneider（2019）の最近の研究では、2段階QCAを再評価し、このアプローチによる元来の手順の弱点を認めたうえで、第1段階の分析において**必要条件**（necessary conditions）に焦点を当てた分析手続への変更が提案されています。基本的に、この改良型の第1段階の分析は、第2段階で十分条件を特定するために「必要なコンテクスト」を発見することを重視したものです（Schneider, 2019）。Schneiderによる2段階QCAの再定式化の提案を受け、Tim Haesebrouck（2019）は、標準的な2段階QCAの手順を改善するための代替案を示しています。その中で最も特徴的なのは、「累積被覆度」という新しい指標を導入している点です。

これら一連の改善提案が、2段階QCAを適用する研究者の間で採用されるか否か、あるいはこのアプローチの元来の手順が用いられ続けるか否かについては今後を見守る必要がありますが、このアプローチを活用したリサーチ・デザインをおこなう際には、これらの提案事項を考慮することをおすすめします。

6．ファジーセット理念型分析

ファジーセット理念型分析は、Jon Kvist（1999）が開発したアプローチです。彼は北欧の福祉国家体制をあらかじめ想定された理念型と比較する研究にこの手法を適用しています。このアプローチはその名称が示すように、fsQCA（Ragin, 2000, 2008b）に依拠しています。その一方で、ファジーセット理念型分析は集合論的分析とは異なり、必要条件および／または十分条件の特定を目的とするものではなく、結果の説明を試みるものでもありません。ファジーセット理念型分析が指向するのは、**体系的な経験的比較**（systematic empirical comparison）と**類型化による理論化**（typological theorizing）です。

このアプローチでは、ファジー集合が属性空間を表現する性質を活用します。この属性空間において、あらかじめ想定された理念型との関係の中で各ケースを相対的に位置づけることができます。経験則のうえでは、理念型（ファジー集合帰属スコアが1）に「完全に」合致するケースはほとんどありませんが、理念型に近い（ファジー集合帰属スコアが1未満ではあるが0.5より大きい）ケースを見出すことはできます。ファジーセット理念型分析は、明確な理念型を導出するための理論体系が存在する場合にとくに有益なアプローチになります。例えば、民主主義とその亜種に関する研究（Lijphart, 1968）や組織研究（Fiss, 2011）、あるいは国際安全保障における国家行動（Elman, 2005）などは、この種のアプローチによる説明が馴染みます。

他のQCAのアプローチと比較すると知名度は高くありませんが、ファジー集合理念型分析は、福祉国家体制の研究（Hudson and Kühner, 2012；Vis, 2007, 2010）や社会政策のさまざまな側面に関わる研究（An and Peng, 2016；Ciccia and Verloo, 2012；Gran, 2003）で広く適用されています。また、公衆衛生（Saltkjel et al., 2017）やコミュニケーション（Büchel et al., 2016）の研究領域でもその応用例が見られます[(7)]。

7．ファジーセット理念型分析による研究例

ファジーセット理念型分析は実際にどのようにおこなうのでしょうか。研究例を用いて見てみましょう。ここで研究例として紹介するBarbara Vis（2010）の研究は、QCAの標準分析に加えてファジーセット理念型分析をおこなっています。表8.7は、Vis（2010）が文献から導き出した福祉国家体制の5類型を整理し

表8.7　ファジーセット理念型分析

理念型(Ideal Type)	活性化(Activation)	給付の手厚さ(Generosity)	雇用保護(Protection)
社会民主主義型福祉(Social democratic welfare)	●	●	●
手厚いワークフェア(Generous workfare)	●	●	⊗
保守型福祉(Conservative welfare)	⊗	●	●
—	●	⊗	●
スリム化したワークフェア(Lean workfare)	●	⊗	⊗
—	⊗	⊗	●
—	⊗	●	⊗
リベラル型福祉(Liberal welfare)	⊗	⊗	⊗

出所：Vis (2010).
注：●は条件の存在を、⊗は条件の不在を示す。

たものです。これらの理念型は、**活性化**（activation：A)、**給付の手厚さ**（benefit generosity：G)、そして**雇用保護**（employment protection）という３つの条件に沿って定義されることがわかります。したがって、これら３つの条件から８通りの組み合わせができることになります。

これらのうちの５つについては先行研究で議論されている多様な福祉とワークフェア体制（訳者注：働くことを条件に公的扶助をおこなうこと）の定義と一致させるため、Vis はそれぞれの組み合わせに対して明確なラベルを付与しています。例えば、～A・～G・～Pとして３条件がすべて不在となる組み合わせには**リベラル型福祉**（liberal welfare)、A・G・Pとしてすべての条件が存在する組み合わせには**社会民主主義型福祉**（social democratic welfare）というラベル付けがおこなわれています。こうした明示的にラベル付けできる条件組み合わせは何パターン必要なのでしょうか。それはもちろん、研究の文脈によって異なりますが、想定しうるすべての条件組み合わせが、理論が導く理念型にあてはまることは稀です。しかし、ファジーセット理念型分析を活用するためには、条件組み合わせとして表現できる明確な理論的カテゴリが欠かせません。そうでなければ、このアプローチによる付加価値はほとんどありません。

こうした理念型はどのように扱ったらよいのでしょうか。**表8.8**は Vis がこの研究の中でおこなった実証分析の結果の一部を整理したものです（表中にはフランスとオランダのデータのみを記載しています)。

表中のデータは、1985年、1995年、そして2002年という３つの時点のそれぞれで収集されたもので、時系列の傾向を観察することができます。フランスの例を見ると、同国の**保守型福祉**（conservative welfare）システムへの帰属スコアが

表8.8　ファジーセット理念型分析の帰属スコア

理念型（Ideal Type）	活性化（Activation）	給付の手厚さ（Generosity）	雇用保護（Protection）	フランス			オランダ		
				1985	1995	2002	1985	1995	2002
社会民主主義型福祉（Social democratic welfare）	●	●	●	0.07	0.24	0.40	0.18	0.50	0.70
手厚いワークフェア（Generous workfare）	●	●	⊗	0.07	0.05	0.05	0.09	0.30	0.30
保守型福祉（Conservative welfare）	⊗	●	●	0.75	0.76	0.60	0.82	0.50	0.00
スリム化したワークフェア（Lean workfare）	●	⊗	⊗	0.07	0.05	0.05	0.07	0.16	0.12
リベラル型福祉（Liberal welfare）	⊗	⊗	⊗	0.09	0.05	0.05	0.07	0.16	0.00

出所：Vis（2010）.
注：●は条件の存在を、⊗は条件の不在を示す。

1995年と2002年の間で減少し、一方で**社会民主主義型福祉**への帰属スコアが同期間に増加していますが、同国は一貫して**保守型福祉**システムに帰属しています。それとは対照的にオランダは、1985年から2002年の間に**保守型福祉**から**社会民主主義型福祉**に移行しましたが、1995年にはこれら2つの理念型の中間に位置していました。

同時に、ファジーセット理念型分析では、個々のケースが特定の理念型に類似しているに過ぎず、時として複数の理念型の痕跡を含むことを示すことによって、微妙な違いを認めます。理念型は**属性空間**（attribute space）の四隅に位置し（図3.4参照）、これらに囲まれた空間内部のさまざまな地点にあることは想像に難くありません。例えば、2002年のフランスの**社会民主主義型福祉**に対するファジー集合帰属スコアは0.40で、これは概念化された理念型から外れています。一方、1985年のオランダは、他の理念型の痕跡も見られるものの、**保守型福祉**の理念型に非常に類似しています（ファジー集合帰属スコア 0.82）。

この例が示すように、ファジー集合理念型分析は、類型化をともなう作業をおこなううえで有益なツールとなります。こうした側面は、方法論者の間での類型論への新たな関心と共鳴するものです（Collier, Laporte, and Seawright, 2008；Elman, 2005；George and Bennett, 2005；Goertz, 2020）。しかし、必要となるのは、確立された研究領域でよく見られるような、明確な理念型を導き出すための強固な理論的基盤です。

8．QCAの関連手法とアプローチ

この章では、集合論的方法の大きな傘のもとに広がるさまざまなアプローチの中で最も一般的であるmvQCA、tQCA、２段階QCA、そしてファジーセット理念型分析について概観しました。これらのうちtQCAは方法論的にとくに興味深い領域ではありますが、このアプローチを用いた実証研究はほとんどありません。ほかの３つのアプローチについてはどうかというと、やはりクリスプ集合とファジー集合によるQCAが依然として刊行された実証研究の大部分を占めていますが、それでもこれら３つのアプローチも順調に採用例が増加しています（このことは第２章で検討した調査結果にも反映されています）。そんなところで、本書の範疇を超えてしまうので網羅的な紹介はしませんが、この分野の全体像を把握するために、いくつかの関連手法とアプローチについて触れておく必要があります。

それらの中で最初に紹介するのが、Gisèle De Meur, Dirk Berg-Schlosser and Alain Gottcheinerによって定式化された**MDSO-MSDO**手順です（Berg-Schlosser and De Meur, 2009；De Meur and Gottcheiner, 2009）。MDSOは、**最も異なるケース間で結果が類似する**（most different cases, similar outcome）ということを意味しています。一方のMSDOは、**最も類似したケースで異なる結果となる**（most similar case, different outcome）ことをいいます。これはケースと条件のブール代数による比較を１対１でおこなう手法です。

De Meur and Gottcheiner（2009）が示すように、この手法は、例えば「研究の対象となる現象を最も上手く説明するために使える」適切な条件数を選択する際に使用することができます。このように、MDSO-MSDOは、実際のQCAによる解析に先駆けて、より大きな潜在的条件の候補の中から関連性の低い条件をフィルタリングして除外するための公式な方法として役割を果たすことができます。これは、まさにHaesebrouck（2017a）が国連平和維持活動のcsQCAによる研究の**前段階**（**preceding step**）として適用したのと同様です（web付録の研究事例コラム8.3参照）。

次に挙げるのは、Jan Dulによって開発された**NCA**（**Necessary Condition Analysis：必要条件分析**）です。NCAは、データセットに含まれる必要条件を特定するための明確な方法を内包するアプローチです（Dul, 2016；Dul, Van der Laan, and Kuik, 2020）。NCAでは、QCAで用いるような整合性指標は使わずに、条件Xがある一定の水準にある時、Xは結果Yにとって必要である（condition X is necessary for outcome Y at certain level of X）といったように、異なる**レベル**（level）の条件を採用します（Dul, 2016）。QCAの観点からは、NCAはこのように、特定した必要条件に対して追加的指標を用いてさらなる評価をおこなうための補完的手法として捉えることができます。というのは、NCAでは、必要性の**程度を表明すること**（degree statement）ができるからです。

また、より識別性の高い適合度測定がおこなわれるため、QCAではNCAよりも特定する必要条件の数が少なくなる傾向があるようです。したがって、必要条件についての理論的期待の強い研究では、QCAに先駆けた補完的ステップとしてNCAを実行することも推奨されるでしょう。NCAの概要とそのQCAとの関連については、Vis and Dul（2018）の研究にまとめられています[8]。

最後に紹介するのは、コインシデンス分析（Coincidence Analysis：CNA）です。CNAはMichael Maumagartnerが規則性理論にもとづいて複数の結果をともなう複雑な因果構造を特定することを目的に開発したブール代数による手法です。この章のここまでで紹介したほとんどのアプローチや技術とは対照的に、CNAは独自の用語や分析手順を備えており、明示的にQCAの**代替手法**（alternative）として設計されたものです。CNAとQCAの違いのうち最も大きいのは、後者では真理値表を**用いない**（not）という点です。Baumgartner and Mathias Ambühl（2020）が次のように説明するとおり、「*データを* ***真理値表（truth table）*** *と呼ばれる中間的な計算デバイスに変換するQCAとは対照的に、CNAのアルゴリズムはデータに直接的に働きます。*」（強調は原文）。

CNAとQCAのもう1つの相違点は何かというと、CNAは変数間の**因果連鎖**（causal chains）をつくることを目的としているので、どの条件を結果に設定するか、そしてどの条件群を説明条件とするかについて事前の決定をおこなう必要がありません[9]。最後に、QCAとは対照的にCNAでは単一の解を導き出し、その簡略さを強調します（第9章参照）。

まとめると、CNAには明らかにいくつかの有望な特徴があり、近年はダイナミックな展開が見られています。ただし、QCAの視点からは、CNAは完全に異なる方法論に根差しているので、NCAを適用する際には両者の違いに注意が必要です（Haesebrouck and Thomann, 2022）。これは、とくにQCAの**ケース指向**（case-oriented）の側面にあてはまります。なぜかというと、真理値表分析と論理残余の実体的、理論的な取扱いは、CNAでは不可能だからです。その一方で、CNAでは形式的な論理一貫性を強調する「理想主義的な」観点に立っています（Schneider, 2018）。したがって、この手法に関心がある場合には、個々の研究目的がQCAによってよりよく達成されるのか、それともCNAが提唱する代替的方法の方が適切であるのかを判断する前に両者の長所と短所を比較・検討する必要があります。

(1) 後述するように、mvQCAの集合論的な位置づけに対しては疑問が呈されていますが、それでもmvQCAの解析手順もcsQCAやfsQCAと同じ原則に則っています。

(2) mvQCAは、ほとんどのソフトウェアで使用可能です。Excel用のQCAアドインを含むTosmanaソフトウェア（Cronqvist, 2019）は、www.tosmana.netから入手することができます。

(3) かわりに、条件値を添え字で表記する方法もあります（例：employment$_0$、employment$_1$、employment$_2$）。

(4) Mannewitz（2011）は、2段階QCAアプローチの議論をおこなう中で、2段階QCAをmvQCAと必要条件の分析に統合する方法を示唆しています。

(5) Brockhaus et al.（2017）による別の研究事例コラムもweb付録から参照してください。その中では彼女らのQCA研究の背後にある大きな研究プロジェクトについての洞察も共有しています（Korhonen-Kurki et al., 2014も参照）。

(6) Schneider and Wagemann（2012）によれば、（訳者補足：2段階QCAの）「第2ステップでは、ステップ1で得た、結果を可能とするコンテクストのそれぞれと近接条件による真理値表をつくる」ので、**複数の（multiple）**真理値表分析をおこなうことが示唆されます。一方で、Tomini and Wagemann（2018）は、この第2段階で単一の真理値表分析をおこなっていますが、そこでは識別された経路（条件組み合わせ）のすべてを1つの分析に投入する方法が採られたようです。この種の柔軟な運用からもわかるように、2段階QCAのアプローチは分析に用いる条件の数を制限するための単なる**ガイドライン（guideline）**ではなく、個々の研究のコンテクストに即して応用可能であることは特筆すべきポイントです。

(7) ファジーセット理念型分析を明示的に用いているわけではありませんが、Ege（2017）は国際行政の自律性について、同様の「理念型」比較をおこなっています。

(8) Thiem（2018）とDul, Vis, and Goertz（2018）のNCAに関する批判的なやり取りも参照。

(9) QCAとCNAの比較は、Duşa（2019b）, Baumgartner and Ambühl（2020）, Haesebrouck and Thomann（2022）によって、さまざまな観点からおこなわれています。注目すべきは、Zhang（2017）がCNAの最小化ステップを検証し、「この手法による分析結果が真の因果構造を明らかに排除してしまう状況がある」ことを発見していることです。

第9章　QCAとその批判者たち

集合論的研究においてケース知識が中心的役割を果たすべきであること、そして集合のキャリブレーションが重要であり、かつ改善可能であることに関しては、QCAに批判的な立場をとる人たちと同じ意見である。現在のQCAの実践に関連する事柄がこの方法の原理と混同されている場合や、QCAの実用性・有効性と方法論としての質に関する言及がその内部動作についての誤解に起因する場合には、我々は同意できない。
― Ingo Rohlfing and Carsten Q. Schneider

The Comparative Method（Ragin, 1987）が刊行されてからの30年間において、研究者と実務家の双方で、QCAが質的研究と量的研究の伝統の間に生じていた大きな分断を克服するのに有効な比較研究のための優れたアプローチであるという認識が高まりを見せてきました。本書の第1章でも紹介しましたが、QCAを用いた研究の出版件数の大幅な増加や社会科学領域全体へのQCAの普及は、いかにQCAが社会科学の研究方法の中で確立した手法となったかを物語っています（Marx, Rihoux, and Ragin, 2014；Rihoux et al., 2013も参照）。

一方で、QCAはその誕生以来、さまざまな批判を巻き起こしてきました。その理由を考えると、間違いなく、QCAの**ハイブリッド的**（**hybrid**）性格に起因していることがわかります。QCAは質的要素と量的要素を併せもつため、通常数百～数千のオブザベーションを扱う統計的手法のトレーニングを受けた研究者や、どんなに多くても数件のケースの徹底的な研究に取り組む研究者の双方からの批判を受けやすい位置にあると言えます。QCAにはとくに観察数の制限はありませんが、通常このアプローチを用いる場合には、20～50ケースが対象となります。つまり、single-N（やsmall-N）の研究とLarge-Nによる研究（訳者補足）の中間に位置することになります(1)。

QCAのアプローチが、さまざまな専門と背景をもつ研究者による注意深い検証や批判的な評価の対象となっていることは、明らかにQCAが社会科学の方法として**成熟している**（**maturity**）ことの表れです。こうした傾向は、QCAの方法や分析手順の改善、さらには方法そのものへの理解を深めるという意味で歓迎すべき展開です。この精神に則り、QCAに対する初期の批判を出発点として、二値データの制約を克服するためのファジー集合（Ragin, 2000）をはじめ、集合論的関係の強さを評価するための適合性指標（Ragin, 2006b）やQCAを適用するにあたってのグッドプラクティスの標準（Schneider and Wagemann, 2010）など、本書を通して取り上げてきた分析手順の改良の数々が導入されてきました。それらの範囲は、論理残余の扱いも含むQCAの分析手順（Schneider and Wagemann, 2013）から、それらをRのソフトウェアパッケージをはじめ（Duşa, 2019b；Oana and Schneider, 2018；Oana, Schneider, and Thomann, 2021）、さまざまなプラットフォームやスタンドアローンの標準的ソフトウェア環境（Cronqvist, 2019；Drass and Ragin, 1986；Longest and Vaisey, 2008；Reichert and Rubinson, 2014）(2)で実装する場面にまで及びます。これらと並行する形で、特定の研究目的に対応するためにQCAの中にもさまざまなアプローチが開発されてきました（第8章参照）。

このように各種の批判がポジティブな方向に作用することもありますが（訳者補足）、一方ではQCAに対する批評が議論の文脈から切り離され、現在進行形の議論に対する貢献とは相反する意味で批評の字面だけが独り歩きしてしまうという否定的側面もあります。QCAをめぐる方法論論争は広範にわたるため、新たにQCAを学ぼうとする人たちにとって、議論の全容を把握することは極めて困難です(3)。

本章では、QCAに対するこれまでの批判とそれらへの反応についての最新の情報をかいつまんで紹介しつつ、QCAに関して繰り返される誤解についても明確にしてゆきます。このことを念頭に置き、ここではこれまでの論争を通じた個々の貢献の詳述は避け、議論の大まかな輪郭を掴んでゆきましょう。そうすると、（１）分析の頑健性、（２）他の手法との比較、（３）形式化とアルゴリズム、そして（４）因果分析と解という４つの重要テーマに分けて議論をおこなうことができます。本章は、QCAの長所と限界についてのまとめで締めくくります。

１．分析上の頑健性

近年、QCAによる解析結果の分析上の頑健性を評価するために、人工的なデータを用いてシミュレーションをおこなう研究が増加しています。検証の対象には、ケース数の変化に対する感応度や条件のキャリブレーション、そして潜在的な測定誤差が分析結果に与える影響などが含まれています（Arel-Bundock, 2019；Hug, 2013；Krogslund, Choi, and Poertner, 2015；Krogslund and Michel, 2014；Lucas and Szatrowski, 2014；Seawright, 2014）。これらの研究はそれぞれリサーチ・デザインも異なり、主張のポイントもさまざまですが、一点共通しているのがQCAによって誤った結論を導き出してしまうことがあるということです。というのは、分析から特定のケースを取り除いた場合や別のキャリブレーション閾値を設定した場合、あるいは測定誤差を考慮した場合には、発見事項が不安定になるからです。

この流れに沿って、Samuel Lucas and Alisa Szatrowski（2014）は独自におこなったシミュレーションの結果とチャレンジャー号の事故以前のスペースシャトル打ち上げの実証データの再解析の結果を踏まえ、「チャレンジャー号の事故以前の打ち上げデータの再解析によると、QCA による研究は誤った結論に到達する可能性が高い」と結論づけています。Vincent Arel-Bundock（2019）は、自身がおこなったモンテカルロ・シミュレーションを通じて、「クリスプ集合による QCA のアルゴリズムは測定誤差に非常に影響されやすい可能性がある」と推論しています。同様に、Chris Krogslund, Donghyun Danny Choi, and Mathias Poertner（2015）は、QCA の結果は「キャリブレーションや最小化のパラメーターのちょっとした変化に対しても頑健であるかどうか疑わしい」と疑問を呈しています。つまり、彼らは、条件のキャリブレーションをおこなう際には「読者に結果の全体的な頑健性を伝えるため」に、「まず、それぞれのキャリブレーションのパラメーターに多数の値を設定した際の結果を報告」すべきであると提案しているのです。

QCA 推進派の間では、こうしたシミュレーションに基づく QCA 批判に対して、2つの方法で応答しています。1つ目のタイプの応答は、**ケース知識**（**case knowledge**）の重要性と**質的な**（**qualitative**）探索方法としての QCA の起源を強調するものです。これら2つの性質は QCA の本質に通じるものですが、この方法が単なるデータ分析手法として認識されている場合には見落とされがちになります（Olsen, 2014；Ragin, 2014a）[4]。こうした論理に立脚すると、シミュレーションはケース知識という重要な要素を欠いているため、本質的に欠陥があると言えます。ケース知識がなければ、条件の概念化・選択とキャリブレーションをはじめ、真理値表分析、論理残余の扱い、さらには分析結果の実体的解釈など、QCA による研究のリサーチ・デザインの全体にわたって情報に基づいた意思決定をおこなうことができないからです。Wendy Olsen（2014）は、このことを簡潔にまとめ、「このように、人工的なデータを用いた議論…は貧弱に構成されたものである。背景となる知識が得られないところで、QCA に対する反論にはなりえない：人工的なデータは現実を反映していないのである」としています。

2つ目のタイプの応答は、原則的には人工データを用いたシミュレーションの価値は認めているものの、シミュレーションの実施方法とそれに基づいて QCA 批判者たちがおこなった主張を問題視する QCA の支持者たちによるものです（Fiss, Marx, and Rihoux, 2014；Rohlfing, 2015, 2016；Rohlfing and Schneider, 2014；Thiem, 2014；Vaisey, 2014）。例えば、Ingo Rohlfing（2015）は Krogslund, Choi and Poertner (2015) がおこなったシミュレーションを評価し、その結果の一部は裏付けを得られたものの、「QCA の大切な側面が十分に捉えられておらず」、「QCA は(Krogslund たちの)シミュレーションが示唆するよりも頑健である」と結論づけています(Rohlfing, 2015)。

これと同様に、Peer Fiss, Axel Marx, and Benoît Rihoux (2014) は、Lucas and Szatrowski (2014) によるシミュレーションを検証した結果、「仮に QCA を技術的に正しく理解したうえでのシミュレーションなら、シミュレーションによって QCA の強みと分析面の有用性を確認できるはずだ」という結論に達しています。

最後にもう 1 人、Stephen Vaisey (2014) も Lucas and Szatrowski (2014) による研究の再分析をおこない、「同じデータとプログラムを使った私の分析では QCA が正解を得た」と発見事項をまとめています。Vaisey は、Lucas and Szatrowski (2014) が偽りの結果をもたらす**ナイーブ** (naive) なデータ分析の問題点を明らかにしていることを認めています。その一方で、彼はそのような問題を軽減するための「シンプルな回避策」が存在することを強調しています(Vaisey, 2014)。

要約すると、QCA に対して批判的な研究は、QCA の分析の頑健性についてのもっともな懸念を表明していますが、それらは総じて的外れです。第一に、分析感度に対する批判は、統計学のようにデータやコーディングの決定が当然結果に影響するものも含め、**社会科学の方法論の多くにあてはまる** (applies to many social scientific methods) 点に留意しなければいけません。たしかに、回帰分析でケースを 1 つ除外しても観察可能な影響が生じることはないはずですが、数百のオブザベーションをもつ国や地域を追加したり除外したりする場合には確実に結果に影響を与えるでしょう。例えば、民主主義国の紛争行動に関する研究の場合、Polity IV の独裁—民主主義の統合スケールで閾値を 7 ではなく 8 とすれば、異なる結果が得られるでしょう。同じように、紛争データの選択とそのコーディングも分析とそれに続く結果に確実に影響します。

第二に、シミュレーションでは QCA の**ケース指向の性格** (case-based nature) が見過ごされています。本書で強調してきたように、ケース選択はリサーチ・デザインで最も重要な部分であり、ケース選択の基準を明確に正当化し、透明性を担保しなければいけません(第 2 章参照)。**ケースをどのように捉えるか** (casing)、そしてケースをどのように選択するかは、QCA が依拠する研究の論理の礎です(Ragin, 1992 ; Ragin and Becker, 1992)。優れた研究例では、ケース選択について網羅的に正当化がおこなわれています。特定のケースのコーディングや解釈が物議を醸しそうな場合にはその点の説明をおこなう必要があります。そこで、その特定のケースを除外したデータとそうでないデータの双方を分析し頑健性の検証をおこないます。

QCA に批判的な人たちの中には「QCA には何でもありだ」という見方もあるようですが、ケースと条件、そしてそれらのキャリブレーションの方法の選択を決定する場面では、妥当な分析オプションの数は限定的です。これらの決定について明確にし、第三者がそれらを精査し、その妥当性を評価できるようにするべきです。これらはすべて、QCA のグッドプラクティスです（Schneider, Vis, and Koivu, 2019；Schneider and Wagemann, 2010, 2012；Wagemann and Schneider, 2015）。

とは言え、上の議論をもって、QCA による研究には分析の頑健性は関係ないとほのめかすのは正解ではありません。それとは逆に、QCA は、ケースと条件、そしてキャリブレーションの基準の選択も含めたリサーチ・デザインの変更に対して比較的敏感です。そのことから、こうした事項の決定についての理論と実体の両面での正当化が必要で、その決定がどのようにおこなわれたかも常に明示しておく必要があります。これこそ、本書を通して強調してきた研究のグッドプラクティスに関する議論を反映しています。その中でも代表的なのが、第2章のリサーチ・デザインと第5章のキャリブレーションについての部分です。

それ以外にも、誤差や不確実性の原因に対処するためのアプローチ（Maggetti and Levi-Faur, 2013；Skaaning, 2011）や QCA の結果における偽陽性（Braumoeller, 2015）や偽陰性を特定するためのツール（Rohlfing, 2018）(5)も研究者たちの手によって開発されてきました。

スペースシャトル打ち上げデータ

前述の Lucas and Szatrowski（2014）—以下、L&S と略—による評論は、過去のスペースシャトル打ち上げデータを用いて QCA による実証をおこなったものです。この研究の背景には、1986年1月のスペースシャトル・チャレンジャー号の事故の発生とその後に発足した原因究明委員会の設置があります（Rogers, et al., 1986）。ロジャース委員会が出した結論は「*さまざまな要因に対してあまりにも脆弱すぎる欠陥設計にある。それらの要因には、気温、物理的側面、素材特性、再生利用の影響、加工、そして動的不可に対する接合部分の反応などである*」というものでした（Rogers et al., 1986）。

さらには、「（スペースシャトルの打ち上げ）を決定した人たちは、**華氏53度（摂氏12℃）を下回る気温での打ち上げを避けるよう勧告した**当初の文書の存在に気が付いていなかった」（強調追加）ことが判明しました（Rogers et al., 1986）。要するに、低温であることが「界磁圧やノズル圧とは無関係に危険の原因として」特定されたということです（L&S, 2014）。

このような背景からL&S（2014）はRogersのデータを使用しましたが、その理由は、「既知の原因（事故の原因として特定されていたOリングの損耗）を提供する珍しいタイプの現実のデータセットであり、QCAの評価をおこなうにあたって有用なものとなる可能性があったから」です。このデータセットには、1981年から86年までの23件のスペースシャトル打ち上げ事例における界磁圧、ノズル圧、気温、そしてOリングの損耗についての情報が含まれています。

QCAによる分析について、L&Sは「高いノズル圧と低温の相互作用」という簡略解を報告しています。彼らはこの解から「*気温には**独立した効果がなく（has no independent effect）**、界磁圧とノズル圧の双方が高い状況で温度が低い時のみ、危険をもたらすことをQCAを通じて発見した*」と推論し、「*QCAは現実世界の検証では**明らかに機能しない（clearly fails）***」（強調）と結論づけています（L&S, 2014）。

L&Sに対する回答をおこなうために、Charles Ragin（2014a）は、スペースシャトルの打ち上げデータをQCAを用いて再分析にかけました。Raginが得た結果は、チャレンジャー号の事故の原因として知られているものと一致し、L&Sによるそれとは異なっていました。**表9.1**にRogers et al.（1986）のローデータとL&SおよびRagin（2014a）が設定したキャリブレーションの閾値に基づく原因条件のファジー集合スコア、そして結果のクリスプ集合スコアをまとめています。

私自身がおこなった再解析では、L&S（2014）によるキャリブレーション基準にしたがって、**高界磁圧**（high fileld pressure）と**高ノズル圧**（high nozzle pressure）という2つの圧力条件（完全非帰属 =50、クロスオーバー =125、完全帰属 =200）を設けています。しかし、Raginの指摘にもあるように、**低温**（low temperature）についての意味のある集合をつくるためには、L&Sが設定した閾値（完全非帰属 = 華氏65度、クロスオーバー = 華氏60度、完全帰属 = 華氏45度）とは異なる方法で経験的基準を設ける必要があります。なぜかというと、L&S（2014）による低温のキャリブレーション基準では、最低水準の整合性閾値となる0.75を満たすケースが真理値表に1つも存在しないからです。したがって、私自身による再分析では、Ragin（2014a）が低温という原因条件に対して設けた閾値を採用しました。

表9.2に示すように、ここで得られた簡略解にしたがうと、低温は**まさしく**

表9.1　スペースシャトルのローデータとキャリブレーション後のデータ

ケース	スペースシャトルのフライト番号	ローデータ			キャリブレーション済 ファジー集合スコア			結果
		界磁圧	ノズル圧	気温(°F)	高界磁圧	高ノズル圧	低温	O-リングの損耗
1	STS-1	50	50	66	0.05	0.05	0.03	0
2	STS-2	50	50	70	0.05	0.05	0.00	1
3	STS-3	50	50	80	0.05	0.05	0.00	0
4	STS-5	50	50	68	0.05	0.05	0.01	0
5	STS-6	50	50	67	0.05	0.05	0.02	0
6	STS-7	50	50	72	0.05	0.05	0.00	0
7	STS-8	100	50	73	0.27	0.05	0.00	0
8	STS-9	100	100	70	0.27	0.27	0.00	0
9	STS-41-B	200	100	57	0.95	0.27	0.64	1
10	STS-41-C	200	100	63	0.95	0.27	0.15	1
11	STS-41-D	200	100	70	0.95	0.27	0.00	1
12	STS-41-G	200	100	67	0.95	0.27	0.02	0
13	STS-51-A	200	100	67	0.95	0.27	0.02	0
14	STS-51-C	200	100	53	0.95	0.27	0.80	1
15	STS-51-D	200	200	67	0.95	0.95	0.02	1
16	STS-51-B	200	100	75	0.95	0.27	0.00	1
17	STS-51-G	200	200	70	0.95	0.95	0.00	1
18	STS-51-F	200	200	81	0.95	0.95	0.00	0
19	STS-51-I	200	200	76	0.95	0.95	0.00	1
20	STS-51-J	200	200	79	0.95	0.95	0.00	0
21	STS-61-A	200	200	75	0.95	0.95	0.00	1
22	STS-61-B	200	200	76	0.95	0.95	0.00	1
23	STS-61-C	200	200	58	0.95	0.95	0.60	1

出所：Rogers et al.（1986, 130–31）.

(correctly)、スペースシャトルの事故を最終的に引き起こしたOリングの損耗の十分条件であることがわかります。保守解を見ると、事故のさらなる原因として高界磁圧が挙げられています。このことは、観察されたケースには低温かつ低界磁圧の組み合わせをもつものが存在しないため、高い界磁圧を潜在的な原因として除外する経験的根拠となるデータが不在であることを意味しています（Ragin, 2014a）。

さらに、QCAの解の被覆度が低いことからは、低温という条件はOリングの損耗をもたらす複数の条件のうちの1つに過ぎないことが示唆されます。ロジャース委員会の報告書（Rogers et al., 1986）からの上記の引用でも強調したように、

表9.2　保守解と簡略解

保守解 (Conservative Solution)	低温 ×高界磁圧→ O- リングの損耗 (整合性 = 0.961, 被覆度 = 0.184)
簡略解 (Parsimonious solution)	低温 → O- リングの損耗 (整合性 = 0.961, 被覆度 = 0.184)

その他の要因がスペースシャトル打ち上げの致命的な失敗の発生を助長していた可能性があります。言い換えると、Oリングの損耗は低温で**ない**（absence）状況でも発生していたということです。

実際、Oリング損耗の12の事例のうち9つは、低温でない条件のもとで発生しています。L&S はこの点についての議論はおこなっていませんが、ケース指向の探索はこうした観察から始まり、関連する他の条件を特定し、QCA の解の被覆度を高めることを目指します。そのことで、スペースシャトル内部でOリングの損耗をもたらした条件群の全容が最終的に明らかにされます。驚くべきことに、Ragin が報告した回帰分析では、事故の原因として予想された**どの**（any）原因にも有意な効果が見られていません（Ragin, 2014a）。

この例から、L&S の主張とは対照的に、QCA を正しく適用すれば意味のある分析結果を**得られる**（dose return）ということです。ただし、そのためには対象とする条件のキャリブレーションと方向づけを上手くおこない、研究のグッドプラクティスの確立された基準に沿って実施される分析が必要となります。L&S が説明する低温のキャリブレーション基準を用いると、整合性の閾値0.75を満たす行が1つもないという分析結果に終わります。このキャリブレーションの誤りに修正を施すと、ロジャース委員会の報告書（Rogers et al., 1986）に記載されているスペースシャトルの打ち上げ失敗の既知の原因が的確に特定されます。

さらに、QCA による分析は、（ロジャース報告書で検証・特定されていた**複数の**（several）関連要因の1つとしての）低温のみに焦点を当てるのでなく、**因果複雑性**（causal complexity）の存在を適切な形で強調するものです。したがって、Rogers のデータにはスペースシャトルの事故につながる**複数の経路**（multiple pathways）が存在し、低温という要因はそれ単独では結果のごく一部を説明するに過ぎないということは明らかです。この例を1つの出発点として捉えると、QCA を用いることで、研究対象となる現象のより完全な説明を試みることができるようになるでしょう。

2．他の方法との比較

QCA に関する方法論争は繰り返しおこなわれていますが、その焦点は他の研究方法と QCA の比較のうえでの評価に関わることです。それらのうちの多くは、回帰分析とその関連手法をはじめとする量的方法と QCA の比較に軸を置いたものです（Clarke, 2020；Lieberson, 2004；Paine, 2016a, 2016b；Seawright, 2005a, 2005b；Tanner, 2014）が、過程追跡や比較事例分析などの質的研究方法と QCA を比較するタイプの議論もおこなわれています（George and Bennett, 2005；Munck, 2016）。第 2 章のマルチメソッドによる研究の節でも触れましたが、QCA と過程追跡の相互補完性を強調する文献が顕著になっています（Beach, Pedersen, and Siewert, 2019；Beach and Rohlfing, 2018；Goertz, 2017；Meegdenburg and Mello, forthcoming；Rohlfing and Schneider, 2018；Schneider and Rohlfing, 2019）。

量的研究方法の観点から Jason Seawright（2005b）は、ケース間の推論を目的とした統計的手法に対する「主要な実質的ライバル」として QCA を評価していますが、QCA の前提条件はより限定的な面があるため「QCA は回帰分析の上位互換的方法にはなり得ない」と結論づけています。Seawright（2005a）は「QCA を適用する研究者の間では回帰分析の枠組みを用いるのと類似した感覚で QCA を使用しており、事例研究の伝統とはかなりかけ離れている点がいくつかある」としています。したがって、QCA を用いる研究者に対して彼が主張していることは、「回帰分析の背景をより多く QCA に取り込めば、QCA による研究を推進する研究者たちがすでにおこなっていることと辻褄があうはずだ」（2005b）ということです。Stanley Lieberson（2004）も同様の見解を示しています。彼は QCA の大きな限界として、QCA が「偶然性と確率的過程」を説明する手段をもたない決定論的方法論であることに着目しています。

もう少し最近の2つの議論を挙げると、Jack Paine（2016a, 2016b）は Seawirght や Lieberson と類似した視座から、集合論的方法は「量的研究と共通の基盤をもつ」ものの、回帰分析の改良版にもなれず、過程追跡のような質的方法の進化版にもなっていないと示唆しています（Paine, 2016a）。したがって、彼が主張したいのは「プロセス分析特有の量的手法に対する相対的優位性を発揮する過程追跡のような質的方法の方が（訳者補足：QCA よりも）優れている」ということです（Paine, 2016b）。同様に、Gerado Munck（2016）も QCA に関しての短いコメントをする中で、集合論的方法に過程追跡を統合することは、回帰分析に対する相対的な優位性を生み出す可能性があると示唆しつつも、過程追跡は

「『因果関係』や『論理関係』の考え方と衝突する」と論じています。

QCA研究者やQCAに賛同する研究者の間では、QCAと回帰分析の共通点と相違点を挙げたり、集合論的方法の原理に対する誤解を解き明かしたりして、こうした批評や関連する評価に向き合ってきました（Mahoney, 2004；Ragin and Rihoux, 2004a, 2004b；Rohlfing and Schneider, 2014；Schneider, 2016）。この流れでRagin and Rihoux（2004b）は、「分析可能な真理値表は比較研究の出発点ではなく、むしろ、事例指向の比較調査の長いプロセスの終着点付近で形成されるのである」と強調しています。

QCAに対する批判の中には、QCAの方法論の発展によってすでに克服されているものもあります。例えば、Liebersonが提起した確率論と決定論をめぐる議論（第2章も参照）は、不完全な集合関係を説明するための適合性指標が導入（第6章参照）されてからというもの、ほとんど意味のないものになっています。したがって、Carsten Schneider and Claudius Wagemann（2012）が力説するとおり「QCAは決定論的方法ではありません」（Goertz, 2005も参照）。

回帰分析とQCAの比較については、Ragin and Rihoux（2004b）の主張によると、両者は**異なる前提**（**different assumptions**）に根差しているため「同じ縄張りを争っている」ことはほとんどありません。Gary Goertz and James Mahoney（2012）にとっての集合論的方法と統計解析は、それぞれの内部で一貫した科学的視点をもった異なる**文化**（**cultures**）に属しています。Alrik Thiem, Michael Baumgartner, and Damien Bol（2016）は、さらに一歩踏み込んで、両者の方法の数学的・概念的起源の**根本的な違い**（**fundamental differences**）を明らかにしています。

QCAのこれらの特徴づけに同意するか否かはさておき、方法論論争の中でほのめかされがちなこととは逆に、集合論的方法で回帰分析とその関連手法を**代替することを意図しない**（**do not aim to replace**）という合意がQCA研究者の間で形成されています。実際に、Large-NによるQCAと回帰分析の組み合わせに足を踏み入れた研究も見られます（Fiss, Sharapov, and Cronqvist, 2013；Vis, 2012）。Vis（2012）は、「条件組み合わせによるアプローチを回帰分析と組み合わせることで、この方法を用いなければ発見することのできなかった経験的データのパターンを見出すうえでの助けになる」という立場を示しています。これは、むしろ、一定の要件が満たされた条件のもとでの両手法の**相互補完性**（**complementarity**）を物語っていると言えます。例えば、Matthew Andersson and Sarah Harkness（2018）は、精神疾患の生物学帰属に関する研究において、QCAと回帰分析を組み合わせたマルチメソッドを採用しています（web付録の研究事例コラム2.2参照）。

また、Tobias Ide（2018）の研究では、QCA による分析パートに先駆けて、統計手法を用いたサンプル・ケースの抽出をおこなっています（web 付録の研究事例コラム2.1参照）。

過程追跡についても、どちらか一方の言葉で議論を型にはめ込むのは、同様の誤解を招きます。第 4 章でも述べたように、過程追跡に固有の強みは、個々のケースを徹底的に研究することを通じて因果メカニズムを特定する点にあります。ただし、過程追跡は単独事例内の因果推論手法（訳者補足）であるため、比較事例の視点をもち合わせていません。この点において、QCA との連携がとくに有効となるのです。Munick（2016）は、過程追跡と QCA との間に対立しうる関係があると見ていますが、最近の研究では両者の間を集合論的基礎が通底していることが強調されています（Beach, Pedersen, and Siewertm, 2019；Goertz, 2017；Rohlfing and Schneider, 2018；Schneider and Rohlfing, 2013）。これは、QCA によるケース比較を過程追跡で補完すべきとした George and Bennett（2005）が示した見解と一致するものです。

3．形式化とアルゴリズム

QCA に対する批判のもう 1 つの系統は、QCA のアルゴリズムの使い方と QCA の分析手順の形式化が進んだと認識されていることを問題としています（Collier, 2014a, 2014b；Munck, 2016；Sartori, 2014）。コメンテーターの視点に立つと、QCA をケース指向の比較研究という本来の目的から遠ざけたのは、まさにその手法が進化し洗練されたことです。さらには、QCA の解が複雑で、形式論理を重視する点も、この方法の経験的研究アプローチとしての価値を損なっていると考えられています。

こうした見方は、David Collier（2014a, 2014b）によるもので、QCA では「アルゴリズムの問題はさておいて」、代わりに「ケース知識と過程追跡、そして質的データの活用」に改めて注視すべきであるという提言です（2014b）。Collier（2014b）はさらに、多くの「研究者は今日の前にある課題に適した最も「単純で直感的」なツールを求めている」と主張し、「ケース知識はアルゴリズムに従属するのではなく、それ自身が分析の主たる方法となるべきである」と論じています。同様に、Giovanni Sartori（2014）は、*A Tale of Two Cultures*（Goertz and Mahoney, 2012）に対する簡潔な評論の中で技法への過度の依存につぎのような警鐘を鳴らしています。

「しかし、ファジー集合の複雑な手順は、これらの疑問から一端が飛び出したもので、私が懸念するテクニックの罠を想起させるものです。現在、社会科学の研究領域では複雑な統計的手法に対する懐疑論が高まっていて、より単純なツールへの回帰が見られています。ファジー集合の煩雑な手順も同様の疑いを抱かせるものです。」

（Sartori, 2014）。

Munck（2016）は、Thiem, Baumgartner, and Bol（2016）による回帰分析と集合論的手法の比較対照をおこなう議論など、とくに形式論理のみに根差した論争の場になると、この種の懐疑心を共有しているように映ります。Munckは（訳者補足）、「Thiemたちの議論の重要な問題点は、他のSTCM（集合論的比較法：set-theoretic comparative methods）の提唱者と同じように、因果関係の分析を**完全に形式論理の用語（entirely in formal terms）**によるものと決めつけていることである。これは根本からの見誤りである。というのは、**因果関係は論理関係ではなく（a causal relation is not a logical relation）**、出来事間、より厳密に言えば事物の特性の変化の間の関係だからである。しかし、Thiemたちは経験科学の意味論については何らの言及をおこなっていない」としています（Munck, 2016）。

これらは妥当な指摘です。私自身は、CollierやSartori、そしてMunckの3人は、多くのQCA支持者の間で間違いなく同意すると思われる、研究方法の一般的な懸念点を提起していると捉えています。まず、最小化アルゴリズムと適合度の計算がQCAによる分析の**方向付けをおこなう（guide）**べきであるという点には議論の余地はないでしょう。ただし、これらが主役になることは想定されていません。これは、QCAは理論的・実体的考察を欠いたまま機械的に適用すべきでないという推奨事項とも一致しています。本書を通して強調する点でもあります。だからといって、QCAに対して寄せられるこれらの懸念によって、Collier（2014b）のいう「アルゴリズムはさておいて」という大雑把過ぎる結論が正当化されるわけではありません。むしろ、QCAの計算手順によって何を達成できるのか、そしてどの部分が研究者によるインプットに依存しているかを明らかにするために、より多くの努力が払われるべきです（Duşa, 2019b；Oana, Schneider, and Thomann, 2021を参照）。

ここまでの章でも紹介したとおり、QCAのキャリブレーションとブール代数による最小化の手続きは明確な原理に基づくものなので、手計算で再現することも可能です。解項は、何らかの不透明な手順の結果ではなく、真理値表と論理残余の処理を経て導出されるものです。同様に、ファジー集合とキャリブレーションも、数学的変換の明確なルールに依拠しており、決して「魔法の成分」のなせる業ではありません。

もちろん、キャリブレーションされたデータに慣れ親しんでいない人にとっては、ある程度の慣れが必要ですが、これは高度な定量的手法や形式的モデリングにもあてはまることで、未経験者の目には理解不能なものに映ることもあります。このような視点に立って、本書の第5章ではファジー集合のキャリブレーションに付随する数学的変換の手引きを示しています。一方で第6章・第7章では、QCAの分析手順の中核となる適合度の算出と最小化アルゴリズムに焦点を当てています（Duşa, 2019b；Oana, Schneider, and Thomann, 2021；Ragin, 2008b；Schneider and Wagemann, 2012も参照）。

最後に、指摘しておきたい重要事項は、研究**方法**（method）としてのQCAとその実証研究における**応用**（application）を区別する必要があるということです。まさに、John Gerring（2021b）が鋭く指摘しているように、「*ある方法の****潜在的な有用性（potential utility）****は、その****実際の使用（actual employment）****とは区別されるべきです*」（強調追加）。誤解を恐れずに言えば、統計解析に欠陥があったり、ケーススタディに不備があったりしても、どちらのアプローチも無効になるわけではありません。回帰分析にp値ハッキング（p-hacking）があり、ケーススタディに事例証拠（anecdotal evidence：訳者補足　実際に起こった事象の証拠ではなく、逸話や風聞など、形式的でない証拠のこと）があるように、QCAによる研究にも研究のグッドプラクティスの基準を満たさないものが存在します。そのような基準は、方法論としてのQCAが成熟するにしたがって形式化が進み、今後もその流れは変わらないでしょう（Oana, Schneider, and Thomann, 2021；Rihoux and Ragin, 2009；Rubinson et al., 2019；Schneider and Wagemann, 2010, 2012）。また、リサーチ・デザインやキャリブレーション、そして分析手順に関して開発された基準に照らしてQCAの経験的応用を後押しするためのさまざまな取り組みがおこなわれています（例えば、Mello, 2013；Rohlfing, 2020；Thiem, 2016；Wagemann, Buche, and Siewert, 2016）。

4．因果分析と解項

近年、因果分析とその目的実現に向けたQCAのさまざまな解の果たしうる貢献についての議論が湧きおこっています（Baumgartner and Ambühl, 2020；Baumgartner and Thiem, 2020；Duşa, 2019a；Haesebrouck and Thomann, 2021；Schneider 2018；Thiem, 2019）。Baumgartner and Thiem（2020）は、シミュレー

ションデータに基づいて、QCAの簡略解のみが因果推論に用いられるべきであり（Thiem, 2019も参照）、保守解と中間解はどちらも冗長な要素を含むため正確性に欠けると判断しています。

これに対し、Adrian Duşa（2019a）は、方向性期待をともなう中間解は「因果推論に適した最良のハイブリッドとして登場し」、中間解を推奨する長き伝統（Ragin, 2008b；Schneider and Wagemann, 2012）と一致しているという見解を示しています。こうしたやりとりによって、異なるタイプの解の精度や集合論的方法による因果推論の前提条件をめぐる議論が活発におこなわれるようになっています（Haesebrouck and Thomann, 2021；Schneider, 2018も参照）。

そうした論争でのそれぞれの側の主張とその根拠を展開することは本書の範囲を超えますが、1つだけ指摘しておきたいのは、Baumgartner and Thiem（2020）によるシミュレーションは、著者自身も認めているとおり、限定された多様性や不完全な集合関係が存在する「現実の」データに準じたデータを用いずにおこなわれたものであるという点です。また、簡略解にとって大きな問題となりうる、あり得ない仮定について、何らの言及もおこなわれていません（第7章参照）。

要するに、解のタイプの正確さをめぐる議論は、社会科学領域の研究における方法論的目的に対する理解の多様性に帰結するというわけです。Baumgartner and Thiem（2020）の簡略解を支持する主張は、規則性理論とその論理の**形式的視点**（**formal perspective**）の内部で一貫しています。その原動力は、識別された効果に対する最後の「差異を生み出す要因」を発見することにあります。こうした立場からは、コンテクストや背景を犠牲にしても、冗長（redundant）と見なされる条件を排除しなければなりません。これは、複雑な因果関係を前提とし、理論に導かれた分析を特定の範囲でおこなうことを目的とする**ケース指向の視点**（**case-based perspective**）とは対照的です。実際、Duşa（2019a）の言うように、方向性期待が正しく設定されれば、中間解は簡略解を**圧倒**（**outperform**）します。

別の言い方をすれば、リサーチ・デザインに（訳者補足）**理論**（**theory**）が挿入されると、純粋に論理駆動型の視点は説得力を失うということです。条件組み合わせを用いた比較分析に関心を寄せる社会科学研究者であれば、そのほとんどは、（簡略解で見られるように）解の算出にあり得ない仮定が含まれるアルゴリズムを用いてリスクを冒すよりも、理論や自分自身の研究分野の知識から引き出した予想を分析に反映させることを選ぶでしょう。これは、分析の技術的手続きの機械的運用が実体的知識とリサーチ・デザインに優先することがあってはならないとする、集合論的手法の方法論者の間でとられている立場と共鳴するものです

(Ragin, 1987 ; Schneider and Wagemann, 2010 ; Wagemann, 2017)。

解をめぐる論争を捉えるもう1つ視点は、QCA によって導き出される解項を特徴づける**複雑性**（complexity）と**簡潔性**（parsimony）を両極にもつスペクトラムによるものです（第7章参照）。よく知られているように、ブール代数の最小化の仕組みでは、解項は相互に部分集合と上位集合の関係に置かれます。そのような関係は中間解の部分集合としての保守（複雑）解にはじまりますが、中間解もまた簡略解の部分集合です。こうした観点に立てば、ある保守解の上位集合が「正しい」とされた時に保守解が「正しくない」と主張するのはナンセンスです。簡略解は簡単に言えば**最も一般的な言明**（most general claim）であり、保守解はより**特定的・具体的言明**（specific claim）となる部分集合を構成していると捉えるとよいでしょう。

例えば、簡略解によって、喫煙が（観察された個体群の中で）癌の十分条件であるという言明を得たとしましょう。一方、保守解では喫煙と肥満の組み合わせが癌の発生をもたらすことが示唆されたとします。ここで、簡略解が正しいという判断がなされれば、複雑化も正しいということになります。この例からわかるように、どちらのタイプの解を優先させるかは、特定の解項の正確さや真理値よりも、文脈依存とそれと対照をなす簡潔さをどれだけ重視するかによって異なります。ただし、差異を生み出す要因にのみ焦点を当てるだけでは不十分な場合もあります。「原因には差異を生み出す要因でないものもあり、原因とならない差異を生み出す要因も存在する」という Rani Lill Anjum and Stephen Mumford (2018) の指摘のとおりです。

さらに、John MacKie (1980) は、通常、研究が文脈と背景条件という因果の場（causal field）の中で展開することを認識しています。これらのうちのどれを条件ではなく原因と見なすべきかを峻別することは、どのような因果推論の問いを立てるかにおいて大きな役割を果たします。繰り返しになりますが、ここでもまた理論とリサーチ・デザインの重要性に立ち返ることになります。

現段階でこうした現在進行形の議論から得られる1つの収穫は、QCA を用いた応用的研究の**グッドプラクティス**（good practice）と長い間考えられてきたこと、つまり（あり得ない仮定の対処ができていれば）研究目的に応じて3つのタイプの解のいずれかに重きを置くことができるが、論文を発表する際には少なくとも補足文書の中で3種類の解すべての解項を報告するべきことです（Rihoux and Ragin, 2009 ; Schneider and Wagemann, 2010)。

第4章で取り上げた因果関係の理論に関する議論に即して、因果関係には複数の原因があるので、複数の方法を経由して得られたエビデンスに対してオープンな**多角的視座**を推奨したいと思います。QCA が単一の因果関係の理論に縛られていないということは明白ですが、集合論による研究に多様なメタ理論的枠組みを埋め込んでゆくことが可能です。

5．QCA の強みと限界を認識する

QCA の強みと限界について冷静に考察してゆくのは、本章の締めくくりとして妥当です。私の見立てでは、QCA のとくに優れた長所は3つあります。まず、本書を通して概説しているとおり、QCA の特徴の1つは、Ragin（1987）が指摘する**因果複雑性**（causal complexity）あるいは「社会的因果関係における条件組み合わせによる複雑性」を考慮に入れることができる点です[(6)]。これは、個々の変数間の関係に対する「正味効果」の発想からの意図的な離脱です（Mahoney, 2010）。

因果複雑性のもとでは、社会現象がしばしば、さまざまな条件組み合わせ、レシピ、あるいは経路 から生じうること（**equifinality：等結果性**）、そしてそれらのいずれもがいくつかの異なる条件によるものである（**conjunctural causation：結合因果**）という認識があります。また、（結果を生じさせる：訳者補足）原因の不在が、結果の未発生の原因となるといったような、原因条件の組み合わせと結果の関係の対称性は通常、想定することができません（**causal asymmetry：因果非対称性**）。さらに、等結果性の概念は、類似した結果が生じるケースの間にはそれらに通底する共通の原因が存在しなければいけないという仮定に挑戦する性質のものです（George and Bennett, 2005）。

QCA を適用する際にどうしたら因果複雑性を最大限に活用することができるでしょうか。QCA を経験的に使用する際には、因果複雑性を集合論的関係に注意深く組み込んでゆけば、その恩恵を受けることができます。つまり、理論は必要条件と十分条件の言葉で定式化されるべきであり、それが適切な場合には INUS 条件や SUIN 条件を参照することも必要です。これによって、さらに、個々の条件を個別に検討し正当化するのではなく、特定の条件組み合わせについての思考が要求されます。この文脈では、とくにそれらの条件が結合因果や等結果性を伴う際、理論的な期待値を**可視化する**（visualize）ことが役立つ場合があります。

あるいは、QCA の解を可視化することもできますが、それは因果複雑性に対する理解を深めるうえでの助けになります。Goertz（2017）は、因果メカニズムに関する議論の中で、図解式の解説例を取り入れて因果複雑性の関係の有用な説

明をおこなっています。Rubinson（2019）は、QCAを用いた研究における可視化の問題を取り上げています。

QCAの第2の強みは、経験的ケースを**体系的に比較できること**（systematic comparison）と、経験的に立証されていない、論理的に可能な条件組み合わせについての**反実仮想による推論**を組み込むことができる点です。どちらの要素も、分析装置として真理値表を使用します。この意味で、QCAはsmall-Nによる比較研究でよく見られるような選択的な比較ではなく、体系的かつ網羅的なデータ生成と分析に関わるすべてのケースに対する一貫したキャリブレーションを要求するため、研究者を律する効果をもつと言えます。それと同時に、真理値表によって属性空間上の経験的分布が示されるので、該当するケースが存在しない条件組み合わせを発見することもできます。その情報は反事実ケースの評価に適用することができます。

この強みを活かすには、真理値表と経験的ケースの分布、そして各行の整合性に十分な注意を払うとともに、あてはまる経験的ケースが存在しない条件組み合わせ（論理残余）の検証も必要です。第7章でも概観しましたが、論理残余が存在する場合には、もし仮にある特徴を備えたケースが実在すれば、関心の対象となる結果が生じたか否かについての反実仮想の推論をおこなう機会がもたらされます。そのような予想は、中間解に取り入れることができます。

最後に、QCAは、研究者が自身の研究目的のコンテクストに応じてアプローチを適応させるための十分な**柔軟性**（flexibility）を提供してくれます。QCAはしばしばMedium-Nの方法として特徴づけられ、この方法を用いた研究の大多数は20から30の範囲におさまるケースを対象としていますが、この方法はLarge-Nの環境でも同様に上手く適用できます。また、いくつかの制約はありますが、より少ないケースによるSmall-Nの環境でも利用可能です。

ケース数が少ない状況での主な制約は何かというと、条件の数を少数にとどめ、最低でも1条件あたり4ケースという比率を維持する必要があることです（表2.2参照）。ケース数や条件数とは別に、QCAでは分析のために使用するデータの種類についても柔軟性が許容されています。集合論的キャリブレーションでは、あらゆる種類の定性的・定量的情報を利用することができ、それらを組み合わせて集合論的概念にとって意味のある指標を策定することも可能です。さらに、QCAに多彩なバリエーションと分析手順が存在することを考慮すると、研究目的、そして取り扱う概念に対して最適のアプローチを選択できます（第8章参照）。

この種の柔軟性の利点は、問題駆動型アプローチにしたがって意識的に活用されるべきです。このように考えると、QCAによる分析をおこなうべきかについての「王道」の方法は１つではなく、それぞれの研究者が自身の研究目的に照らして、実現可能な選択肢のメニューから選択できるということになります。ただし、どのバリエーションのQCAを選ぶにしても、確立されたQCAのグッドプラクティスの基準はそれぞれのアプローチに等しく適用されるという点を強調しておきます（Rubinson et al., 2019；Schneider and Wagemann, 2010）。

こうした強みが存在する一方、QCAにはその限界もあります。社会科学には、万能薬のような方法論は存在しません。まず、分析の頑健性の節でもそのように認識しましたが、QCAはケースと説明条件、そしてキャリブレーションの閾値設定の変更に**影響されやすい**（sensitive）性質をもっています。実用的なレベルでは、リサーチ・デザインを構成する諸選択に対して理論的・実体的な理由を示すことが求められる一方、頑健性のテストによって分析結果の信頼性を高めることができます。

とは言え、ケース指向の方法としてのQCAの**質的な**（qualitative）本質を念頭に置いておくことが大切です。その心は何かというと、しまいには統計的アプローチの二番煎じとなりかねないほどに定量的な頑健性の検証をおこなうのではなく、特定の閾値の基準をキャリブレーションにおいて設定した理由やケース選択の根拠、さらには研究者が採用することのできた分析手順の選択肢についての理にかなった根拠を示す必要があるということです。

第２に、QCAは比較手法であるため、単純に**一定数のケース**（a certain number of cases）と**比較可能なデータ**（comparative data）がなければ、そもそものスタートが切れず、確実に実行することができません。これは、small-N（訳者注：現象の発生の稀少性）に特徴づけられる学術領域と比較ケース研究に特有の、研究上の現実的な制約となります（Mello, 2017）。これらの分野での実際の研究の場面では、例えば少なくとも12ケースによる比較を可能にするために、十分な数のケースと条件のデータを収集することが最初のハードルとなります。もちろん、分析単位をより細かい小単位に分解することで観察数を増やすことは可能です。例えば、国を地域や自治体に細分化することや、国家ではなくそのうちの個々の政権を分析単位とすること、集団やコーホートを分解して個人の比較をおこなうことなどがその具体的な例です。

最後に、第８章でQCAのさまざまなバリエーションについての議論の中でも触れましたが、QCAでは**時間性**（temporality）の問題を克服するための満足のゆく解決方法が得られていません。QCAはその核心においては、結果との関連の中ですべての原因条件が同様に取り扱われる、つまり時間的な発生順序を考慮しない（訳者補足）静的な比較手法にとどまっています（Marx, Rihoux, and Ragin,

表9.3　QCA の強み、限界と QCA の戦略

QCA の強み	QCA の強みを最大限活用するには？
因果複雑性の考慮（結合因果、等結果性、因果非対称性）	集合論的関係と複雑な因果関係を含む理論的予想を立て、因果複雑性を可視化することに焦点を合わせる。
経験的ケースを横断する体系的な比較と論理残余に対する反実仮想による推論	真理値表を重視し、論理残余を注意深く取扱い、分析から得られた解項の実体的解釈をおこなう。
個々の研究の特定の目的に対する柔軟性（ケース、条件、質的・量的データ、分析手順、QCA のバリエーション）	課題主導で最適なリサーチ・デザインと QCA のバリエーション、そして分析手順を使用する。

QCA の限界	QCA の限界に対処するには？
キャリブレーションやケース／条件の選択による影響を容易に受けやすい。	分析方法・手順の選択を十分に正当化し、頑健性のテストをおこなう。
ある程度の数以上のケースと比較可能なデータが必要とされる。	ケース―条件比率とキャリブレーション、そしてケースの分割方法の調整をおこなう。
QCA による比較は本質的に静態的なもので、説明条件はすべて同等に扱われる。	時間の概念を統合してリサーチ・デザインに組み込み、適切なバリエーションの QCA を適用したり、他の研究方法とのミックス・メソッドを採り入れる。

2014)。ただし、時間と順序の概念をどのように組み込むかという問題は、社会科学全般に共通するものです（Büthe, 2002）。この問題は、QCA に限らず社会科学の多くの方法が抱える制約の原因になっています。

時間性への対応の上で有望なアプローチとなる「軌跡ベースの QCA（trajectory-based QCA）」（Pagliarin and Gerrits, 2020）が最近登場したことを除けば、リサーチ・デザインを通じて時間性の問題に対処しうる実現可能な方法は、（1）説明条件の概念形成を通じて間接的に時間と順序を取り入れるか、（2）過程追跡など時間と順序を認識することのできる別の方法と QCA を組み合わせる（第2章参照）かの何れかです。**表9.3**は、QCA の強みと限界、そしてその長所を最大限に活用し、後者に対処するための戦略を整理したものです。

(1)　さまざまな研究領域での QCA による研究で扱われるケース数の違いについては、第2章末尾の領域横断的な調査の結果を参照してください。

(2)　本書（原書：訳者補足）の執筆時点で、COMPASSS コミュニティのウェブサイトには、QCA とコンフィギュレーション法に関連する19種類のソフトウェアパッケージが掲載されていました。https://compasss.org/software/ を参照。

(3)　QCA と集合論的方法に焦点をあてた学術雑誌の巻号には次のようなものがあります。こ

こでは時系列でリスト化します。Sociological Methods & Research 23, no. 1 (1994), Field Methods 15, no. 4 (2003), Qualitative Methods 2, no. 2 (2004), Qualitative Methods 3 (2005), Studies in Comparative International Development 40, no. 1 (2005), International Sociology 21, no. 5 (2006), Political Analysis 14, no. 3 (2006), Political Research Quarterly 66, no. 1 (2013), Sociological Methodology 44, no. 1 (2014), Qualitative & Multi-Method Research 12, no. 1 (2014), Qualitative & Multi-Method Research 12, no. 2 (2014), Field Methods 28, no. 3 (2016), Comparative Political Studies 49, no. 6 (2016), Quality & Quantity 51, no. 5 (2017), Quality & Quantity, 56.

(4) ケース指向の視点の簡潔なまとめと、それ以前の批判に対する応答については、Rihoux (2003) を参照してください。

(5) 頑健性テストに関する概説は、Thomann and Maggetti (2020) も参照。

(6) 因果複雑性に関する詳細な議論は第4章でおこなっています。

第10章 QCA研究の指導原則

集合分析的な社会科学は、いまだその初期段階にある。The Comparative Method は、社会科学的探求における重要な旅路の第一歩に過ぎない。The Comparative Method が出版されて以来、この道筋にはかなりの進展があったが、まだ多くの仕事が残っている。
— Charles C. Ragin

本書はQCAの基礎を整理してまとめたものです。各章は典型的なQCAの研究サイクルの理念型に示される段階に沿って構成されています（図1.1参照）。リサーチ・デザインの問題から始まり、因果関係、因果複雑性、そして集合論についての章が続きます。そして、QCAの核心を構成する集合のキャリブレーション、適合性指標、集合論的分析に関する章が展開してゆきます。一方で、さまざまタイプのQCAやQCAに向けられた批判に関する章は、QCAについての視野をさらに広げてくれるものでした。

こうした基礎の上に立って、QCAを用いた**研究に取り組む際のグッドプラクティス**（Good Research Practice）に関する推奨事項を述べて、本書の（訳者補足）締めくくりとしたいと思います。QCAのグッドプラクティスは、3つの指導原則のもとに構成されており、QCAを使って独自の研究を進める上での道標となります。その意味で、それらの指導原則は何らかの新しい要素を採り入れたものではなく、本書を通じて示したQCAに関する説明を反映したものです。これに、QCAの結果を効果的に文書化し、伝達する方法についてのヒントを付け足しています。本書の終わりの部分では、QCAユーザーとしての読者の皆さん（訳者補足）が次のステップに進むためのオンラインリソースを紹介し、QCA研究の最近の動向について考察しています。

1. QCAによる研究のグッドプラクティス

QCAが社会科学全体に普及し続けたことで、QCAを実証研究に適用するための**ベストプラクティス**（best practices）がさまざまな形で定式化されています（Emmenegger, Kvist, and Skaaning, 2013；Greckhamer et al., 2018；Kahwati and Kane, 2020；Oana, Schneider, and Thomann, 2021；Rihoux and Ragin, 2009；Schneider, Vis, and Koivu, 2019；Schneider and Wagemann, 2010, 2012）。この分野

でダイナミックな発展が見られることで、研究成果の報告や出版に際して遵守すべき規範についての合意形成へとつながっています[(1)]。

しかし、ベストプラクティスの中核が存在するにもかかわらず、QCA を用いた既存研究からも確認できるように、規定された基準と実際の研究実践との間にはギャップが残っています（Emmenegger, Kvist, and Skaaning, 2013；Mello, 2013）。第9章で議論したように、この種のギャップの存在によって、QCA に向けられた批判の一端を説明することができます。QCA を用いた研究成果に対する批判の中には、この手法に秘められた可能性とこの手法の実際の使用との区別がおこなわれていないものが少なくありません（Gerring, 2012b）。

出版物の形態で公表された研究を比較する際には、原稿の長さや方法論の厳密性、引用形式、さらには図表の使い方などの基準が研究領域によって異なっていることを念頭に置かなければいけません。当然ながら、このことで、学術領域によってQCA を適用した研究の見え方も違ってきます。ある分野では標準的な手法であっても、別の分野ではまったく同じ手法がほとんど適用されていないことも珍しくありません。QCA の結果を4,000語以内で書かなければならない論文で報告する時もあれば、12,000語の論文で説明する場合もあります。両者のタイプの論文を比べれば、内容の網羅性に大きな差が生じるのは当たり前です。とは言え、原稿の長さにかかわらず、分析の特定の部分については、その過程を正確に記録する必要があります。論文の中でカバーしきれない場合には（訳者補足）、常にオンライン付録や補足文書を用いて、それらの詳細を公表するという選択肢を採用することができます。

研究のグッドプラクティスの核となる要素は、ここまでの章で説明した分析手順と順序をしっかり守ることです。これには、本書で説明した技法を使ったローデータの適切なキャリブレーションや条件と結果を質的な状態として捉えるための定義、さらには集合論的分析についての詳細な記録を適切におこなうことが必要です。集合論的分析に関しては、適合度の指標をはじめ、論理残余の扱い方の議論、実体的解釈のために選択した解項、そして、識別された解による経路とケースの適合について触れてゆきます。

これらの技術的な側面とは別に、私はQCA を用いた研究のグッドプラクティスを促す3つの**指導原則**（guiding principles）を推奨しています。それらは、（1）合目的性、（2）簡略性、そして（3）透明性です。これらの原則は、本書を通してのQCA の手法についての説明を反映したものです。**合目的性**（Suitability）とは、リサーチ・デザインに先駆けて、研究目的が集合論的な枠組みを必要とするか否かを問うことを意味しています。因果複雑性（結合因果、等結果性、因果非対称性）を期待する場合には、QCA は適切な選択となるでしょう。これに対して、１つ以上の独立変数と従属変数の間の線形関係を明らかにすることを目的とする研究では、集合論的アプローチではない方法がより適しています。

合目的性はまた、第９章で概説したように、QCA の強みを活かす形でリサーチ・デザインをおこなうべきであることも意味しています。それらはつまり、理論を集合論による表現で定式化すること（確率論的な記述の翻訳が必要な場合もあります）、因果複雑性の前提にしたがって、それらを理論的期待に組み込むこと、説明条件と結果を意味のある質的状態として捉えるようキャリブレーションすること、そして、ケースとその構成を重視し集合論的分析のあとにケースに立ち返ること、です。

簡略性（Parsimony）とは、リサーチ・デザインと分析を本質的な要素に絞ってシンプルにするように努めることです。QCA では、物事がすぐに、**極めて**（very）複雑になりがちです。ここで、７つの条件のさまざまな組み合わせによる６つの経路をもつ解項があり、他の結果を分析することさえ考えられる状況を想像してみましょう。このような研究では、とくに学術雑誌への論文掲載を射程とする場合には、発見事項をうまく言語化できなかったり、明確に理解できなかったりすることが少なくありません。

そうすると、研究テーマとその関連領域の文献や、社会現象のより一般的なパターンと研究の発見事項を関連づけることなく、単なる技術的な結果の解釈にとどまってしまう危険性が生じます。

私はこれを QCA の**決定的な欠点**（crucial drawback）と捉えています。なぜなら、過度に複雑な解は、集合論的手法に精通した一部の研究者にしか理解できず（そのような研究者にすら分析結果は理解不能かもしれません）、結果を広く公開するための妨げになるからです。このことは、David Collier（2014b）や Gerardo Munck（2016）にも見られる、前章で論じた QCA に対する批判の要点も反映しています。したがって、QCA に関する予備知識がなくても、他の研究者が結果を把握できるようなリサーチ・デザインと結果の伝達を目指すことが大切です。

例えば、３つか４つの条件だけに絞った研究では、質の高い推論と意味ある知見をもたらすことができます。だからといって、４つ以上の条件をもつ研究が不可能であるというわけではありません。しかし、研究対象のあらゆる側面をカバーするために条件の数を増やすのではなく（潜在的に関連するすべての要因について「コントロール」を追加するという誤った考え方・条件の選択については第２章を参照ください）、**焦点を絞る**（narrow the focus）ことによって条件の数を制限する方が優れた戦略となるでしょう。例えば、分析において、すべてのタイプの説明

表10.1　QCA による研究の指導原理

指導原理	Implications
合目的性（Suitability）	(1) QCA による研究は集合論的関係と因果複雑性の探索を目的とする。
	(2) 説明条件と結果は、特定の集合の方向性を反映したものである。
	(3) 理論的予想は、集合論の表現を用いて設定される。
簡略性　（Parsimony）	(4) 簡略性・簡潔性を企図したリサーチ・デザインを心がける。
	(5) 説明条件は実現可能な範囲で最小限にとどめる。
	(6) キャリブレーションのルールは明確かつ簡潔にする。
透明性（Transparency）	(7) 分析に関するすべての決定事項を明示する。
	(8) 論文や出版物を発表する際には、分析のすべての段階を記録する。
	(9) ローデータ、キャリブレーション済データ、そして R のスクリプトを公開する。

条件を織り込もうとするのではなく、制度的変数や大衆の選好、組織の特徴、個人の性格といった限られた数の条件による（訳者補足）分析を絞るといったことです。簡略性はキャリブレーションのルールにも適用されます。最終的な発見（＝該当する集合を代表するケースをもつことの意味）を解釈しやすくするために、わかりやすく概念化する必要があります。

最後に、QCA の結果を論文として発表する際には**透明性**（transparency）が非常に重要になります。つまり、分析の構成要素と分析上の決定について詳細に記述する必要があるということです。それらは、ローデータやキャリブレーションの閾値、真理値表、整合性と度数の閾値、実体的解釈に用いた解項、適合性の指標、論理残余の扱いなどを含みます。さらに、ケース選択の方法や、他のもっともらしいケースを採り入れられたにもかかわらず、そうしなかったことがなかったかどうかについての明確な議論が求められます。そして、条件の選択と、場合によっては分析で用いなかった代替条件の正当性を示すことも必要です。これらすべてに配慮することで、**分析の頑健性**（analytical robustness）と研究結果に対する**信頼レベル**（level of confidence）が高まります（第 9 章を参照ください）。

透明性は、ローデータやキャリブレーション済みのデータ、R スクリプトを公開リポジトリやジャーナル web サイトで公開することにはじまり、使用した R パッケージを引用すること（他の人が同じパッケージで分析を再現でき、開発者の功績を示すため）、分析を通じて主観的判断（例えば、データが得られない、あるいは曖昧であるという理由で特定のケースを削除する判断など）を強調することにまで及びます。表10.1は、これらの QCA 研究の指導原則をまとめたものです。

2．QCA による結果の文書化と伝達

前節では、QCA による分析結果の文書化と伝達という 2 つのポイントを取り上げました。文書化にあたっては、何をどのようにして、詳細な記録としてまとめるべきなのでしょうか。さらに重要なことは、QCA 研究による発見事項を効果的に伝えるにはどうしたらよいかということです。

まず、**文書化**（documentation）から考えてゆきましょう。そこでは、透明性を高め、研究成果を他者が理解できるようにするために、データソースやローデータ、キャリブレーション済みデータ、キャリブレーション基準、さらには分析過程を通じておこなった分析上の選択について網羅的に記録すべきだという点で、QCA 研究者の意見が一致しています。さらに、真理値表や解、そして個々の解のパス（条件組み合わせ：訳者補足）に対するケースの帰属などの重要な要素は、論文の中で漏れなく報告されるべきです（Schneider, Vis, and Koivu, 2019；Schneider and Wagemann, 2010）。

これらを学術論文や書籍の章の本文の一部として公開できるのが理想的な形ですが、（誌面の制約がある場合には：訳者補足）付録として共有する方法を取ることもできます。あるいは別の選択肢として、これらの事項の一部を、学術雑誌のウェブサイトや公開リポジトリなどオンラインで利用可能な補足文書という形で公表することもできます。

しかし、真理値表や QCA の解のような重要な事項は、必ず本文の中に含まれるべきです。誌面の制約を考慮する必要がある場合には，論理残余を省略した真理値表を出版物に掲載し、完全な真理値表についてはオンライン上の付録として提供することも 1 つの方法です（その場合、前者には論理残余を省略したことを脚注で明示することが必要です）。

これらの点以外にも、分析に関するその他の関連情報を補足文書で提供することも、グッドプラクティスの 1 つと考えられています。それらの情報とは、条件と結果に関する記述統計や集合帰属スコアの分布のヒストグラム、ローデータとキャリブレーション済みデータの X-Y プロット、そして頑健性テストの結果などです。これらは、他の研究者（および査読者）が分析結果を評価し、文脈を理解し、再現するのに役立ちます。

もちろん、このような文書の内容は、それぞれの研究の特徴によって異なります。定量データと直接法によるキャリブレーションを用いた研究では、記述統計、そして可能であればキャリブレーションの閾値の代替値による頑健性テストの結

果を提供すべきです。一方、質的なエビデンスを用いた研究では、補足文書を通じてより詳細にケースの全容を共有することができます。とくに最近の出版物の中には、そのような補足文書を活用する例が非常に目立っています（Böller and Müller, 2018；Johais, Bayer, and Lambach, 2020；Kuehn et al., 2017；Mello, 2020；Schneider and Maerz, 2017；Vis, Woldendorp, and Keman, 2013）。

そして、QCA による研究の最後の中心的な課題は、研究結果を効果的な形で**伝達する**（communicating）ことです。ここで問題となるのが、因果関係の複雑さです。複数の「不確定要素」や、条件間の複雑な相互関係、さらには不完全な集合関係が存在する場合に、読者（および査読者）に明確なメッセージを伝えるにはどうすればよいでしょうか。明らかにやってはいけ**ない**（not）ことは、分析結果の実体的解釈を単なる技術的な記述に限定してしまうことです。ただし、結果に関するディスカッションや全体の結論が形式的、技術的な説明にとどまっている研究が論文として発表されていることは否定できません。

QCA の結果をよりよく伝達するために、前節で概説した原則と紐づく形で、私は３つの提言をおこなっています。まず、この課題の大部分は、研究課題の設定と理論的な期待を構築する段階で生じます。研究目的と QCA の中核的な方法論的前提である因果複雑性を**明確に結びつけて**（explicit connection）いる場合には、分析結果の実体的な解釈は理論的期待と特定された集合関係との対比の問題になります。

既述の点と関連しますが、QCA の結果をよりわかりやすく伝える方法の１つに、各種のグラフ**表現**（graphical representation）があります。この方法は、理論的期待および／または分析結果を説明するために使用することもできます。一例ですが、Claude Rubinson（2019）は、ベン図やオイラー図、ツリーマップ、スターチャート、レーダーチャート、枝分かれ図など、QCA に関するさまざまな視覚化に有用な便覧を提供しています。これらの選択肢から、それぞれの研究コンテクストに最も適した視覚化の手段を見つけることができます。より一般的な考え方としては、Gary Goertz（2020）の手によって、QCA による研究と非常に相性のよい形で複雑な概念構造を可視化する方法が開発されています（Goertz, 2017も参照）。

ここで、グラフ表現を用いて因果複雑性を表現する例を見てゆきましょう。**図10.1**は、４つの条件と１つの結果を含む、結合因果と等結果性を仮定した集合論的関係を抽象的に要約したものです（Mello, 2012 による）。ポイントは、これらの条件の組み合わせは２種類の明確な経路に収束し、それらのいずれも結果につながると予想されているということです。これらの経路のそれぞれには、破線で

図10.1　結合因果と等結果性の視覚化

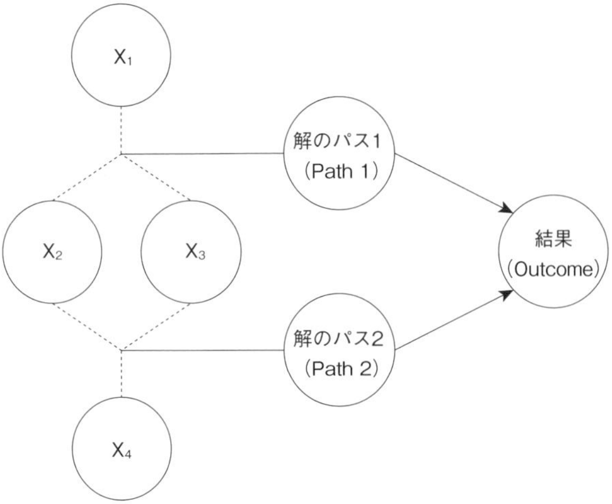

図10.2　解とそのパスを可視化する

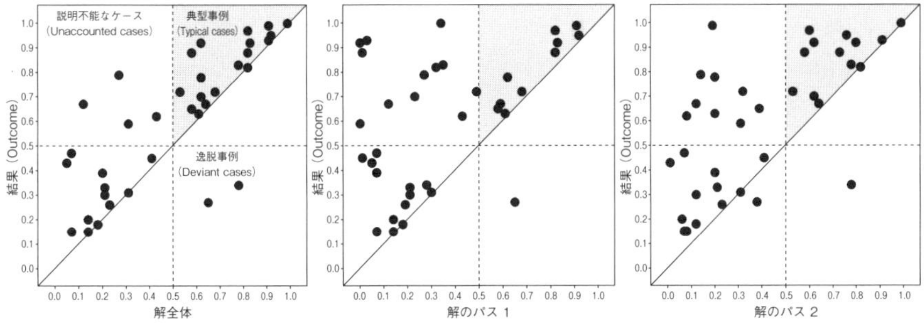

示したように、3つの条件が同時に存在する必要があります。これらの条件が揃うことで結果をもたらす経路が構成されます。このようにグラフ表現を用いると(訳者補足)、さまざまな集合論的予想を可視化することができます。グラフを用いた表現の利点は、より大きなパターンに対する理解を深められることです。例えば、**図10.1**の条件 X_2と X_3は、理論上の2つの経路双方の構成要素になっているので、視覚的にもそうですが、中心的な重要性をもつ条件です。一方、X_1と X_4は、周辺的な条件ではありますが、それぞれの組み合わせに明確に寄与していることがわかります。

グラフを表現によるもう1つの方法はQCAの解を可視化するものです。例えば、**図10.2**は36ケースを用いたfsQCAによる研究で得られた全体解、そして2

つの解の経路を示したものです。ここでは、一般的なX-Yプロットを破線で強調しています。その目的は個々のケースが結果と解それぞれの集合に帰属するか否か、あるいはそれぞれの解のパスの内側と外側のどちらに位置するのかという**質的な**（qualitative）違いを示すことにあります（Schneider and Rohlfing, 2013）。

このプロットでは、3つのタイプのケースが存在することを強調しています。右上の三角形の斜線部分に位置するケースは結果と解の両方の集合に帰属するため、解のパスの少なくとも1つに含まれる**典型事例**（typical cases）ということになります。結果の生じたケースのほとんどが右上に表示される場合、それはQCAの理想的な姿です。

これに対して、左上の四角形には、**説明不能な事例**（unaccounted cases）が点在しています。これらは、関心対象の結果が発生しているにもかかわらず、解項の集合に帰属しないケースです。理論的な観点では、これらのケースは、結果をもたらすと期待される特徴を共有していないので、それ自体は問題ではありません。しかし、この領域のケースが多すぎると、注目している現象の大部分がQCAで得られる解項では説明できないことになるので、あまり多くならないようにしたいものです。

図10.2の右下の四角形に位置するのは、**逸脱事例**（deviant cases）です。これらは、私たちの理論的（訳者補足）期待と反するため、問題となります。この種のケースはQCAによって得られた解項が集合帰属しているにもかかわらず、結果の集合に対する帰属スコアが、理論的期待、そしてQCAの解が示唆するよりも質的に低い水準にあるケースです。逸脱事例は、存在しないのが理想的です。しかし、QCAを適用した実証研究では逸脱事例が特定されることは珍しくありません。大切なのは、典型事例の数に対して逸脱事例の数が少なくなることです。また、逸脱事例がなぜ結果を生じさせなかったかについて、もっともらしい説明を検討する必要があります。逸脱事例の数があまりにも多い場合には、リサーチ・デザイン、とくに条件の選択とその概念化の見直しが求められます。

図10.2のグラフ表現は、典型事例、逸脱事例、および／または説明不能な事例について、個々の研究で出現するケースに応じて具体的なケース記述をおこなうための有効な出発点となります。また、このパートでは、パスウェイ事例（第2章のケース選択を参照）に着目することができます。

パスウェイ事例とは、全体的な解の中で1つのパスだけがカバーしているケースのことです。これらのケースは、解のパスのX-Yプロットで個別に特定することも可能です。もちろん、QCAを用いた学術論文では、（語数制限があるため：訳者注）特定のケースについて詳細に説明できる範囲は限られています。しかし、

表10.2　QCA の結果の文書化とコミュニケーション

結果の記録・文書化（Documentation）	(1)	分析に関する選択事項はすべて報告
	(2)	ローデータ、キャリブレーション済データとキャリブレーションの基準
	(3)	整合性 / 頻度の閾値と論理残余およびその取扱いについての議論とともに真理値表を記載
	(4)	適合性指標と各解項に対するケースの帰属度とともに解を記録
	(5)	典型事例やパスウェイ事例、逸脱事例や説明不能な事例などの特定
	(6)	ローデータ / キャリブレーション済データの記述統計、ヒストグラム、X-Y プロットの掲載
結果の報告・コミュニケーション（Communication）	(1)	研究目的と QCA の方法論的仮定との間に明確なつながりがあること
	(2)	理論的予想の図解表現　および / または　解と解のパス（経路）の図解表現
	(3)	典型事例やパスウェイ事例、逸脱事例　および / または説明不能な事例のケース・ナラティブ

QCA のケース指向の性質を正しく理解するためには、少なくとも各解のパスにあてはまるケースを例示し、それぞれの条件組み合わせと結果に至る経路を明らかにすることが望まれます。これらは、付録の追加情報として補完することもできます。**表10.2**は、QCA の結果の文書化と伝達のポイントをまとめたものです。

3．QCA のリソース

新しい手法を身につけるためには教科書だけでなく**実際に手を動かすこと（actual practice）**が必要です。この観点から、本書の web 付録では、本書で取り上げた分析ステップを実施するためのオンラインＲマニュアルを紹介しています。私のウェブサイト（https://patrickmello.com）からアクセスできるオンライン資料で、このマニュアルの内容を補完しています。サイトには、本書の分析に関する各章での議論を反映したＲスクリプトや、サンプルのデータセットが公開されています。

COMPASSS ネットワークの QCA コミュニティサイト（www.compasss.org）も有用なリソースです。COMPASSS のウェブサイトでは、QCA 関連の新着情報や各種の研修機会に関する情報、登録可能なニュースレター、ワーキングペーパー、その他のさまざまなリソースを見つけることができます。COMPASSS の運営チームは Benoît Rihoux と Claude Rubinson が率いており、このネットワークには世界中から60人以上の QCA の専門家が参加しています。

QCA の専門コースに参加することも、QCA をマスターするための優れた方法です。現在では、１日で終わる入門コースやワークショップをはじめ、２週間にわたる総合コースなど、さまざまな形式のコースが開講されています。オンライン形式によるコースもあります。アメリカでは、シラキュース大学のInstitute for Qualitative and Multi-Method Researchで定期的に開催されているコースがあります。このコースでは、QCAや集合論的手法など、さまざまな科目が提供されています。また、ミシガン大学のICPSR（Inter-university Consortium for Political and Social Research：訳者注）の質的方法に関するサマープログラムでは、QCAに特化したコースが設けられています。

ヨーロッパでは、ECPR（European Consortium for Political Research：訳者注）の方法と分析技法のサマースクールでは2週間のQCA入門コースが、ウインタースクールではQCA上級者を対象とした1週間のコースが定期的に開講されています。さらに、ジュネーブ大学とルガーノ大学が共催するFORS（Swiss Center of Expertise in the Social Sciences）の社会科学の方法に関するサマースクールの1週間集中QCAコースなど、他にも多くのサマースクールやワークショップの機会があります。現在開講されているコースの一覧は、COMPASSSのウェブサイトで確認することができます。

4．QCAの現在における発展

30年以上前に生まれたQCAは進化と発展を続けています（Marx, Rihoux, and Ragin, 2014）。第1章で概観したように、現在ではQCAを適用した実証的な研究は社会科学のほぼすべての分野をカバーしています。同時に、QCAという大きな傘のもとには相当の**多様性**（**pluralism**）が存在します。QCAにはさまざまなバリエーションやアプローチがあり、さらに多くのバリエーションが開発されています。それだけでなく、質的なケース・スタディからLarge-Nの（定量的：訳者補足）分析まで、さまざまな研究環境のもとで、多様な形での適用がおこなわれています。本書を通して紹介している研究事例やその他多くの研究者の著作は、QCAのアプローチの多様性を証明しています。

さらに、批判的実在論が多くのQCA研究者に受け入れられることで、より実証主義的な仮定から離れ、**存在論的な分化**（**ontological differentiation**）が進んでいます（例えば、Byrne and Ragin, 2009；Gerrits and Pagliarin, 2020；Gerrits and Verweij, 2014；Olsen, 2014；and Rutten, 2019, 2020）。同時に、第9章で触れたように、因果関係に関する言明とそれがQCAで立証されうる条件についての議論も生まれています（Baumgartner and Thiem, 2020；Duşa, 2019a；Haesebrouck and Thomann, 2022；Rohlfing and Zuber, 2019；Schneider, 2018）。こうした発展が継続

することは確実で、集合論的手法の分野でのさらなる多様化と分化がもたらされるでしょう。

QCA はどこへ向かうのでしょうか。前節までに示したように、QCA の手法としての進化にしたがって、その分析手順はより明確で洗練されたものとなり、その長所と限界についての認識がはっきりしたものになってきました。QCA は、質的方法と量的方法の長所を組み合わせた複合メディア的なアプローチと考えられていますが、社会科学におけるすべての研究課題に対応できる万能薬のような方法は存在しませんし、QCA もまたそのように捉えられるべきではありません。しかし、QCA による研究のグッドプラクティスのためのガイドラインにしたがって研究に取り組めば、QCA の制約を克服することができますし、この手法の明確な強みを最大限に活用することも可能です（第 9 章参照）。

さらに、QCA を他の調査方法と組み合わせることで可能性が広がります。実際、社会科学の一部の分野ではマルチメソッド研究が標準となっています。とくに、集合論的な比較手法と過程追跡のような事例内手法を組み合わせるのは有益な方法です。これらの一連のアプローチによる研究のロジックを組み合わせるための適切な方法の探求と発見が研究者たちの間の一大テーマとなっているためこの研究領域は依然としてダイナミックです（Beach and Rohlfing, 2018；Goertz, 2017；Meegdenburg and Mello, forthcoming；Schneider and Rohlfing, 2013；2019）。もう 1 つの活気ある研究分野はソフトウェア開発で、とくに R パッケージはここ数年で大幅に機能を向上させています（Duşa, 2019b；Oana and Schneider, 2018；Oana, Schneider, and Thomann, 2021）(2)。R はオープンソースのソフトウェアなので、この分野では今後多くの発展が見られるはずです。

5．今後の展望

本書は QCA とその実証的な研究への適用を成功させるための包括的な手引きとしてデザインされたものです。さらに、研究課題を QCA による効果的な研究に発展させる方法と集合論による分析結果を解釈し論文として発表するための方法について、段階的な指針を示すことを目指しました。本書の中で一貫して強調してきましたが、これらの事項に関しては**リサーチ・デザイン**（**research design**）が最も重要であると私は確信しています。

このため、本書では、分析手続きの解説に先だって、リサーチ・デザイン、集合論、因果関係と因果複雑性に関する章を設けました。これらから得られた収穫・教訓が 1 つあるとすれば、それは、分析上の修正によって集合論的な適合度指標を改善することに時間を費やすよりも、リサーチ・デザインと概念化を再検討すべきだということです。QCA は明らかに**質的な**（qualitative）**性向**をもつ**ケース指向**（case-oriented）のアプローチであり、その能力は（訳者補足）、条件組み合わせを最小化する技術的な処理の範囲を大きく超えたものです。本書を通して QCA の全体的なアプローチを伝えることで、QCA 研究の第一歩を踏み出そうとしている皆さん、すでに QCA に取り組んだことがありその応用を改善しようとしている皆さん、そして新しいバリエーションの QCA を試したいと思っている皆さんのお役に立てれば幸いです。

(1)　このことは、さまざまな推奨事項が同一であることを意味するものではありません。Rihoux and Ragin（2009）の編著書には、QCA 研究のさまざまな側面に関するガイドラインを示す13の表が掲載されています。同様に、Schneider and Wagemann（2010）による QCA 研究のグッドプラクティスの基準には、26におよぶ詳細な事項が挙げられています（Schneider and Wagemann, 2012も参照）。Emmenegger, Kvist, and Skaaning（2013）は、福祉国家研究のレビューからいくつかの具体的な提言を導き出しています。Kahwati and Kane（2020）は、混合手法研究における QCA に関する著書の中で、多くの実践的なヒントを示しています。

(2)　利用可能なソフトウェアの包括的なリストは、http://compasss.org/software/ で管理されています。執筆時点では、さまざまなコンピュータ環境や研究目的に対応した19種類のソフトウェアが利用可能です。

訳者あとがき

本書の翻訳は東伸一と横山斉理の2人が日本と英国（スコットランド）からの共同作業でおこなったものです。一昔前でしたら、このような形での協働は難しかったと思いますが、コロナ2019のパンデミックを機に私たちの研究の場でも若干のデジタル化が進行していたため、当初考えていたよりも（あくまでも個人的な基準では）順調に作業を進めることができたというのが、この段階に到達しての印象です。ただ、その理由を考えると結構複雑で、対面の研究会では「あそこの焼き魚定食を…」とか「ちょっと○○休憩…」といった誘惑にかられることや「あの文献とデータが手元にないから…」といった障壁に撃沈してしまうこと、さらには（それはそれで大切ですが）関連する雑談で盛り上がり過ぎてしまうことも少なくありませんでした。また、研究会のための日程調整や移動時間も考慮しなければいけませんでした。

オンライン経由の共同作業ではそれらの原因条件がいずれも不在（⊗）、かつ千倉書房の皆様、とりわけ編集をご担当くださいました岩澤孝氏の緻密なお仕事（●）、そして川口理恵氏のあたたかい励まし（●）、さらには原書の著者であるパトリックによる応援（●）という、幸運な条件組み合わせが生じていたことから、本書日本語版の刊行という結果をもたらしてくれたと実感しています。ACRA（American Collegiate Retailing Association） や CERR（Colloquium on European Research in Retailing）、日本商業学会、日本マーケティング学会、組織学会、マーケティング史学会などの場で報告や論文発表、チュートリアル実施などの機会に恵まれ、沢山の貴重なコメントをいただきました。2022年9月の商業学会のチュートリアルでは、小野讓司先生（青山学院大学）・山下裕子先生（一橋大学）のコーディネーションのもとでQCAの方法論的背景の紹介とハンズオンを実施させていただきました。その前後にも、豊田裕貴先生（法政大学）、岸谷和広先生（関西大学）、水越康介先生（東京都立大学）、高尾義明先生（東京都立大学）、西村順二先生（甲南大学）、Xavier Brusset 先生（SKEMA Business School）、栗木契先生（神戸大学）、David Marshall 先生（Edinburgh Business School）、小宮一高先生（兵庫県立大学）、猪口純路先生（小樽商科大学）から QCA を発信する機会をいただきました。小野晃典先生（慶應義塾大学）、久保知一先生（中央大学）には度々 QCA に関する相談に乗っていただきました。これら経験は、QCA の方法論と実践を包括した１冊である本書の翻訳を思い立った１つのきっかけとなりました。また、矢澤憲一先生（青山学院大学）は東・横山の QCA 関連の論文を丁寧に読んでくださるとともに、計量研究を専らにする研究者の立場から QCA の背景にある認識論などについての雑談に日々お付き合いくださり、多くのヒントや宿題を投げかけてくださっています。

訳者２人は、本書のことをいつしか「メロ本」と呼ぶほど親しみを覚えるようになり、横山は翻訳を進めながらその成果を実践すべく、Steve Burt 先生（University of Stirling）をはじめとするイギリスの流通研究者との共著論文で QCA を活用しています。たまたま、そのタイミングで東・横山、そして共同研究者の金雲鎬先生（日本大学）、戸田裕美子先生（明治大学）のメンバーで Burt 先生たちと「日英の流通システムの30年―研究方法の国際化と流通理論・仮説の検証と構築に向けて―」（科学研究費基盤Ｂ）という研究課題に着手することになったのも、何かの縁かもしれません。

訳者の２人が QCA に出合ったのは2000年代初め頃のことです。経緯とメディアが少し異なるものの、東・横山ともに田村正紀先生（神戸大学名誉教授）に QCA に通じる道を示していただきました。その後、東は QCA とペアになることの多い過程追跡（PT）の活用法を探索していましたが、QCA による研究を先行させていた横山の「過程追跡を QCA に活かさない手はない」という一言がトリガーとなり、その時一緒にランチを食べていた（前述の）金さんも巻き添えにした QCA 研究の旅がはじまりました。これから QCA の旅に出発される皆様にとって、本書が心強い羅針盤となってくれること、そして、すでに多くの航海に出られたことのある皆様にとっても、本書が新たな発見の源となってくれることを願ってやみません。これは、翻訳作業も佳境に入っていた2023年６月の千倉書房でのミーティングの際、パトリックがお話していたことでもあります。

最後になりますが、上記の皆様ならびにここにお名前を記載することのできない沢山の皆様のご指導・ご鞭撻に感謝申し上げます。

［謝辞］
本研究はJSPS科研費 23H00861（研究代表：東伸一）、22K01755（研究代表：横山斉理）の助成を受けたものです。記して感謝申し上げます。

2023年8月のエディンバラにて

青山学院大学 経営学部 教授
東 伸一

法政大学 経営学部 教授
Visiting Researcher, University of Stirling, Scotland UK
横山斉理

参考文献

Adcock, Robert. 2007. "Who's Afraid of Determinism? The Ambivalence of Macro-Historical Inquiry." *Journal of Philosophy of History* 1, no. 3: 346–64.

Ahmed, Amel, and Rudra Sil. 2009. "Is Multi-Method Research Really 'Better'?" *Qualitative & Multi-Method Research* 7, no. 2: 2–6.

Ahn, Sang-Hoon, and Sophia Seung-yoon Lee. 2012. "Explaining Korean Welfare State Development with New Empirical Data and Methods." *Asian Social Work and Policy Review* 6, no. 2: 67–85.

Allen, Myles R., Opha Pauline Dube, and William Solecki. 2018. "Framing and Context." In *Global Warming of 1.5° C: An IPCC Special Report*, edited by Masson-Delmotte, Valérie, Panmao Zhai, and Hans-Otto Pörtner. Geneva: Intergovernmental Panel on Climate Change.

Amenta, Edwin, and Jane D. Poulsen. 1994. "Where to Begin: A Survey of Five Approaches to Selecting Independent Variables for Qualitative Comparative Analysis." *Sociological Methods & Research* 23, no. 1: 22–53.

An, Mi Young, and Ito Peng. 2016. "Diverging Paths? A Comparative Look at Childcare Policies in Japan, South Korea, and Taiwan." *Social Policy and Administration* 50, no. 5: 540–58. Andersson, Matthew A., and Sarah K. Harkness. 2018. "When Do Biological Attributions of Mental Illness Reduce Stigma? Using Qualitative Comparative Analysis to Contextualize Attributions." *Society and Mental Health* 8, no. 3: 175–94.

Anjum, Rani Lill, and Stephen Mumford. 2018. *Causation in Science*. New York: Oxford University Press.

Arel-Bundock, Vincent. 2019. "The Double Bind of Qualitative Comparative Analysis." *Sociological Methods & Research*, November 7. doi: 10.1177/0049124119882460.

Avdagic, Sabina. 2010. "When Are Concerted Reforms Feasible? Explaining the Emergence of Social Pacts in Western Europe." *Comparative Political Studies* 43, no. 5: 628–57.

Bakker, René M., Bart Cambré, Leonique Korlaar, and Joerg Raab. 2011. "Managing the Project Learning Paradox: A Set-Theoretic Approach toward Project Knowledge Transfer." *International Journal of Project Management* 29, no. 5: 494–503.

Basedau, Matthias, and Thomas Richter. 2014. "Why Do Some Oil Exporters Experience Civil War But Others Do Not? Investigating the Conditional Effects of Oil." *European Political Science Review* 6, no. 4: 549–74.

Baumgartner, Michael. 2008. "Regularity Theories Reassessed." *Philosophia* 36: 327–54.

——. 2009. "Inferring Causal Complexity." *Sociological Methods & Research* 38, no. 1: 71–101.

——. 2013a. "Detecting Causal Chains in Small-*n* Data." *Field Methods* 25, no. 1: 3–24.

——. 2013b. "A Regularity Theoretic Approach to Actual Causation." *Erkenntnis* 78: 85–109.

——. 2015. "Parsimony and Causality." *Quality & Quantity* 49, no. 2: 839–56.

Baumgartner, Michael, and Mathias Ambühl. 2020. "Causal Modeling with Multi-Value and Fuzzy-Set Coincidence Analysis." *Political Science Research and Methods* 8, no. 3: 526–42.

Baumgartner, Michael, and Alrik Thiem. 2017. "Model Ambiguities in Configurational Com-parative Research." *Sociological Methods & Research* 46, no. 4: 954–87.

——. 2020. "Often Trusted but Never (Properly) Tested: Evaluating Qualitative Comparative Analysis." *Sociological Methods & Research* 49, no. 2: 279–311.

Beach, Derek. 2018. "Achieving Metholodogical Alignment When Combining QCA and Process Tracing in Practice." *Sociological Methods & Research* 47, no. 1: 64–99.

——. 2020. "Multi-Method Research in the Social Sciences: A Review of Recent Frameworks and a Way Forward." *Government and Opposition* 55, no. 1: 163–82.

Beach, Derek, and Rasmus Brun Pedersen. 2013. *Process-Tracing Methods: Foundations and Guidelines*, 1st ed. Ann Arbor: University of Michigan Press.

——. 2016. *Causal Case Study Methods: Foundations and Guidelines for Comparing, Matching, and Tracing*. Ann Arbor: University of Michigan Press.

——. 2019. *Process-Tracing Methods: Foundations and Guidelines*, 2nd ed. Ann Arbor: University of Michigan Press.

Beach, Derek, Rasmus Brun Pedersen, and Markus B. Siewert. 2019. "Case Selection and Nesting of Process-Tracing Case Studies." In *Process-Tracing Methods: Foundations and Guide- lines*, edited by Derek Beach and Rasmus Brun Pedersen, 89–154. Ann Arbor: University of Michigan Press.

Beach, Derek, and Ingo Rohlfing. 2018. "Integrating Cross-Case Analyses and Process Tracing in Set-Theoretic Research: Strategies and Parameters of Debate." *Sociological Methods & Research* 47, no. 1: 3–36.

Beebee, Helen, Christopher Hitchcock, and Peter Menzies, eds. 2009. *The Oxford Handbook of Causation*. Oxford: Oxford University Press.

Bennett, Andrew. 2008. "Process Tracing: A Bayesian Perspective." In *The Oxford Handbook of Political Methodology*, edited by Janet M. Box-Steffensmeier, Henry E. Brady, and David Collier, 702–21. Oxford: Oxford University Press.

——. 2013. "The Mother of All Isms: Causal Mechanisms and Structured Pluralism in International Relations Theory." *European Journal of International Relations* 19, no. 3: 459–81. Bennett, Andrew, and Jeffrey T. Checkel, eds. 2015. *Process Tracing: From Metaphor to Analytic Tool*. Cambridge: Cambridge University Press.

Berg-Schlosser, Dirk, and Gisèle De Meur. 2009. "Comparative Research Design: Case and Variable Selection." In *Configurational Comparative Methods*, edited by Benoît Rihoux and Charles C. Ragin, 19–32. Thousand Oaks, CA: Sage.

Berg-Schlosser, Dirk, Gisèle De Meur, Benoît Rihoux, and Charles C. Ragin. 2009. "Qualitative Comparative Analysis (QCA) as an Approach." In *Configurational Comparative Methods*, ed- ited by Benoît Rihoux and Charles C. Ragin, 1-18. Thousand Oaks, CA: Sage.

Berger, Elisabeth S. C., Matthias Wenzel, and Veit Wohlgemuth. 2018. "Imitation-Related Performance Outcomes in Social Trading: A Configurational Approach." *Journal of Business Research* 89 (August) : 322-27.

Bevir, Mark, and Jason Blakely. 2018. *Interpretive Social Science: An Anti-Naturalist Approach*. Oxford: Oxford University Press.

Bhaskar, Roy. 2008. *A Realist Theory of Science*, 3rd ed. London: Verso.

Binder, Martin. 2015. "Paths to Intervention: What Explains the UN's Selective Response to Humanitarian Crises?" *Journal of Peace Research* 52, no. 6: 712-26.

Birkland, Thomas A. 2006. *Lessons of Disaster: Policy Change after Catastrophic Events*. Washington, DC: Georgetown University Press.

Blatter, Joachim, and Markus Haverland. 2012. *Designing Case Studies: Explanatory Approaches in Small-n Research*. Basingstoke, UK: Palgrave Macmillan.

Bol, Damien, and Francesca Luppi. 2013. "Confronting Theories Based on Necessary Relations: Making the Best of QCA Possibilities." *Political Research Quarterly* 66, no. 1: 205-10.

Böller, Florian, and Marcus Müller. 2018. "Unleashing the Watchdogs: Explaining Congressional Assertiveness in the Politics of US Military Interventions." *European Political Science Review* 10, no. 4: 637-62.

Boogaerts, Andreas. 2018. "Beyond Norms: A Configurational Analysis of the EU's Arab Spring Sanctions." *Foreign Policy Analysis* 14, no. 3: 408-28.

Boogaerts, Andreas, and Edith Drieskens. 2020. "Lessons from the MENA Region: A Configurational Explanation of the (In) Effectiveness of UN Security Council Sanctions between 1991 and 2014." *Mediterranean Politics* 25, no. 1: 71-95.

Boole, George. 1854. *An Investigation of the Laws of Thought on Which Are Founded the Mathe- matical Theories of Logic and Probabilities*. Urbana, IL: Project Gutenberg.

Boudet, Hilary, Leanne Giordono, Chad Zanocco, Hannah Satein, and Hannah Whitley. 2019. "Event Attribution and Partisanship Shape Local Discussion of Climate Change After Extreme Weather." *Nature Climate Change* 10: 69-76.

Brady, Henry E. 2008. "Causation and Explanation in Social Science." In *The Oxford Handbook of Political Methodology*, edited by Janet M. Box-Steffensmeier, Henry E. Brady, and David Collier, 217-70. Oxford: Oxford University Press.

Brady, Henry E., and David Collier, eds. 2004. *Rethinking Social Inquiry: Diverse Tools, Shared Standards*. Lanham, 1st ed. MD: Rowman & Littlefield.

——, eds. 2010. *Rethinking Social Inquiry: Diverse Tools, Shared Standards*, 2nd ed. Lanham, MD: Rowman & Littlefield.

Braumoeller, Bear F. 2015. "Guarding Against False Positives in Qualitative Comparative Analysis." *Political Analysis* 23, no. 4: 471-87.

Braumoeller, Bear F., and Gary Goertz. 2000. "The Methodology of Necessary Conditions." *American Journal of Political Science* 44, no. 4: 844–58.

Brockhaus, Maria, Kaisa Korhonen-Kurki, Jenniver Sehring, Monica Di Gregorio, Samuel Assembe-Mvondo, Hermann Kambire, Felicien Kengoum, Demetrius Kweka, Mary Menton, Moira Moeliono, Naya Sharma Paudel, Thuy Thu Pham, Ida Aju Pradnja Resosudarmo, Almeida Sitoe, Sven Wunder, and Mathurin Zida. 2017. "REDD+, Transformational Change and the Promise of Performance-Based Payments: A Qualitative Comparative Analysis." *Climate Policy* 17, no. 6: 708–30.

Brown, Michael E., Steven E. Miller, and Sean M. Lynn-Jones, eds. 1996. *Debating the Democratic Peace*. Cambridge, MA: MIT Press.

Buche, Jonas, and Markus B. Siewert. 2015. "Qualitative Comparative Analysis (QCA) in der Soziologie: Perspektiven, Potentiale, und Anwendungsbereiche." *Zeitschrift für Soziologie* 44, no. 6: 386–406.

Büchel, Florin, Edda Humprecht, Laia Castro-Herrero, Sven Engesser, and Michael Brüggemann. 2016. "Building Empirical Typologies with QCA: Toward a Classification of Media Systems." *International Journal of Press/Politics* 21, no. 2: 209–32.

Büthe, Tim. 2002. "Taking Temporality Seriously: Modeling History and the Use of Narratives as Evidence." *American Journal of Political Science* 54, no. 3: 667–85.

Büthe, Tim, and Alan M. Jacobs. 2015. "Introduction to the Symposium: Transparency in Qual- itative and Multi-Method Research." *Qualitative & Multi-Method Research* 13, no. 1: 2–8. Buzogány, Aron, and Jens R. Häsing. 2018. "Explaining Subnational Parliamentary Scrutiny Powers: A Fuzzy-Set Analysis of German Landtage." *Regional & Federal Studies* 28, no. 5: 547–74.

Byrne, David. 2009. "Complex Realist and Configurational Approaches to Cases: A Radical Synthesis." In *The Sage Handbook of Case-Based Methods*, edited by David Byrne and Charles C. Ragin, 101–11. Los Angeles: Sage.

Byrne, David, and Charles C. Ragin, eds. 2009. *The Sage Handbook of Case-Based Methods*. Los Angeles: Sage.

Cacciatore, Federica, Alessandro Natalini, and Claudius Wagemann. 2015. "Clustered Europeanization and National Reform Programmes: A Qualitative Comparative Analysis." *Journal of European Public Policy* 22, no. 8: 1186–211.

Caporaso, James A. 1995. "Research Design, Falsification, and the Qualitative-Quantitative Divide." *American Political Science Review* 89, no. 2: 457–60.

Caren, Neal, and Aaron Panofsky. 2005. "TQCA: A Technique for Adding Temporality to Quali- tative Comparative Analysis." *Sociological Methods & Research* 34, no. 2: 147–72.

Cartwright, Nancy. 1979. "Causal Effects and Effective Strategies." *Noûs* 13, no. 4: 419–37.

Castillo Ortiz, Pablo José. 2017. "Councils of the Judiciary and Judges' Perceptions of Respect to Their Independence in Europe." *Hague Journal on the Rule of Law* 9, no. 2: 315–36.

Ciccia, Rosella, and Mieke Verloo. 2012. "Parental Leave Regulations and the Persistence of the Male Breadwinner Model: Using Fuzzy-Set Ideal Type Analysis to Assess Gender Equality in an Enlarged Europe." *Journal of European Social Policy* 22, no. 5: 507–28.

Clarke, Kevin A. 2020. "Logical Constraints: The Limitations of QCA in Social Science Research." *Political Analysis*, April 20. doi: 10.1017/pan.2020.7.

Collier, David. 2011. "Understanding Process Tracing." *Political Science & Politics* 44, no. 4: 823–30.

——. 2014a. "Problematic Tools: Introduction to a Symposium on Set Theory in Social Science." *Qualitative & Multi-Method Research* 12, no. 1: 2–9.

——. 2014b. "QCA Should Set Aside the Algorithms." *Sociological Methodology* 44, no. 1: 122–26.

Collier, David, Henry E. Brady, and Jason Seawright. 2010a. "Critiques, Responses, and Trade-Offs: Drawing Together the Debate." In *Rethinking Social Inquiry*, edited by Henry E. Brady and David Collier, 125–59. Lanham, MD: Rowman & Littlefield.

——. 2010b. "Sources of Leverage in Causal Inference: Toward an Alternative View of Methodology." In *Rethinking Social Inquiry*, edited by Henry E. Brady and David Collier, 161–99. Lanham, MD: Rowman & Littlefield.

Collier, David, Jody Laporte, and Jason Seawright. 2008. "Typologies: Forming Concepts and Creating Categorical Variables." In *The Oxford Handbook of Political Methodology*, edited by Janet M. Box-Steffensmeier, Henry E. Brady, and David Collier, 152–73. Oxford: Oxford University Press.

Cooper, Barry, and Judith Glaesser. 2016. "Qualitative Comparative Analysis, Necessary Conditions, and Limited Diversity: Some Problematic Consequences of Schneider and Wagemann's Enhanced Standard Analysis." *Field Methods* 28, no. 3: 300–315.

Cooper, Barry, Judith Glaesser, Roger Gomm, and Martyn Hammersley. 2012. *Challenging the Qualitative-Quantitative Divide: Explorations in Case-Focused Causal Analysis*. London: Continuum.

Coppedge, Michael. 2009. "Speedbumps on the Road to Multi-Method Consensus in Comparative Politics." *Qualitative & Multi-Method Research* 7, no. 2: 15–17.

Cronqvist, Lasse. 2004. "Presentation of Tosmana: Adding Multi-Value Variables and Visual Aids to QCA." COMPASSS Working Paper 20.

——. 2019. *Tosmana* [*Version 1.61*]. University of Trier.

Cronqvist, Lasse, and Dirk Berg-Schlosser. 2009. "Multi-Value QCA (mvQCA)." In *Configurational Comparative Methods: Qualitative Comparative Analysis (QCA) and Related Techniques*, edited by Benoît Rihoux and Charles C. Ragin, 69–86. Los Angeles: Sage.

Culpepper, Pepper D. 2014. "The Political Economy of Unmediated Democracy: Italian Austerity under Mario Monti." *West European Politics* 37, no. 6: 1264–81.

Cunningham, Daniel W. 2016. *Set Theory: A First Course*. New York: Cambridge University Press.

Damonte, Alessia. 2018. "Gauging the Import and Essentiality of Single Conditions in Standard Configurational Solutions." *Sociological Methods & Research*, September 11. doi: 10.1177/0049124118794678.

De Block, Debora, and Barbara Vis. 2019. "Addressing the Challenges Related to Transforming Qualitative into Quantitative Data in Qualitative Comparative Analysis." *Journal of Mixed Methods Research* 13, no. 4: 503-35.

De Meur, Gisèle, and Alain Gottcheiner. 2009. "The Logic and Assumptions of MDSO-MSDO Designs." In *The Sage Handbook of Case-Based Methods*, edited by David Byrne and Charles C. Ragin, 208-21. Los Angeles: Sage.

De Meur, Gisèle, Benoît Rihoux, and Sakura Yamasaki. 2009. "Addressing the Critiques of QCA." In *Configurational Comparative Methods*, edited by Benoît Rihoux and Charles C. Ragin, 147-65. Thousand Oaks, CA: Sage.

Drass, Kriss A., and Charles C. Ragin. 1986. "QCA: A Microcomputer Package for Qualitative Comparative Analysis of Social Data." Center for Urban Affairs and Policy Research, Northwestern University.

Dul, Jan. 2016. "Necessary Condition Analysis (NCA) : Logic and Methodology of 'Necessary but Not Sufficent' Causality." *Organization Studies* 19, no. 1: 10-52.

Dul, Jan, Erwin Van der Laan, and Roelof Kuik. 2020. "A Statistical Significance Test for Necessary Condition Analysis." *Organizational Research Methods* 32, no. 2: 385-95.

Dul, Jan, Barbara Vis, and Gary Goertz. 2018. "Necessary Condition Analysis (NCA) Does Exactly What It Should Do When Applied Properly: A Reply to a Comment on NCA." *Sociological Methods & Research*, October 7. doi: 10.1177/0049124118799383.

Durán Mogollón, Lía, Olga Eisele, and Maria Paschou. 2020. "Applied Solidarity in Time of Crisis: Exploring the Contexts of Civil Society Activities in Greece and Germany." *Acta Politica*, March 24. doi: 10.1057/s41269-020-00154-8.

Duşa, Adrian. 2018. "Consistency Cubes: A Fast, Efficient Method for Exact Boolean Minimization." *R Journal* 10, no. 2: 357-70.

——. 2019a. "Critical Tension: Sufficiency and Parsimony in QCA." *Sociological Methods & Research*, November 18. doi: 10.1177/0049124119882456.

——. 2019b. *QCA with R: A Comprehensive Resource*. Cham, UK: Springer.

Duverger, Maurice. 1954. *Political Parties: Their Organization and Activity in the Modern State*. London: Methuen.

Eckstein, Harry. 1975. "Case Study and Theory in Political Science." In *Handbook of Political Science*, edited by Fred I. Greenstein and Nelson W. Polsby, 79-137. Reading, UK: Addison-Wesley.

Ege, Jörn. 2017. "Comparing the Autonomy of International Public Administrations: An Ideal-Type Approach." *Public Administration* 95, no. 3: 555-70.

Eliason, Scott R., and Robin Stryker. 2009. "Goodness-of-Fit Tests and Descriptive Measures in Fuzzy-Set Analysis." *Sociological Methods & Research* 38, no. 1: 102-46.

Elman, Colin. 2005. "Explanatory Typologies in Qualitative Studies of International Politics."

International Organization 59: 293-326.

Elster, John. 2015. *Explaining Social Behavior: More Nuts and Bolts for the Social Sciences.* New York: Cambridge University Press.

Emmenegger, Patrick. 2011. "How Good Are Your Counterfactuals? Assessing Quantitative Macro-Comparative Welfare State Research with Qualitative Criteria." *Journal of European Social Policy* 21, no. 4: 365-80.

Emmenegger, Patrick, Jon Kvist, and Svend-Erik Skaaning. 2013. "Making the Most of Configurational Comparative Analysis: An Assessment of QCA Applications in Comparative Welfare State Research." *Political Research Quarterly* 66, no. 1: 185-90.

Engeli, Isabelle, and Christine Rothmayr Allison. 2013. "Diverging Against All Odds? Regulatory Paths in Embryonic Stem Cell Research across Western Europe." *Journal of European Public Policy* 20, no. 3: 407-24.

European Parliamentary Research Service. 2019. "The Fight against Unemployment." Briefing, PE 630.274.

Eurostat. 2020. "Euro Area Unemployment at 7.4% , EU at 6.6% ." Eurostat News Release, April 30.

Ewert, Christian, Céline Kaufmann, and Martino Maggetti. 2020. "Linking Democratic Anchorage and Regulatory Authority: The Case of Internet Regulators." *Regulation & Governance* 14, no. 2: 184-202.

Fagerholm, Andreas. 2014. "Social Democratic Parties and the Rise of Ecologism: A Comparative Analysis of Western Europe." *Comparative European Politics* 14, no. 5: 1-25.

Falleti, Tulia G., and Julia F. Lynch. 2009. "Context and Causal Mechanisms in Political Analysis." *Comparative Political Studies* 42, no. 9: 1143-66.

Fearon, James D. 1991. "Counterfactuals and Hypothesis Testing in Political Science." *World Politics* 43, no. 2: 169-95.

Fernández-García, Belén, and Óscar G. Luengo. 2019. "Electoral Scenarios of Success for Anti-Establishment Political Parties in Western Europe: A Fuzzy-Set Qualitative Comparative Analysis." *Journal of Contemporary Europan Studies* 27, no. 1: 77-95.

Field, Andy, Jeremy Miles, and Zoë Field. 2012. *Discovering Statistics Using R.* Los Angeles: Sage.

Fischer, Manuel, and Martino Maggetti. 2017. "Qualitative Comparative Analysis and the Study of Policy Processes." *Journal of Comparative Policy Analysis: Research and Practice* 19, no. 4: 345-61.

Fiss, Peer C. 2011. "Building Better Causal Theories: A Fuzzy Set Approach to Typologies in Organization Research." *Academy of Management Journal* 54, no. 2: 393-420.

Fiss, Peer C., Axel Marx, and Benoît Rihoux. 2014. "Comment: Getting QCA Right." *Sociological Methodology* 44, no. 1: 95-100.

Fiss, Peer C., Dmitry Sharapov, and Lasse Cronqvist. 2013. "Opposites Attact? Opportunities and Challenges for Integrating Large-*N* QCA and Econometric Analysis." *Political Re-*

search Quarterly 66, no. 1: 191–98.

Frankfort-Nachmias, Chava, and David Nachmias. 2008. *Research Methods in the Social Sciences*, 7th ed. New York: Worth.

Gallie, William B. 1956. "Essentially Contested Concepts." *Proceedings of the Aristotelian Society* 56: 167–98.

Ganghof, Steffen. 2005. "Kausale Perspektiven in der vergleichenden Politikwissenschaft: X-zentrierte und Y-zentrierte Forschungsdesigns." In *Vergleichen in der Politikwissenschaft*, edited by Sabine Kropp and Michael Minkenberg, 76–93. Wiesbaden: VS Verlag.

Gansemans, Annelien, Deborah Martens, Marijke D'Haese, and Jan Orbie. 2017. "Do Labour Rights Matter for Export? A Qualitative Comparative Analysis of Pineapple Trade to the EU." *Politics and Governance* 5, no. 4: 93–105.

García-Castro, Roberto, Ruth V. Aguilera, and Miguel A. Ariño. 2013. "Bundles of Firm Corporate Governance Practices: A Fuzzy Set Analysis." *Corporate Governance: An International Review* 21, no. 4: 390–407.

García-Castro, Roberto, and Miguel A. Ariño. 2016. "A General Approach to Panel Data Set-Theoretic Research." *Journal of Advances in Management Sciences & Information Systems* 2: 63–76.

Gaubatz, Kurt Taylor. 2015. *A Survivor's Guide to R: An Introduction for the Uninitiated and the Unnerved*. Los Angeles: Sage.

Geddes, Barbara. 2007. *Paradigms and Sand Castles: Theory Building and Research Design in Comparative Politics*. Ann Arbor: University of Michigan Press.

George, Alexander L., and Andrew Bennett. 2005. *Case Studies and Theory Development in the Social Sciences*. Cambridge, MA: MIT Press.

Gerring, John. 2004. "What Is a Case Study and What Is It Good for?" *American Political Science Review* 98, no. 2: 341–54.

——. 2005. "Causation: A Unified Framework for the Social Sciences." *Journal of Theoretical Politics* 17, no. 2: 163–98.

——. 2007a. *Case Study Research: Principles and Practices*. Cambridge: Cambridge University Press.

——. 2007b. "Review Article: The Mechanismic Worldview—Thinking Inside the Box." *British Journal of Political Science* 37: 1–19.

——. 2010. "Causal Mechanisms: Yes, But..." *Comparative Political Studies* 43, no. 11: 1499–526.

——. 2012a. "Mere Description." *British Journal of Political Science* 42: 721–46.

——. 2012b. *Social Science Methodology: A Unified Framework*, 2nd ed. Cambridge: Cambridge University Press.

Gerring, John, Sebastian Karcher, and Brendan Apfeld. 2020. "Impact Metrics." In *The Production of Knowledge: Enhancing Progress in Social Science*, edited by Colin Elman, John Gerring, and James Mahoney, 371–99. Cambridge: Cambridge University Press.

Gerrits, Lasse, and Sofia Pagliarin. 2020. "Social and Causal Complexity in Qualitative Comparative Analysis (QCA) : Strategies to Account for Emergence." *International Journal of Social Research Methodology*, August 4. doi: 10.1080/13645579.2020.1799636.

Gerrits, Lasse, and Stefan Verweij. 2014. "Critical Realism as a Meta-Framework for Understanding the Relationships between Complexity and Qualitative Comparative Analysis." *Journal of Critical Realism* 12, no. 2: 166–82.

Giordono, Leanne, Hilary Boudet, and Alexander Gard-Murray. 2020. "Local Adaptation Policy Responses to Extreme Weather Events." *Policy Sciences* 53, no. 4: 609–36.

Gleditsch, Nils Petter. 1995. "Democracy and the Future of European Peace." *European Journal of International Relations* 1, no. 4: 539–71.

Glennan, Stuart. 2009. "Mechanisms." In *The Oxford Handbook of Causation*, edited by Helen Beebee, Christopher Hitchcock, and Peter Menzies, 315–25. Oxford: Oxford University Press.

Goanta, Catalina, and Mathias Siems. 2019. "What Determines National Convergence of EU Law? Measuring the Implementation of Consumer Sales Law." *Legal Studies* 39: 714–34.

Goertz, Gary. 2003a. "Cause, Correlation, and Necessary Conditions." In *Necessary Conditions*, edited by Gary Goertz and Harvey Starr, 47–64. Lanham, MD: Rowman & Littlefield.

——. 2003b. "The Substantive Importance of Necessary Condition Hypotheses." In *Necessary Conditions*, edited by Gary Goertz and Harvey Starr, 65–94. Lanham, MD: Rowman & Littlefield.

——. 2005. "Necessary Condition Hypotheses as Deterministic or Probabilistic: Does It Matter?" *Qualitative Methods* 3, no. 1: 22–26.

——. 2006. "Assessing the Trivialness, Relevance, and Relative Importance of Necessary or Sufficient Conditions in Social Science." *Studies in Comparative and International Development* 41, no. 2: 88–109.

——. 2017. *Multimethod Research, Causal Mechanisms, and Case Studies*. Princeton, NJ: Princeton University Press.

——. 2020. *Social Science Concepts and Measurement*. Princeton, NJ: Princeton University Press.

Goertz, Gary, and Jack S. Levy, eds. 2007. *Explaining War and Peace: Case Studies and Necessary Condition Counterfactuals*. Abingdon, UK: Routledge.

Goertz, Gary, and James Mahoney. 2006. "Negative Case Selection: The Possibility Principle." In *Social Science Concepts*, edited by Gary Goertz, 177–210. Princeton, NJ: Princeton University Press.

——. 2012. *A Tale of Two Cultures: Qualitative and Quantitative Research in the Social Sciences*. Princeton, NJ: Princeton University Press.

Goertz, Gary, and Harvey Starr. 2003a. "Introduction: Necessary Condition Logics, Research Design, and Theory." In *Necessary Conditions*, edited by Gary Goertz and Harvey Starr, 1–23. Lanham, MD: Rowman & Littlefield.

——, eds. 2003b. *Necessary Conditions: Theory, Methodology, and Applications*. Lanham, MD: Rowman & Littlefield.

Gran, Brian. 2003. "Charitable Choice Policy and Abused Children: The Benefits and Harms of Going Beyond the Public-Private Dichotomy." *International Journal of Sociology and Social Policy* 23, no. 11: 80–125.

Grauvogel, Julia, and Christian von Soest. 2014. "Claims to Legitimacy Count: Why Sanctions Fail to Instigate Democratisation in Authoritarian Regimes." *European Journal of Political Research* 53, no. 4: 635–53.

Greckhamer, Thomas. 2011. "Cross-Cultural Differences in Compensation Level and Inequality across Occupations: A Set-Theoretic Analysis." *Organization Studies* 32, no. 1: 85–115.

Greckhamer, Thomas, Santi Furnari, Peer C. Fiss, and Ruth V. Aguilera. 2018. "Studying Configurations with Qualitative Comparative Analysis: Best Practices in Strategy and Organization Research." *Strategic Organization* 16, no. 4: 482–95.

Gromes, Thorsten. 2019. "Does Peacekeeping Only Work in Easy Environments? An Analysis of Conflict Characteristics, Mission Profiles, and Civil War Recurrence." *Contemporary Security Policy* 40, no. 4: 459–80.

Gschwend, Thomas, and Frank Schimmelfennig, eds. 2007. *Research Design in Political Science*. Basingstoke, UK: Palgrave Macmillan.

Guimarães, Feliciano de Sá, and Maria Hermínia Tavares de Almeida. 2017. "From Middle Powers to Entrepreneurial Powers in World Politics: Brazil's Successes and Failures in International Crises." *Latin American Politics and Society* 59, no. 4: 26–46.

Guzzini, Stefano. 2017. "Power and Cause." *Journal of International Relations and Development* 20, no. 4: 737–59.

Hackett, Ursula. 2015. "But Not Both: The Exclusive Disjunction In Qualitative Comparative Analysis (QCA)." *Quality & Quantity* 49, no. 1: 75–92.

——. 2016. "The Goldilocks Principle: Applying the Exclusive Disjunction to Fuzzy Sets." *International Journal of Social Research Methodology* 19, no. 5: 551–74.

Haesebrouck, Tim. 2015a. "Democratic Contributions to UN Peacekeeping Operations. A Two-Step Fuzzy Set QCA of Unifil II." *Romanian Journal of Political Science* 15, no. 1: 4-51.

——. 2015b. "Pitfalls in QCA's Consistency Measure." *Journal of Comparative Politics*, no. 2: 65–80.

——. 2016. "The Added Value of Multi-Value Qualitative Comparative Analysis." *Forum Qualitative Sozialforschung / Forum Qualitative Research* 17: 1–29.

——. 2017a. "EU Member State Participation in Military Operations: A Configurational Comparative Analysis." *Cambridge Review of International Affairs* 30, nos. 2–3: 137–59.

——. 2017b. "NATO Burden Sharing in Libya: A Fuzzy Set Qualitative Comparative Analysis." *Journal of Conflict Resolution* 61, no. 10: 2235–61.

——. 2018. "Democratic Participation in the Air Strikes Against Islamic State: A Qualitative

Comparative Analysis." *Foreign Policy Analysis* 14, no. 2: 254–75.

——. 2019. "An Alternative Update of the Two-Step QCA Procedure." *Quality & Quantity* 53, no. 6: 2765–80.

Haesebrouck, Tim, and Eva Thomann. Forthcoming. "Introduction: Causation, Correctness, and Solution Types in Configurational Comparative Methods." *Quality & Quantity.*

Haig, Brian D. 2018. *The Philosophy of Quantitative Methods.* New York: Oxford University Press.

Hall, Peter A. 2003. "Aligning Ontology and Methodology in Comparative Politics." In *Comparative Historical Analysis in the Social Sciences*, edited by James Mahoney and Dietrich Rueschemeyer, 373–404. New York: Cambridge University Press.

Harvey, David L. 2009. "Complexity and Case." In *The Sage Handbook of Case-Based Methods*, edited by David Byrne and Charles C. Ragin, 15–38. Los Angeles: Sage.

Harvey, Frank P. 2012. *Explaining the Iraq War: Counterfactual Theory, Logic, and Evidence.* New York: Cambridge University Press.

Hedström, Peter. 2008. "Studying Mechanisms to Strengthen Causal Inference in Quantitative Research." In *The Oxford Handbook of Political Methodology*, edited by Janet M. Box-Steffensmeier, Henry E. Brady, and David Collier, 319–35. Oxford: Oxford University Press.

Hedström, Peter, and Richard Swedberg, eds. 1998. *Social Mechanisms: An Analytical Approach to Social Theory.* Cambridge: Cambridge University Press.

Held, Tobias, and Lasse Gerrits. 2019. "One the Road to Electrification: A Qualitative Comparative Analysis of Urban E-Mobility Policies in 15 European Cities." *Transport Policy* 81: 12–23.

Hempel, Carl G., and Paul Oppenheim. 1948. "Studies in the Logic of Explanation." *Philosophy of Science* 15, no. 2: 135–75.

Hicks, Alexander, Joya Misra, and Tang Nah Ng. 1995. "The Programmatic Emergence of the Social Security State." *American Sociological Review* 60, no. 3: 329–49.

Hino, Airo. 2009. "Time-Series QCA: Studying Temporal Change through Boolean Analysis." *Sociological Theory and Methods* 24, no. 2: 247–65.

Holland, Paul W. 1986. "Statistics and Causal Inference." *Journal of the American Statistical Association* 81, no. 396: 945–60.

Hörisch, Felix. 2013. "Fiscal Policy in Hard Times: A Fuzzy-Set QCA of Fiscal Policy Reactions to the Financial Crisis." *Zeitschrift für Vergleichende Politikwissenschaft* 7: 117–41.

Hörisch, Felix, and Stefan Wurster. 2019. "The Policies of the First Green-Red Government in the German Federal State of Baden-Württemberg, 2011–2016." *Politische Vierteljahresschrift* 60, no. 3: 513–38.

Hudson, John, and Stefan Kühner. 2012. "Analyzing the Productive and Protective Dimensions of Welfare: Looking Beyond the OECD." *Social Policy and Administration* 46, no. 1: 35–60.

——. 2013. "Qualitative Comparative Analysis and Applied Public Policy Analysis: New Applications of Innovative Methods." *Policy and Society* 32, no. 4: 279–87.

Hug, Simon. 2013. "Qualitative Comparative Analysis: How Inductive Use and Measurement Error Lead to Problematic Inference." *Political Analysis* 21, no. 2: 252–65.

Hume, David. 2010 *An Enquiry Concerning Human Understanding*. Oxford: Oxford University Press. Orig. pub. 1772.

Ide, Tobias. 2015. "Why Do Conflicts over Scarce Renewable Resources Turn Violent? A Qualitative Comparative Analysis." *Global Environmental Change* 33: 61–70.

——. 2018. "Does Environmental Peacemaking between States Work? Insights on Cooperative Environmental Agreements and Reconciliation in International Rivalries." *Journal of Peace Research* 55, no. 3: 351–65.

Ide, Tobias, Miguel Rodriguez Lopez, Christiane Fröhlich, and Jürgen Scheffran. 2020. "Pathways to Water Conflict during Drought in the MENA Region." *Journal of Peace Research*, July 2. doi: 10.1177/0022343320910777.

Illari, Phyllis, and Federica Russo. 2014. *Causality: Philosophical Theory Meets Scientific Practice*. Oxford: Oxford University Press.

Imai, Kosuke. 2017. *Quantitative Social Science: An Introduction*. Princeton, NJ: Princeton University Press.

Inguanzo, Isabel. 2020. "Asian Women's Paths to Office: A Qualitative Comparative Analysis Approach." *Contemporary Politics* 26, no. 2: 186–205.

Jackson, Patrick Thaddeus. 2011. *The Conduct of Inquiry in International Relations: Philosophy of Science and Its Implications for the Study of World Politics*. London: Routledge.

Jackson, Patrick Thaddeus, and Daniel H. Nexon. 2013. "International Theory in a Post-Paradigmatic Era: From Substantive Wagers to Scientific Ontologies." *European Journal of International Relations* 19, no. 3: 543–65.

Jacobs, Alan M. 2016. "Introduction: Mechanisms and Process Tracing." *Qualitative & Multi-Method Research* 14, nos. 1–2: 13–15.

Jervis, Robert. 1996. "Counterfactuals, Causation, and Complexity." In *Counterfactual Thought Experiments in World Politics: Logical, Methodological, and Psychological Perspectives*, edited by Philip E. Tetlock and Aaron Belkin, 309–16. Princeton, NJ: Princeton University Press.

Johais, Eva, Markus Bayer, and Daniel Lambach. 2020. "How Do States Collapse? Towards a Model of Causal Mechanisms." *Global Change, Peace & Security* 32, no. 2: 179–97.

Kabacoff, Robert I. 2015. *R in Action: Data Analysis and Graphics with R*. Shelter Island, NY: Manning.

Kahwati, Leila C., and Heather L. Kane. 2020. *Qualitative Comparative Analysis in Mixed Meth- ods Research and Evaluation*. Los Angeles: Sage.

Kane, Heather, Laurie Hinnant, Kristine Day, Mary Council, Janice Tzeng, Robin Soler, Megan Chambard, Amy Roussel, and Wendy Heirandt. 2016. "Pathways to Program Success:

A Qualitative Comparative Analysis (QCA) of Communities Putting Prevention to Work Case Study Programs." *Journal of Public Health Management and Practice* 23, no. 2: 1-8.

Karlas, Jan. 2012. "National Parliamentary Control of EU Affairs: Institutional Design after Enlargement." *West European Politics* 35, no. 5: 1095-113.

Kim, Yushim, and Stefan Verweij. 2016. "Two Effective Causal Paths that Explain the Adoption of US State Environmental Justice Policy." *Policy Sciences* 49: 505-23.

King, Gary, Robert O. Keohane, and Sidney Verba. 1994. *Designing Social Inquiry: Scientific Inference in Qualitative Research*. Princeton, NJ: Princeton University Press.

King, Gary, and Langche Zeng. 2007. "When Can History Be Our Guide? The Pitfalls of Counterfactual Inference." *International Studies Quarterly* 51, no. 1: 183-210.

Kirchherr, Julian, Mats-Philip Ahrenshop, and Katrina Charles. 2019. "Resettlement Lies: Suggestive Evidence from 29 Large Dam Projects." *World Development* 114: 208-19.

Kirchherr, Julian, Katrina J. Charles, and Matthew J. Walton. 2016. "Multi-Causal Pathways of Public Opposition to Dam Projects in Asia: A Fuzzy Set Qualitative Comparative Analysis (fsQCA)." *Global Environmental Change* 41: 33-45.

Klingemann, Hans-Dieter, Andrea Volkens, Judith Bara, Ian Budge, and Michael McDonald, eds. 2006. *Mapping Policy Preferences II: Estimates for Parties, Electors, and Governments in Eastern Europe, European Union and OECD 1990-2003*. Oxford: Oxford University Press.

Koivu, Kendra L., and Erin Kimball Damman. 2015. "Qualitative Variations: The Sources of Divergent Qualitative Methodological Approaches." *Quality & Quantity* 49: 2617-32.

Korhonen-Kurki, Kaisa, Jenniver Sehring, Maria Brockhaus, and Monica Di Gregorio. 2014. "Enabling Factors for Establishing REDD+ in a Context of Weak Governance." *Climate Policy* 14, no. 2: 167-86.

Kraus, Sascha, Domingo Ribeiro-Soriano, and Miriam Schüssler. 2018. "Fuzzy-Set Qualitative Comparative Analysis (fsQCA) in Entrepreneurship and Innovation Research: The Rise of a Method." *International Entrepreneurship and Management Journal* 14, no. 1: 15-33.

Kröger, Markus. 2021. *Studying Complex Interactions and Outcomes Through Qualitative Comparative Analysis: A Practical Guide to Comparative Case Studies and Ethnographic Data Analysis*. London: Routledge.

Krogslund, Chris, Donghyun Danny Choi, and Mathias Poertner. 2015. "Fuzzy Sets on Shaky Ground: Parameter Sensitivity and Confirmation Bias in fsQCA." *Political Analysis* 23, no. 1: 21-41.

Krogslund, Chris, and Katherine Michel. 2014. "A Large-*N*, Fewer Variables Problem? The Counterintuitive Sensitivity of QCA." *Qualitative & Multi-Method Research* 12, no. 1: 25-33.

Kuehn, David, Aurel Croissant, Jil Kamerling, Hans Lueders, and André Strecker. 2017. "Conditions of Civilian Control in New Democracies: An Empirical Analysis of 28 'Third Wave' Democracies." *European Political Science Review* 9, no. 3: 425-47.

Kuehn, David, and Ingo Rohlfing. 2009. "Does It, Really? Measurement Error and Omitted Variables in Multi-Method Research." *Qualitative & Multi-Method Research* 7, no. 2: 18–22.
Kurki, Milja. 2007. "Critical Realism and Causal Analysis in International Relations." *Millennium: Journal of International Studies* 35, no. 2: 361–78.
——. 2008. *Causation in International Relations: Reclaiming Causal Analysis.* Cambridge: Cambridge University Press.
Kvist, Jon. 1999. "Welfare Reform in the Nordic Countries in the 1990s: Using Fuzzy-Set The- ory to Assess Conformity to Ideal Types." *Journal of European Social Policy* 9, no. 3: 231–52.
——. 2007. "Fuzzy Set Ideal Type Analysis." *Journal of Business Research* 60, no. 5: 474–81.
Lakoff, George. 1973. "Hedges: A Study in Meaning Criteria and the Logic of Fuzzy Concepts." *Journal of Philosophical Logic* 2, no. 4: 458–508.
Lakoff, George, and Rafael E. Núñez. 2000. *Where Mathematics Comes From: How the Embodied Mind Brings Mathematics into Being.* New York: Basic Books.
Laux, Thomas. 2016. "Institutionalizing Equal Pay Laws. A Comparative Analysis of OECD Countries." *Zeitschrift für Soziologie* 45, no. 6: 393–409.
Lazarsfeld, Paul. 1937. "Some Remarks on the Typological Procedures in Social Research." *Zeitschrift für Sozialforschung* 6, no. 1: 119–39.
Lebow, Richard Ned. 2000. "What's So Different About A Counterfactual?" *World Politics* 52, no. 4: 550–85.
——. 2014. *Constructing Cause in International Relations.* New York: Cambridge University Press.
Levy, Jack S. 2008a. "Case Studies: Types, Designs, and Logics of Inference." *Conflict Man- age- ment and Peace Science* 25, no. 1: 1–18.
——. 2008b. "Counterfactuals and Case Studies." In *The Oxford Handbook of Political Methodology*, edited by Janet M. Box-Steffensmeier, Henry E. Brady, and David Collier, 627–44. Oxford: Oxford University Press.
Lewis, David. 1973. *Counterfactuals.* Cambridge, MA: Harvard University Press.
Lieberman, Evan S. 2005. "Nested Analysis as a Mixed-Method Strategy for Comparative Re- search." *American Political Science Review* 99, no. 3: 435–52.
——. 2015. "Nested Analysis: Toward the Integration of Comparative-Historical Analysis with other Social Science Methods." In *Advances in Comparative-Historical Analysis*, edited by James Mahoney and Kathleen Thelen, 240–63. Cambridge: Cambridge University Press.
Lieberson, Stanley. 1985. *Making It Count: The Improvement of Social Research and Theory.* Berkeley: University of California Press.
——. 1991. "Small *N* s and Big Conclusions: An Examination of the Reasoning in Comparative Studies Based on a Small Number of Cases." *Social Forces* 70, no. 2: 307–20.
——. 2004. "Comments on the Use and Utility of QCA." *Qualitative Methods* 2, no. 2: 13–14.

Lieshout, Robert H. 2007. "A Note on Causality and Causal Mechanisms." *Qualitative & Multi-Method Research* 5, no. 2: 18–21.

Lijphart, Arend. 1968. "Typologies of Democratic Systems." *Comparative Political Studies* 1, no. 3: 3–44.

——. 1971. "Comparative Politics and the Comparative Method." *American Political Science Review* 65, no. 3: 682–93.

Lilliefeldt, Emelie. 2012. "Party and Gender in Western Europe Revisited: A Fuzzy-Set Qualitative Comparative Analysis of Gender-Balanced Parliamentary Parties." *Party Politics* 18, no. 2: 193–214.

Lindemann, Stefan, and Andreas Wimmer. 2018. "Repression and Refuge: Why Only Some Po- litically Excluded Ethnic Groups Rebel." *Journal of Peace Research* 55, no. 3: 305–19.

Longest, Kyle C., and Stephen Vaisey. 2008. "Fuzzy: A Program for Performing Qualitative Comparative Analyses (QCA) in Stata." *Stata Journal* 8, no. 1: 79–104.

Lucas, Samuel R., and Alisa Szatrowski. 2014. "Qualitative Comparative Analysis in Critical Perspective." *Sociological Methodology* 44, no. 1: 1–79.

Maat, Eelco van der. 2011. "Sleeping Hegemons: Third-Party Intervention Following Territorial Integrity Transgressions." *Journal of Peace Research* 48, no. 2: 201–15.

Machamer, Peter, Lindley Darden, and Carl F. Craver. 2000. "Thinking About Mechanisms." *Philosophy of Science* 67: 1–25.

Mackie, John L. 1965. "Causes and Conditions." *American Philosophical Quarterly* 2, no. 4: 245–64.

——. 1980. *The Cement of the Universe: A Study of Causation.* New York: Oxford University Press.

Maggetti, Martino. 2009. "The Role of Independent Regulatory Agencies in Policy-Making: A Comparative Analysis." *Journal of European Public Policy* 16, no. 3: 450–70.

Maggetti, Martino, and David Levi-Faur. 2013. "Dealing with Errors in QCA." *Political Research Quarterly* 66, no. 1: 198–204.

Mahoney, James. 2003. "Strategies of Causal Assessment in Comparative Historical Analysis." In *Comparative Historical Analysis in the Social Sciences*, edited by James Mahoney and Dietrich Rueschemeyer, 337–72. New York: Cambridge University Press.

——. 2004. "Reflections on Fuzzy-Set/QCA." *Qualitative Methods* 2, no. 2: 17–21.

——. 2008. "Toward a Unified Theory of Causality." *Comparative Political Studies* 41, nos. 4-5: 412–36.

——. 2010. "After KKV: The New Methodology of Qualitative Research." *World Politics* 62, no. 1: 120–47.

Mahoney, James, and Gary Goertz. 2004. "The Possibility Principle: Choosing Negative Cases in Comparative Research." *American Political Science Review* 98, no. 4: 653–69.

Mahoney, James, Erin Kimball, and Kendra L. Koivu. 2009. "The Logic of Historical Explanation in the Social Sciences." *Comparative Political Studies* 42, no. 1: 114–46.

Mahoney, James, and Rachel Sweet Vanderpoel. 2015. "Set Diagrams and Qualitative Research." *Comparative Political Studies* 48, no. 1: 65–100.

Mannewitz, Tom. 2011. "Two-Level Theories in QCA: A Discussion of Schneider and Wagemann's Two-Step Approach." COMPASSS Working Paper

Mantilla, Luis Felipe. 2012. "Mobilizing Religion for Democracy: Explaining Catholic Church Support for Democratization in South America." *Politics and Religion* 3, no. 3: 553–79.

Mariani, Giulia. 2020. "Failed and Successful Attempts at Institutional Change: The Battle for Marriage Equality in the United States." *European Political Science Review* 12, no. 2: 255–70.

Marshall, Monty G., Ted Robert Gurr, and Keith Jaggers. 2019. "Polity IV Project: Dataset User's Manual." Vienna, VA: Center for Systemic Peace.

Marx, Axel. 2006. "Towards More Robust Model Specifiation in QCA: Results from a Methodological Experiment." COMPASSS Working Paper, 1–25.

Marx, Axel, and Adrian Duşa. 2011. "Crisp-Set Qualitative Comparative Analysis (csQCA), Contradictions and Consistency Benchmarks for Model Specification." *Methodological Innovations Online* 6, no. 2: 102–48.

Marx, Axel, Benoît Rihoux, and Charles C. Ragin. 2014. "The Origins, Development, and Application of Qualitative Comparative Analysis: The First 25 Years." *European Political Science Review* 6, no. 1: 115–42.

Massie, Justin. 2016. "Why Democratic Allies Defect Prematurely: Canadian and Dutch Unilateral Pullouts from the War in Afghanistan." *Democracy and Security* 12, no. 2: 85–113.

McCawley, James D. 1993. *Everything That Linguists Have Always Wanted to Know about Logic but Were Ashamed to Ask*. Chicago: University of Chicago Press.

McNeill, Daniel, and Paul Freiberger. 1993. *Fuzzy Logic*. New York: Touchstone.

Meegdenburg, Hilde van, and Patrick A. Mello. Forthcoming. *Case-Based Methods: Combining Process Tracing and Qualitative Comparative Analysis*. London: Palgrave Macmillan.

Melendez-Torres, G. J., Katy Sutcliffe, Helen E. D. Burchett, Rebecca Rees, Michelle Richard-son, and James Thomas. 2018. "Weight Management Programmes: Re-Analysis of a Systematic Review to Identify Pathways to Effectiveness." *Health Expectations* 21, no. 3: 574–84.

Mello, Patrick A. 2012. "Parliamentary Peace or Partisan Politics? Democracies' Participation in the Iraq War." *Journal of International Relations and Development* 15, no. 3: 420–53.

——. 2013. "From Prospect to Practice: A Critical Review of Applications in Fuzzy-Set Qualitative Comparative Analysis." Paper presented at Eighth Pan-European Conference on International Relations, Warsaw, September 18–21.

——. 2014. *Democratic Participation in Armed Conflict: Military Involvement in Kosovo, Afghanistan, and Iraq*. Basingstoke, UK: Palgrave Macmillan.

——. 2017. "Qualitative Comparative Analysis and the Study of Non-State Actors." In *Researching Non-State Actors in International Security: Theory & Practice*, edited by Andreas Kruck and Andrea Schneiker, 123–42. Oxford: Routledge.

——. 2020. "Paths towards Coalition Defection: Democracies and Withdrawal from the Iraq War." *European Journal of International Security* 5, no. 1: 45–76.

Mendel, Jerry M., and Charles C. Ragin. 2011. "fsQCA: Dialog Between Jerry M. Mendel and Charles C. Ragin." USC-SIPI Report 411.

Merton, Robert K. 1958. *Social Theory and Social Structure*. New York: Free Press.

Meuer, Johannes, and Christian Rupietta. 2017. "A Review of Integrated QCA and Statistical Analyses." *Quality & Quantity* 51, no. 5: 2063–83.

Mill, John Stuart. 2006. *Collected Works of John Stuart Mill: Volume VII*. Indianapolis: Liberty Fund.

Møller, Jørgen, and Svend-Erik Skaaning. 2019. "Set-Theoretic Methods in Democratization Research: An Evolution of their Uses and Contributions." *Democratization* 26, no. 1: 78–96.

Moore, Will H., and David A. Siegel. 2013. *A Mathematics Course for Political and Social Research*. Princeton, NJ: Princeton University Press.

Morgan, Stephen L., and Christopher Winship. 2007. *Counterfactuals and Causal Inference: Methods and Principles for Social Research*. New York: Cambridge University Press.

Moses, Jonathon W., and Torbjørn L. Knutsen. 2019. *Ways of Knowing: Competing Methodologies in Social and Political Research*, 3rd ed. Basingstoke, UK: Red Globe Press.

Mross, Karina. 2019. "Democracy Support and Peaceful Democratization after Civil War: A Disaggregate Analysis." PhD thesis, University of St. Gallen.

Mumford, Stephen, and Rani Lill Anjum. 2013. *Causation: A Very Short Introduction*. New York: Oxford University Press.

Munck, Gerardo L. 2016. "Assessing Set-Theoretic Comparative Methods: A Tool for Qualita- tive Comparativists?" *Comparative Political Studies* 49, no. 6: 775–80.

Nelson, Jennifer M. 2017. "Pathways to Green(er) Pastures: Reward Bundles, Human Capital, and Turnover Decisions in a Semi-Profession." *Qualitative Sociology* 40, no. 1: 23–57.

North, Douglass C. 1984. "Government and the Cost of Exchange." *Journal of Economic History* 44, no. 2: 255–64.

Oana, Ioana-Elena, and Carsten Q. Schneider. 2018. "SetMethods: An Add-on R Package for Advanced QCA." *R Journal* 10, no. 1: 507–33.

Oana, Ioana-Elena, Carsten Q. Schneider, and Eva Thomann. 2021. *Qualitative Comparative Analysis Using R: A Beginner's Guide*. New York: Cambridge University Press.

Olsen, Wendy. 2014. "The Usefulness of QCA under Realist Assumptions." *Sociological Methodology* 44, no. 1: 101–7.

——, ed. 2010. *Realist Methodology*. Los Angeles: Sage.

Olson, James M., Neal J. Roese, and Ronald J. Deibert. 1996. "Psychological Biases in Counterfactual Thought Experiments." In *Counterfactual Thought Experiments in World Politics: Logical, Methodological, and Psychological Perspectives*, edited by Philip E. Tetlock and Aaron Belkin, 296–300. Princeton, NJ: Princeton University Press.

Oppermann, Kai, and Klaus Brummer. 2020. "Who Gets What in Foreign Affairs? Explaining the Allocation of Foreign Ministries in Coalition Governments." *Government and Opposition* 55, no. 2: 241–59.

Pagliarin, Sofia, and Lasse Gerrits. 2020. "Trajectory-Based Qualitative Comparative Analysis: Accounting for Case-Based Time Dynamics." *Methodological Innovations*, September 27. doi: 10.1177%2F2059799120959170.

Pagliarin, Sofia, Anna M. Hersperger, and Benoît Rihoux. 2020. "Implementation Pathways of Large-Scale Urban Development Projects（lsUDPs）in Western Europe: A Qualitative Comparative Analysis（QCA）." *European Planning Studies* 28, no. 6: 1242–63.

Paine, Jack. 2016a. "Set-Theoretic Comparative Methods: Less Distinctive Than Claimed." *Comparative Political Science* 49, no. 6: 703–41.

——. 2016b. "Still Searching for the Value-Added: Persistent Concerns About Set-Theoretic Comparative Methods." *Comparative Political Studies* 49, no. 6: 793–800.

Palinkas, Lawrence A., Sapna J. Mendson, and Alison B. Hamilton. 2019. "Innovations in Mixed Methods Research." *Annual Review of Public Health* 40: 423–42.

Pattyn, Valérie, Priscilla Álamos-Concha, Bart Cambré, Benoît Rihoux, and Benjamin Schalem- bier. 2020. "Policy Effectiveness through Configurational and Mechanistic Lenses: Lessons for Concept Development." *Journal of Comparative Policy Analysis: Research and Practice*, June 26. doi: 10.1080/13876988.2020.1773263.

Paul, L. A. 2009. "Counterfactual Theories." In *The Oxford Handbook of Causation*, edited by Helen Beebee, Christopher Hitchcock, and Peter Menzies, 158–84. Oxford: Oxford University Press.

Paul, L. A., and Ned Hall. 2013. *Causation: A User's Guide*. New York: Oxford University Press.

Pearl, Judea. 2009. *Causality: Models, Reasoning, and Inference*, 2nd ed. New York: Cambridge University Press.

Pearl, Judea, Madelyn Glymour, and Nicholas P. Jewell. 2016. *Causal Inference in Statistics: A Primer*. Chichester, UK: Wiley.

Pearl, Judea, and Dana Mackenzie. 2018. *The Book of Why: The New Science of Cause and Effect*. New York: Basic Books.

Peters, B. Guy. 2020. "Can We Be Casual about Being Causal?" *Journal of Comparative Policy Analysis: Research and Practice*, August 10. doi: 10.1080/13876988.2020.1793327.

Pilster, Ulrich, Tobias Böhmelt, and Atsushi Tago. 2013. "Political Leadership Changes and the Withdrawal from Military Coalition Operations, 1946–2001." *International Studies Perspectives* 16, no. 4: 463–83.

Pinfari, Marco. 2011. "Time to Agree: Is Time Pressure Good for Peace Negotiations?" *Journal of Conflict Resolution* 55, no. 5: 683–709.

Pollock, Philip H., and Barry C. Edwards. 2018. *An R Companion to Political Analysis*. Thousand Oaks, CA: Sage.

Potter, Michael. 2004. *Set Theory and Its Philosophy: A Critical Introduction*. New York: Oxford University Press.

Przeworski, Adam, and Henry Teune. 1970. *The Logic of Comparative Social Inquiry*. New York: Wiley-Interscience.

Psillos, Stathis. 2009. "Regularity Theories." In *The Oxford Handbook of Causation*, edited by Helen Beebee, Christopher Hitchcock, and Peter Menzies, 131–57. Oxford: Oxford University Press.

Pullum, Amanda. 2016. "Social Movements, Strategic Choice, and Recourse to the Polls." *Mobilization: An International Journal* 21, no. 2: 177–92.

Putnam, Robert. 1988. "Diplomacy and Domestic Politics: The Logic of Two-Level Games." *International Organization* 42, no. 3: 427–60.

Quine, Willard Van Orman. 1969. *Set Theory and Its Logic*. Cambridge, MA: Harvard University Press.

——. 1982. *Methods of Logic*, 4th ed. Cambridge, MA: Harvard University Press.

R Core Team. 2020. "R: A Language and Environment for Statistical Computing [Computer Software]." Vienna: R Foundation for Statistical Computing. Available at www.R-project.org.

Radaelli, Claudio M., and Claudius Wagemann. 2019. "What Did I Leave Out? Omitted Variables in Regression and Qualitative Comparative Analysis." *European Political Science* 18, no. 2: 275–90.

Ragin, Charles C. 1987. *The Comparative Method: Moving Beyond Qualitative and Quantitative Strategies*. Berkeley: University of California Press.

——. 1992. "'Casing' and the Process of Social Inquiry." In *What Is A Case? Exploring the Foun- dations of Social Inquiry*, edited by Charles C. Ragin and Howard S. Becker, 217–26. New York: Cambridge University Press.

——. 2000. *Fuzzy-Set Social Science*. Chicago: University of Chicago Press.

——. 2003a. "Fuzzy-Set Analysis of Necessary Conditions." In *Necessary Conditions*, edited by Gary Goertz and Harvey Starr, 179–96. Lanham, MD: Rowman & Littlefield.

——. 2003b. "Recent Advances in Fuzzy-Set Methods and Their Application to Policy Questions." COMPASSS Working Paper.

——. 2006a. "How to Lure Analytic Social Science Out of the Doldrums: Some Lessons from Comparative Research." *International Sociology* 21, no. 5: 633–46.

——. 2006b. "Set Relations in Social Research: Evaluating Their Consistency and Coverage." *Political Analysis* 14, no. 3: 291–310.

——. 2006c. *User's Guide to Fuzzy-Set / Qualitative Comparative Analysis*. Irvine: University of California.

——. 2008a. "Measurement versus Calibration: A Set-Theoretic Approach." In *The Oxford Handbook of Political Methodology*, edited by Janet M. Box-Steffensmeier, Henry E. Brady, and David Collier, 174–98. Oxford: Oxford University Press.

——. 2008b. *Redesigning Social Inquiry: Fuzzy Sets and Beyond*. Chicago: University of Chi-

cago Press.
——. 2009a. "Qualitative Comparative Analysis Using Fuzzy Sets (fsQCA)." In *Configurational Comparative Methods*, edited by Benoît Rihoux and Charles C. Ragin, 87–121. Thousand Oaks. CA: Sage.
——. 2009b. "Reflections on Casing and Case-Oriented Research." In *The Sage Handbook of Case-Based Methods*, edited by David Byrne and Charles C. Ragin, 522–34. Los Angeles: Sage.
——. 2011. "PRI Consistency ('PRE' in fsQCA's Truth Table Spreadsheet)." Syracuse: Institute for Qualitative and Multi-Method Research.
——. 2014a. "Comment: Lucas and Szatrowski in Critical Perspective." *Sociological Methodology* 44, no. 1: 80–94.
——. 2014b. *The Comparative Method: Moving Beyond Qualitative and Quantitative Strategies*, 2nd ed. Berkeley: University of California Press.
Ragin, Charles C., and Howard S. Becker, eds. 1992. *What Is a Case? Exploring the Foundations of Social Inquiry*. New York: Cambridge University Press.
Ragin, Charles C., and Peer C. Fiss. 2008. "Net Effects Versus Configurations: An Empirical Demonstration." In *Redesigning Social Inquiry: Fuzzy Sets and Beyond*, edited by Charles C. Ragin, 190–212. Chicago: University of Chicago Press.
——. 2017. *Intersectional Inequality: Race, Class, Test Scores, and Poverty*. Chicago: University of Chicago Press.
Ragin, Charles C., Susan E. Mayer, and Kriss A. Drass. 1984. "Assessing Discrimination: A Boolean Approach." *American Sociological Review* 49, no. 2: 221–34.
Ragin, Charles C., and Benoît Rihoux. 2004a. "Qualitative Comparative Analysis (QCA) : State of the Art and Prospects." *Qualitative Methods* 2, no. 2: 3–13.
——. 2004b. "Replies to Commentators: Reassurances and Rebuttals." *Qualitative Methods* 2, no. 2: 22–24.
Ragin, Charles C., and John Sonnett. 2005. "Between Complexity and Parsimony: Limited Diversity, Counterfactual Cases, and Comparative Analysis." In *Vergleichen in der Politikwissenschaft*, edited by Sabine Kropp and Michael Minkenberg, 180–97. Wiesbaden: Verlag für Sozialwissenschaften.
Ragin, Charles C., and Sarah I. Strand. 2008. "Using Qualitative Comparative Analysis to Study Causal Order: Comment on Caren and Panofsky (2005)." *Sociological Methods & Research* 36, no. 4: 431–41.
Ragin, Charles, and Sean Davey. 2017. *fs/QCA* [*Version 3.0*]. Irvine: University of California.
Ray, James Lee. 2000. "Democracy: On the Level(s), Does Democracy Correlate with Peace?" In *What Do We Know about War?* edited by John A. Vasquez, 299–316. Lanham, MD: Rowman & Littlefield.
Reichert, Christopher, and Claude Rubinson. 2014. *Kirq*. Houston: University of Houston-

Downtown.

Rihoux, Benoît. 2003. "Bridging the Gap between the Qualitative and Quantitative Worlds? A Retrospective and Prospective View on Qualitative Comparative Analysis." *Field Methods* 15, no. 4: 351–65.

Rihoux, Benoît, Priscilla Álamos-Concha, Damien Bol, Axel Marx, and Ilona Rezsöhazy. 2013. "From Niche to Mainstream Method? A Comprehensive Mapping of QCA Applications in Journal Articles from 1984 to 2011." *Political Research Quarterly* 66, no. 1: 175–84.

Rihoux, Benoît, Priscilla Álamos-Concha, and Bojana Lobe. 2021. "Qualitative Comparative Analysis (QCA) : An Integrative Approach Suited for Diverse Mixed Method and Multimethod Research Strategies." In *The Routledge Reviewer's Guide to Mixed Methods Analysis*, edited by Anthony J. Onwuegbuzie and R. Burke Johnson. London: Routledge.

Rihoux, Benoît, and Gisèle De Meur. 2009. "Crisp-Set Qualitative Comparative Analysis (csQCA)." In *Configurational Comparative Methods: Qualitative Comparative Analysis (QCA) and Related Techniques*, edited by Benoît Rihoux and Charles C. Ragin, 33–68. Thousand Oaks, CA: Sage.

Rihoux, Benoît, and Heike Grimm, eds. 2006. *Innovative Comparative Methods for Policy Anal- ysis: Beyond the Quantitative-Qualitative Divide.* Boston: Springer.

Rihoux, Benoît, and Bojana Lobe. 2009. "The Case for Qualitative Comparative Analysis (QCA) : Adding Leverage for Thick Cross-Case Comparison." In *The Sage Handbook of Case-Based Methods*, edited by David Byrne and Charles C. Ragin, 222–42. Los Angeles: Sage.

Rihoux, Benoît, and Charles C. Ragin, eds. 2009. *Configurational Comparative Methods: Qualitative Comparative Analysis (QCA) and Related Techniques.* Thousand Oaks, CA: Sage.

Rihoux, Benoît, Charles C. Ragin, Sakura Yamasaki, and Damien Bol. 2009. "Conclusions: The Way (s) Ahead." In *Configurational Comparative Methods*, edited by Benoît Rihoux and Charles C. Ragin, 167–77. Thousand Oaks, CA: Sage.

Rihoux, Benoît, Ilona Rezsöhazy, and Damien Bol. 2011. "Qualitative Comparative Analysis (QCA) in Public Policy Analysis: an Extensive Review." *German Policy Studies* 7, no. 3: 9–82. Rogers, William P., Neil A. Armstrong, David C. Acheson, Eugene E. Covert, Richard P. Feyn- man, Donald J. Kutnya, Sally K. Ride, Robert W. Rummel, Joseph F. Sutter, Arthur B. C. Walker Jr., Albert D. Wheelen, and Charles E. Yeager. 1986. *Report of the Presidential Commission on the Space Shuttle Challenger Accident.* Washington, DC: US Government Printing Office.

Rohlfing, Ingo. 2012. *Case Studies and Causal Inference: An Integrative Framework.* Basingstoke. UK: Palgrave Macmillan.

——. 2015. "Mind the Gap: A Review of Simulation Designs for Qualitative Comparative Analysis." *Research & Politics* 2, no. 4: 1–4.

——. 2016. "Why Simulations Are Appropriate for Evaluating Qualitative Comparative Anal- ysis." *Quality & Quantity* 50, no. 5: 2073–84.

——. 2018. "Power and False Negatives in Qualitative Comparative Analysis: Foundations, Simulation and Estimation for Empirical Studies." *Political Analysis* 26, no. 1: 72–89.

——. 2020. "The Choice between Crisp and Fuzzy Sets in Qualitative Comparative Analysis and the Ambiguous Consequences for Finding Consistent Set Relations." *Field Methods* 32, no. 1: 75–88.

Rohlfing, Ingo, and Carsten Q. Schneider. 2014. "Clarifying Misunderstandings, Moving Forward: Towards Standards and Tools for Set-Theoretic Methods." *Qualitative & Multi-Method Research* 12, no. 2: 27–34.

——. 2018. "A Unifying Framework for Causal Analysis in Set-Theoretic Multimethod Research." *Sociological Methods & Research* 47, no. 1: 37–63.

Rohlfing, Ingo, and Christina Isabel Zuber. 2019. "Check Your Truth Conditions! Clarifying the Relationship between Theories of Causation and Social Science Methods for Causal Inference." *Sociological Methods & Research*, February 26. doi: 10.1177/0049124119826156.

Rosato, Sebastian. 2003. "The Flawed Logic of Democratic Peace Theory." *American Political Science Review* 97, no. 4: 585–602.

——. 2005. "Explaining the Democratic Peace." *American Political Science Review* 99, no. 3: 467–72.

Rosenberg, Andrew S., Austin J. Knuppe, and Bear F. Braumoeller. 2017. "Unifying the Study of Asymmetric Hypotheses." *Political Analysis* 25, no. 3: 381–401.

RStudio. 2020. *RStudio: Integrated Development Environment for R* [*Computer Software*]. Boston: RStudio. Available at www.rstudio.com.

Rubinson, Claude. 2013. "Contradictions in fsQCA." *Quality & Quantity* 47: 2847–67.

——. 2019. "Presenting Qualitative Comparative Analysis: Notation, Tabular Layout, and Visualization." *Methodological Innovations*, July 18. doi: 10.1177/2059799119862110.

Rubinson, Claude, Lasse Gerrits, Roel Rutten, and Thomas Greckhamer. 2019. "Avoiding Common Errors in QCA: A Short Guide for New Practitioners." COMPASSS Research Network.

Russett, Bruce, and John R. Oneal. 2001. *Triangulating Peace: Democracy, Interdependence, and International Organizations*. New York: W. W. Norton.

Rutten, Roel. 2019. *Critical Realism and Complex Causality: On the Assumptions You Buy In To When You Are Making Causal Claims*. Oisterwijk: Wolf Publishers.

——. 2020. "Applying and Assessing Large-*N* QCA: Causality and Robustness from a Critical-Realist Perspective." *Sociological Methods & Research*, April 26. doi: 10.1177/0049124120914955.

Saltkjel, Therese, Mari Holm Ingelsrud, Espen Dahl, and Knut Halvorsen. 2017. "A Fuzzy Set Approach to Economic Crisis, Austerity and Public Health, Part I: European Countries' Conformity to Ideal Types during the Economic Downturn." *Scandinavian Journal of Public Health* 45, no. 18: 41–47.

Sartori, Giovanni. 2014. "Logic and Set Theory: A Note of Dissent." *Qualitative & Multi-Method Research* 12, no. 1: 14–15.

Schimmelfennig, Frank. 2001. "The Community Trap: Liberal Norms, Rhetorical Action, and the Eastern Enlargement of the European Union." *International Organization* 55, no. 1: 47–80.

——. 2005. "The International Promotion of Political Norms in Eastern Europe: A Qualitative Comparative Analysis." Cambridge, MA: Harvard University, Center for European Studies.

Schmitt, Olivier. 2018. *Allies That Count: Junior Partners in Coalition Warfare*. Washington, DC: Georgetown University Press.

Schmitter, Philippe C. 2008. "The Design of Social and Political Research." In *Approaches and Methodologies in the Social Sciences*, edited by Donatella Della Porta and Michael Keating, 263–95. Cambridge: Cambridge University Press.

Schneider, Carsten Q. 2016. "Real Differences and Overlooked Similarities: Set-Methods in Comparative Perspective." *Comparative Political Studies* 49, no. 6: 781–92.

——. 2018. "Realists and Idealists in QCA." *Political Analysis* 26, no. 2: 246–54.

——. 2019. "Two-Step QCA Revisited: The Necessity of Context Conditions." *Quality & Quantity* 53, no. 3: 1109–26.

Schneider, Carsten Q., and Seraphine F. Maerz. 2017. "Legitimation, Cooptation, and Repression and the Survival of Electoral Autocracies." *Zeitschrift für Vergleichende Politikwissenschaft* 11, no. 2: 213–35.

Schneider, Carsten Q., and Kristin Makszin. 2014. "Forms of Welfare Capitalism and Education- Based Participatory Inequality." *Socio-Economic Review* 12, no. 2: 437–62.

Schneider, Carsten Q., and Ingo Rohlfing. 2013. "Combining QCA and Process Tracing in Set- Theoretic Multi-Method Research." *Sociological Methods & Research* 42, no. 4: 559–97.

——. 2019. "Set-Theoretic Multimethod Research: The Role of Test Corridors and Conjunctions for Case Selection." *Swiss Political Science Review* 25, no. 3: 253–75.

Schneider, Carsten Q., Barbara Vis, and Kendra Koivu. 2019. "Set-Analytic Approaches, Especially Qualitative Comparative Analysis (QCA)." APSA Section for Qualitative and Multi-Method Research, Final Report of the Qualitative Transparency Deliberations Working Group III.4.

Schneider, Carsten Q., and Claudius Wagemann. 2006. "Reducing Complexity in Qualitative Comparative Analysis (QCA) : Remote and Proximate Factors and the Consolidation of Democracy." *European Journal of Political Research* 45, no. 5: 751–86.

——. 2010. "Standards of Good Practice in Qualitative Comparative Analysis (QCA) and Fuzzy-Sets." *Comparative Sociology* 9, no. 3: 397–418.

——. 2012. *Set-Theoretic Methods for the Social Sciences: A Guide to Qualitative Comparative Analysis*. New York: Cambridge University Press.

——. 2013. "Doing Justice to Logical Remainders in QCA: Moving Beyond the Standard Anal- ysis." *Political Research Quarterly* 66, no. 1: 211–20.

——. 2016. "Assessing ESA on What It Is Designed for: A Reply to Cooper and Glaesser."

Field Methods 28, no. 3: 316–21.

Schoeller, Magnus, Mattia Guidi, and Yannis Karagiannis. 2017. "Explaining Informal Policy-Making Patterns in the Eurozone Crisis: Decentralized Bargaining and the Theory of EU Institutions." *Public Administration* 40, no. 14: 1211–22.

Seawright, Jason. 2005a. "Assumptions, Causal Inference, and the Goals of QCA." *Studies in Comparative and International Development* 40, no. 1: 39–42.

——. 2005b. "Qualitative Comparative Analysis vis-à-vis Regression." *Studies in Comparative and International Development* 40, no. 1: 3–26.

——. 2014. "Comment: Limited Diversity and the Unreliability of QCA." *Sociological Methodology* 44, no. 1: 118–21.

——. 2016. *Multi-Method Social Science: Combining Qualitative and Quantitative Tools*. Cambridge: Cambridge University Press.

Seawright, Jason, and David Collier. 2010. "Glossary." In *Rethinking Social Inquiry*, edited by Henry E. Brady and David Collier, 313–59. Lanham, MD: Rowman & Littlefield.

Seawright, Jason, and John Gerring. 2008. "Case Selection Techniques in Case Study Research: A Menu of Qualitative and Quantitative Options." *Political Research Quarterly* 61, no. 2: 294–308.

Sekhon, Jasjeet S. 2008. "The Neyman-Rubin Model of Causal Inference and Estimation via Matching Methods." In *The Oxford Handbook of Political Methodology*, edited by Janet M. Box-Steffensmeier, Henry E. Brady, and David Collier, 271–99. Oxford: Oxford University Press.

Selvin, Steve. 2019. *The Joy of Statistics: A Treasury of Elementary Statistical Tools and their Application*. New York: Oxford University Press.

Sessions, Roger. 1950. "How A 'Difficult' Composer Gets That Way." *New York Times*, January 8.

Sewell, William H. 1996. "Three Temporalities: Toward an Eventful Sociology." In *The Historic Turn in the Human Sciences*, edited by Terrance J. McDonald, 245–80. Ann Arbor: University of Michigan Press.

Shin, Sun-Joo. 1994. *The Logical Status of Diagrams*. New York: Cambridge University Press.

Sil, Rudra, and Peter J. Katzenstein. 2010. *Beyond Paradigms: Analytic Eclecticism in the Study of World Politics*. Basingstoke, UK: Palgrave Macmillan.

Skaaning, Svend-Erik. 2011. "Assessing the Robustness of Crisp-Set and Fuzzy-Set QCA Results." *Sociological Methods & Research* 40, no. 2: 391–408.

Skocpol, Theda. 1979. *States and Social Revolutions: A Comparative Analysis of France, Russia, and China*. Cambridge: Cambridge University Press.

Slantchev, Branislav L., Anna Alexandrova, and Erik Gartzke. 2005. "Probabilistic Causality, Selection Bias, and the Logic of the Democratic Peace." *American Political Science Review* 99, no. 3: 459–62.

Smithson, Michael, and Jay Verkuilen. 2006. *Fuzzy Set Theory: Applications in the Social Sci-*

ences. Thousand Oaks. CA: Sage.

Stevens, Alex. 2020. "Critical Realism and the 'Ontological Politics of Drug Policy.'" *International Journal of Drug Policy*, 84: 1-24.

Stoklasa, Jan, Pasi Luukka, and Tomáš Talášek. 2017. "Set-Theoretic Methodology Using Fuzzy Sets in Rule Extraction and Validation: Consistency and Coverage Revisited." *Information Sciences*. Volumes 412-413: 154-73.

Swinkels, Marij. 2020a. "Beliefs of Political Leaders: Conditions for Change in the Eurozone Crisis." *West European Politics* 43, no. 5: 1163-86.

——. 2020b. "How Ideas Matter in Public Policy: A Review of Concepts, Mechanisms, and Methods." *International Review of Public Policy* 2, no. 3: 281-316.

Tanner, Sean. 2014. "QCA Is of Questionable Value for Policy Research." *Policy and Society* 33, no. 3: 287-98.

Tarrow, Sidney. 1995. "Bridging the Quantitative-Qualitative Divide in Political Science." *American Political Science Review* 89, no. 2: 471-74.

Tetlock, Philip E., and Aaron Belkin, eds. 1996. *Counterfactual Thought Experiments in World Politics: Logical, Methodological, and Psychological Perspectives*. Princeton, NJ: Princeton University Press.

Thiem, Alrik. 2013. "Clearly Crisp, and Not Fuzzy: A Reassessment of the (Putative) Pitfalls of Multi-Value QCA." *Field Methods* 25, no. 2: 197-207.

——. 2014. "Mill's Methods, Induction, and Case Sensitivity in Qualitative Comparative Analysis: A Comment on Hug (2013)." *Qualitative & Multi-Method Research* 12, no. 2: 19-24.

——. 2016. "Standards of Good Practice and the Methodology of Necessary Conditions in Qualitative Comparative Analysis." *Political Analysis* 24, no. 4: 478-84.

——. 2018. "The Logic and Methodology of "Necessary but Not Sufficient Causality" : A Comment on Necessary Condition Analysis (NCA)." *Sociological Methods & Research*, July 15. doi: 10.1177/0049124118782548.

——. 2019. "Beyond the Facts: Limited Empirical Diversity and Causal Inference in Qualitative Comparative Analysis." *Sociological Methods & Research*, November 13. doi: 10.1177/0049124119882463.

Thiem, Alrik, Michael Baumgartner, and Damien Bol. 2016. "Still Lost in Translation! A Correction of Three Misunderstandings Between Configurational Comparativists and Regressional Analysts." *Comparative Political Studies* 49, no. 6: 742-74.

Thomann, Eva, and Jörn Ege. 2020. "Qualitative Comparative Analysis (QCA) in Public Ad- ministration." In *The Oxford Encyclopedia of Public Administration*, edited by B. Guy Peters and Ian Thynne. Oxford: Oxford University Press.

Thomann, Eva, Peter Hupe, and Fritz Sager. 2018. "Serving Many Masters: Public Accountability in Private Policy Implementation." *Governance* 31, no. 2: 299-319.

Thomann, Eva, and Martino Maggetti. 2020. "Designing Research with Qualitative Comparative Analysis (QCA) : Approaches, Challenges, and Tools." *Sociological Methods & Re-*

search 49, no. 2: 356-86.

Tomassi, Paul. 1999. *Logic*. Oxford: Routledge.

Tomini, Luca, and Claudius Wagemann. 2018. "Varieties of Contemporary Democratic Break- down and Regression: A Comparative Analysis." *European Journal of Political Research* 57, no. 3: 687-716.

Toshkov, Dimiter. 2016. *Research Design in Political Science*. Basingstoke, UK: Palgrave Macmillan.

United Nations. 2018. *Human Development Indices and Indicators*. New York: United Nations Development Program.

Vaisey, Stephen. 2014. "Comment: QCA Works: When Used with Care." *Sociological Methodology* 44, no. 1: 108-12.

Van Esch, Femke A.W.J. 2014. "Exploring the Keynesian-Ordoliberal Divide. Flexibility and Convergence in French and German Leaders' Economic Ideas during the Euro-Crisis." *Journal of Contemporary European Studies* 22, no. 3: 288-302.

Van Esch, Femke A.W.J., Sebastiaan Steenmann, Rik Joosen, Lieke Brand, and Jeroen Snellens 2018. "Final Report for WP3: Making Meaning of the Euro-Crisis." Utrecht University.

Van Evera, Stephen. 1997. *Guide to Methods for Students of Political Science*. Ithaca, NY: Cornell University Press.

Veri, Francesco. 2018. "Coverage in Fuzzy Set Qualitative Comparative Analysis (fsQCA): A New Fuzzy Proposition for Describing Empirical Relevance." *Comparative Sociology* 17, no. 2: 133-58.

——. 2019. "Aggregation Bias and Ambivalent Cases: A New Parameter of Consistency to Understand the Significance of Set-Theoretic Sufficiency in fsQCA." *Comparative Sociology* 18, no. 2: 229-55.

Verweij, Stefan, and Elen-Maarja Trell. 2019. "Qualitative Comparative Analysis (QCA) in Spatial Planning Research and Related Disciplines: A Systematic Literature Review of Applications." *Journal of Planning Literature* 34, no. 3: 300-317.

Vink, Maarten P., and Olaf van Vliet. 2009. "Not Quite Crisp, Not Yet Fuzzy? Assessing the Potentials and Pitfalls of Multi-Value QCA." *Field Methods* 21, no. 3: 265-89.

——. 2013. "Potentials and Pitfalls of Multi-Value QCA: Response to Thiem." *Field Methods* 25, no. 2: 208-13.

Vis, Barbara. 2007. "States of Welfare or States of Workfare? Welfare State Restructuring in 16 Capitalist Democracies, 1985-2002." *Policy & Politics* 35, no. 1: 105-22.

——. 2010. *Politics of Risk-Taking: Welfare State Reform in Advanced Democracies*. Amsterdam: Amsterdam University Press.

——. 2011. "Under Which Conditions Does Spending on Active Labor Market Policies Increase? An fsQCA Analysis of 53 Governments between 1985 and 2003." *European Political Science Review* 3, no. 2: 229-52.

——. 2012. "The Comparative Advantages of fsQCA and Regression Analysis for Moderately Large-*N* Analyses." *Sociological Methods & Research* 41, no. 1: 168–98.

Vis, Barbara, and Jan Dul. 2018. "Analyzing Relationships of Necessity Not Just in Kind but Also in Degree: Complementing fsQCA with NCA." *Sociological Methods & Research* 47, no. 4: 872–99.

Vis, Barbara, Jaap Woldendorp, and Hans Keman. 2013. "Examining Variation in Economic Performance Using Fuzzy-Sets." *Quality & Quantity* 47, no. 4: 1971–89.

Volkens, Andrea, Judith Bara, Ian Budge, and Michael D. McDonald, eds. 2013. *Mapping Policy Preferences from Texts III: Statistical Solutions for Manifesto Analysts*. Oxford: Oxford University Press.

Wagemann, Claudius. 2017. "Qualitative Comparative Analysis (QCA) and Set Theory." In *Oxford Research Encylopedia of Politics*, edited by William R. Thompson, 1–36. Oxford: Oxford University Press.

Wagemann, Claudius, Jonas Buche, and Markus B. Siewert. 2016. "QCA and Business Research: Work in Progress or a Consolidated Agenda?" *Journal of Business Research* 49, no. 7: 2531–10.

Wagemann, Claudius, and Carsten Q. Schneider. 2010. "Qualitative Comparative Analysis (QCA) and Fuzzy-Sets: Agenda for a Research Approach and a Data Analysis Technique." *Comparative Sociology* 9, no. 3: 397–418.

——. 2015. "Transparency Standards in Qualitative Comparative Analysis." *Qualitative & Multi-Method Research* 13, no. 1: 38–42.

Weber, Max. 1922. *Gesammelte Aufsätze zur Wissenschaftslehre*. Tübingen: Mohr.

Whitesitt, J. Eldon. 2010. *Boolean Algebra and Its Applications*. Mineola, NY: Dover.

Wight, Colin. 2007. "A Manifesto for Scientific Realism in IR: Assuming the Can-Opener Won't Work!" *Millennium: Journal of International Studies* 35, no. 2: 379–98.

Williams, Robert L., Cirila Estela Vasquez, Christina M. Getrich, Miria Kano, Blake Boursaw, Crystal Krabbenhoft, and Andrew L. Sussman. 2018. "Racial/Gender Biases in Student Clinical Decision-Making: A Mixed-Method Study of Medical School Attributes Associated with Lower Incidence of Biases." *Journal of General Internal Medicine* 33, no. 12: 2056–64.

Williamson, Jon. 2009. "Probabilistic Theories." In *The Oxford Handbook of Causation*, edited by Helen Beebee, Christopher Hitchcock, and Peter Menzies, 185–212. Oxford: Oxford University Press.

Woodward, James L. 2009. "Agency and Interventionist Theories." In *The Oxford Handbook of Causation*, edited by Helen Beebee, Christopher Hitchcock, and Peter Menzies, 234–62. Oxford: Oxford University Press.

Wurster, Stefan, and Christian Hagemann. 2018. "Two Ways to Success: Expansion of Renewable Energies in Comparison between Germany's Federal States." *Energy Policy* 119: 610–19.

Yamasaki, Sakura, and Benoît Rihoux. 2009. "A Commented Review of Applications." In

Configurational Comparative Methods, edited by Benoît Rihoux and Charles C. Ragin, 123–45. Thousand Oaks, CA: Sage.

Zadeh, Lotfi A. 1965. "Fuzzy Sets." *Information and Control* 8, no. 1: 338–53.

Zhang, Jiji. 2017. "On the Minimization Principle in the Boolean Approach to Causal Discovery." In *Philosophical Logic: Current Trends in Asia*, edited by Syraya Chin-Mu Yang, Kok Yong Lee, and Hiroakira Ono, 79–94. Singapore: Springer Nature.

事項索引

◎ S

◎ T

◎ U

◎ V

◎ W

◎ X

◎ ア 行

◎ カ 行

◎サ　行

◎ タ　行

◎ ナ　行

◎ ハ　行

◎ マ　行

◎ ヤ　行

◎ ラ　行

◎ ワ　行

パトリック・A・メロ（Patrick A Mello）：著者

アムステルダム自由大学 社会科学部 政治学・公共政策学科講師

国際政治、国際安全保障と研究方法論を専門領域とするドイツ出身の研究者。彼の著作の1つである *Democratic Participation in Armed Conflict：Military Involvement in Kosovo, Afghanistan, and Iraq* は、2015年のドイツ政治学会（DVPW）の最優秀博士論文賞の受賞作である。彼の研究は、*Foreign Policy Analysis*, *the European Journal of International Security*, *British Journal of Politics and International Relations* をはじめとする多くの学術雑誌で発表されている。

パトリックは2006年にバイロイト大学（Universität Bayreuth）にて学士（英語と法学）を取得後、2007年に客員大学院生としてワシントン大学（University of Washington）で学ぶ。2008年にはバース大学（University of Bath）とフンボルト大学ベルリン（Humboldt-Universität zu Berlin）のジョイントディグリー（Euromaster）による修士（ヨーロッパ研究）の学位を授与された。その後、2012年にフンボルト大学ベルリンで博士号を取得。2020年にはミュンヘン工科大学（Technical University of Munich［TUM］）で大学教授資格（Habilitation）を得る。

これまでの職歴としては、フンボルト大学ベルリン助手（2012年）、ドレスデン工科大学（Technische Universität Dresden）助手（2012-16年）などを経て、本書の英語版刊行時にはエアフルト大学 ウィリー ブラント公共政策大学院 客員研究員（2018-2021年）（Visiting Scholar, Willy Brandt School of Public Policy, University of Erfurt）、そしてミュンヘン工科大学（TUM）科学技術学部 公共政策学科 私講師（2016-2017 & 2021-2022）（Privatdozent, Department of Governance, School of Science and Technology, Technical University of Munich［TUM］）のポストに就いていた。

パトリックは、2022年9月より、アムステルダム自由大学 社会科学部 政治学・公共政策学科に籍を移し、講師（国際安全保障）（Assistant Professor in international security, Department of Political Science and Public Administration, Faculty of Social Science, Vrije Universiteit Amsterdam）を務めている。

東 伸一（あずま・のぶかず）：訳者

青山学院大学経営学部教授

専門分野は流通、流通システム、流通政策。

スターリング大学修士課程、ヘリオット・ワット大学博士課程、同大学助手、流通科学大学専任講師、青山学院大学経営学部専任講師、准教授、香港城市大学客員准教授（2010～11）を経て現職。

QCA 関連の近著に "Revisiting the Big Middle: an fsQCA approach", *International Journal of Retailing & Distribution Management*, 50(8-9)（横山らとの共著）などがある。

横山斉理（よこやま・なりまさ）：訳者

法政大学経営学部経営学研究科教授

専門分野は流通システム、リテールマーケティング。

神戸大学大学院経営学研究科博士後期課程修了。博士（商学）。流通科学大学商学部専任講師・准教授、日本大学商学部准教授を経て現職。

QCA 関連の近著に「食品スーパーにおける顧客満足の規定要因：fsQCA アプローチ」『組織科学』51(2)、2017年などがある。

質的比較分析（QCA）

リサーチ・デザインと実践

2023年12月15日 初版第１刷発行

著　者　パトリック・A・メロ

訳　者　東 伸一・横山斉理

発行者　千倉成示

発行所　株式会社 千倉書房

〒104-0031 東京都中央区京橋3-7-1

電話 03-3528-6901（代表）

https://www.chikura.co.jp/

印刷・製本　精文堂印刷株式会社

装丁造本　米谷豪

Printed in Japan〈検印省略〉

ISBN 978-4-8051-1304-2 C3036